Reihe *Unterricht im Dialog*
Herausgegeben von Erwin Krottenthaler (Literaturhaus Stuttgart)

José F. A. Oliver

Lyrisches Schreiben im Unterricht
Vom Wort in die Verdichtung

Für Waldemar Staniczek, den Lehrer.
Durch ihn erfährt Sprache im Klassenzimmer Leidenschaft.

Bibliografische Information der Deutschen Nationalbibliothek
Die Deutsche Nationalbibliothek verzeichnet diese Publikation in der Deutschen Nationalbibliografie;
detaillierte bibliografische Daten sind im Internet über http://dnb.d-nb.de abrufbar.

Impressum

José F. A. Oliver
Lyrisches Schreiben im Unterricht
Vom Wort in die Verdichtung
In der Reihe *Unterricht im Dialog*
Herausgegeben von Erwin Krottenthaler (Literaturhaus Stuttgart)

2. Auflage 2021

Das Werk und seine Teile sind urheberrechtlich geschützt. Jede Nutzung in anderen als den gesetzlich
zugelassenen Fällen bedarf der vorherigen schriftlichen Einwilligung des Verlages.

© 2013. Kallmeyer in Verbindung mit Klett
Friedrich Verlag GmbH
D-30159 Hannover
Alle Rechte vorbehalten.
www.friedrich-verlag.de

Redaktion: Sebastian Thede, München
Fotos: © Yves Noir
Titelfoto: Holger Drees, Dortmund
Druck: Medienhaus PLUMP GmbH, Rheinbreitbach
Printed in Germany

ISBN: 978-3-7800-4963-6

Reihe *Unterricht im Dialog*
Herausgegeben von Erwin Krottenthaler (Literaturhaus Stuttgart)

José F. A. Oliver

Lyrisches Schreiben im Unterricht

Vom Wort in die Verdichtung

Robert Bosch Stiftung  Klett | Kallmeyer

Vorwort   6

Prolog: Tafelsüße   10

Einführung: Das Gedicht ist ein Elefant   16

1. Skizzen und *an:sätze* ins Gedicht   29
    1.1 Haltungen der Poesie oder Streifzüge, sinn:lich   30
    1.2 Poesie und Wirklichkeit oder vom Ausfransen der w:orte   31
    1.3 Schreibprozesse oder wie das Schweigen mitschreibt   33
    1.4 Textkritik oder wenn die Meinung chillt   34

2. Vom Wort. Vom Satz. Vom Text   37
    2.1 Vom Wort in den Satz   38
    2.2 Vom Satz in den Text   53
    2.3 Vom Text in die Poesie   67

3. Verdichtungen   93
    3.1 „Ich verstehe, ein Gedicht hat keine Grenzen, aber Regeln."   94
    3.2 „Wann schreiben wir nun endlich ein Gedicht?"   100
    3.3 „Ist mein Gedicht gut so?"   104
    3.4 „Ich weiß nicht mehr, was ich schreiben soll!"   110

4. Gedichte als Dialog   127
    4.1 Dialoggedichte am Beispiel Bertolt Brecht   133
    4.2 Dialoggedichte am Beispiel Gottfried Benn   139
    4.3 Dialoggedichte am Beispiel Paul Celan   145

5. Vom *über:setzen* in Deutschland — 159
   5.1 Heimat, verdichtete *Heimatt* — 160
   5.2 Hälfte des Schreibens, ein Hölderlinruf — 171
   5.3 Andersprache(n), w:andersprache(n) — 175

6. Poetische Kritzel — 183
   6.1 Schreiben und (öffentliche) Präsentation — 184
   6.2 Schulfächerübergreifende Zusammenarbeit — 185
   6.3 Förderer und Sponsoren — 185

7. Lyrisches, Poetisches — 187
   7.1 Lyrische Mitbringsel, unpoetisch — 188
   7.2 Jüngste, heutige Gedichte, einige Empfehlungen — 191

Nachwort Ulf Abraham — 194
Literaturverzeichnis der verwendeten Bücher, Arbeiten und Artikel — 199
Was noch zu sagen wäre — 202
Übersicht über das Downloadmaterial — 203
Downloadbeispiele — 204
Downloadcode — 208

Vorwort

Unterricht im Dialog – Lyrisches Schreiben im Unterricht
Kulturelle Bildung und außerschulische Partner

Bereits 2004 beschließt die Kultusministerkonferenz, Standards für die Lehrerbildung zu formulieren, in der die Kompetenzorientierung der Lehrenden in elf Punkten in den Mittelpunkt gestellt wird. Die Zielsetzung ist u. a. so formuliert, dass Lehrer die Fähigkeit von Schülern zum selbstbestimmten Lernen und Arbeiten fördern sollen. Auch wird darin postuliert, dass Lehrer ihren Beruf als ständige Lernaufgabe verstehen sollen. Ob und in welcher Weise das in der Praxis umgesetzt wurde oder wird, kann an dieser Stelle nicht beurteilt werden. Sehr wohl sehen wir aber in unserer zwölfjährigen Zusammenarbeit mit Schulen, dass die Verankerung des *Literarischen Schreibens* innerhalb des regulären Deutschunterrichts noch in seinen Anfängen steckt. Die Lehrkräfte werden nach wie vor im Rahmen ihres Studiums und Referendariats nur sehr rudimentär mit den Möglichkeiten des *Literarischen Schreibens* als produktionsorientiertes Verfahren konfrontiert und es gibt bislang nur wenig Angebote, um sich in diesem Bereich qualifiziert fortzubilden.

Parallel hierzu hat der Begriff *Kulturelle Bildung* Konjunktur, auch Kultureinrichtungen sind aufgerufen, zunehmend mit Schulen zu kooperieren. Gerade im Bereich der Schulentwicklung ist *Kulturelle Praxis* als Handlungsfeld in aller Munde. Beide Schlagwörter sagen aber wenig aus, wenn nicht differenziert dargelegt wird, was mit ihnen wirklich gemeint ist und wie bzw. von wem sie in der Praxis umgesetzt und im schulischen Alltag verankert werden sollen.

Aktuell gibt es eine Fülle an überregionalen Programmen und Modellversuchen, die vor allem darauf abzielen, Künstler in den Schulalltag zu integrieren, Schülern den Besuch von Kultureinrichtungen zu ermöglichen und gemeinsame Projekte zu initiieren. Beispiele hierfür sind die Wettbewerbe *Kinder zum Olymp* (Initiator: Kultur Stiftung der Länder), *Mixed-Up* (Initiator: Bundesministerium für Familie, Senioren, Frauen und Jugend in Zusammenarbeit mit der Bundesvereinigung Kulturelle Kinder- und Jugendbildung (BKJ)) sowie die Initiative *Kultur:Forscher* (Initiator: PwC-Stiftung in Kooperation mit der Deutschen Kinder und Jugendstiftung). Seit 2013 fördert das Bundesministerium für Bildung und Forschung über die Initiative *Kultur macht stark* zudem außerschulische Angebote der kulturellen Bildung, die sich vorrangig an benachteiligte Kinder und Jugendliche richten sollen.

Trotz der sehr zahlreichen Initiativen, ist aber bei genauerer Analyse festzustellen, dass die Sparte Literatur bisher nur eine untergeordnete Rolle spielt. Angebote der kulturellen Bildung werden innerhalb des Schulbetriebs fast ausschließlich auf die musisch-künstlerischen Fächer Musik, Bildende Kunst und Darstellendes Spiel reduziert. Das Fach Deutsch als mögliches Kooperationsfeld bleibt nahezu ausgeblendet. Das mag einerseits daran liegen, dass innerhalb des Schulbetriebes die musisch-künstlerischen Fächer die notwendige Offenheit und Flexibilität bieten können, die für künstlerische Prozesse notwendig erscheinen. Andererseits wird bedauert, dass ebendiese Fächer nicht die notwendige Anerkennung genießen, häufig fachfremd unterrichtet werden und eine Vielzahl von Unterrichtsausfällen zu beklagen haben. Weiter scheint es so, als wären für den Bereich Literatur nicht die entsprechenden Partner aus dem Kulturbetrieb vorhanden.

Wie wichtig es wäre, gerade den Bereich Literatur im Kontext der Zusammenarbeit zwischen Schulen und Kultureinrichtungen zu stärken, betonten Ende 2012 auch die Herausgeber des 2. Jugend-Kulturbarometers. In ihren abschließenden Empfehlungen an die Kultur- und Bildungspolitik sprechen sie sich ganz dezidiert für eine stärkere Förderung von Bildungsangeboten im Bereich Kreatives Schreiben und Literatur aus.

Das Programm Literatur machen – Unterricht im Dialog
Bereits zur Eröffnung des Stuttgarter Literaturhauses im November 2001 wurde gemeinsam mit der Robert Bosch Stiftung das Projekt *Schreibwerkstätten für Jugendliche* entwickelt. Über einen Zeitraum von fünf Jahren konnten Schüler bis Juli 2006 auf freiwilliger Basis kostenlos an den Werkstätten Prosa, Lyrik, Reportage, Rap, Wort & Spiele, Naturwissenschaften, Drama und Comic teilnehmen. Das Kursprogramm gliederte sich je Halbjahr in 12 wöchentlich stattfindende Unterrichtseinheiten und wurde individuell durch Exkursionen und den Besuch von Autorenlesungen im *Literaturhaus* ergänzt. Jugendliche im Alter von 14 bis 21 Jahren, die an dem Programm teilnahmen, konnten so unter Anleitung von erfahrenen Dozenten unterschiedliche Schreibtechniken und Schreibstile kennenlernen und eigene Texte schreiben. Zunehmend engagierten sich in den folgenden Jahren auch andere Literaturhäuser in einer ähnlichen Richtung. Eine interne Befragung vom Juni 2009 unter den elf im Netzwerk Literaturhaus.net zusammengeschlossenen Einrichtungen in Deutschland, der Schweiz und Österreich ergab folgendes Bild: Jeweils sechs der befragten Häuser haben angegeben, Schreibprojekte in Form von geschlossenen Arbeitsgruppen und gleichzeitig Schreibwerkstätten in Kooperation mit Schulen anzubieten. Fünf Literaturhäuser gaben an, offene Arbeitsgruppen anzubieten. Schreibwerkstätten, integriert in den Unterricht an Schulen, wurden lediglich von den Häusern in Zürich und Stuttgart durchgeführt.

Aufbauend auf die fünfjährige Erfahrung in mehr als 50 Einzelprojekten mit ca. 800 Teilnehmern wurde zum Schuljahr 2006 / 2007 in Stuttgart gemeinsam mit dem Landesinstitut für Schulentwicklung und den Seminaren für Didaktik und Lehrerbildung in Baden-Württemberg das Nachfolgeprojekt *Unterricht im Dialog* initiiert. In der Praxis erprobte Arbeitsansätze und Methoden im Umgang mit dem literarischen Schreiben sollten nun in mehreren Teilprojekten in den regulären Deutschunterricht an Stuttgarter Schulen integriert werden. Im Gegensatz zu den bisherigen Werkstattangeboten konnten mit der Neuausrichtung auch Schüler erreicht werden, die bisher wenig literarisch interessiert waren. Die Angebote Prosa, Prosa / Fotografie, Lyrik, Reportage, Wort & Spiele, Drama sowie Comic richteten sich bewusst nicht nur an Schüler der gymnasialen Oberstufe, sondern auch an Jugendliche aus Förder-, Haupt- und Realschulen bis hin zu einer Berufsfachschule für metallverarbeitende Gewerbe.

Das Gesamtprojekt *Unterricht im Dialog* wurde 2007 mit dem *Zukunftspreis Jugendkultur* der PwC-Stiftung und 2008 im Rahmen des Wettbewerbes *Kinder zum Olymp*, einer Initiative der Kulturstiftung der Länder, ausgezeichnet. Ebenfalls 2008 besuchte Bundeskanzlerin Angela Merkel das Teilprojekt Lyrik an der Realschule Ostheim im Rahmen ihrer Bildungsreise.

Ausblick ...
Seit September 2011 fließen die Erfahrungen und Ergebnisse aus dem Gesamtprojekt in Zusammenarbeit mit dem Lehrstuhl für Didaktik der deutschen Sprache und Literatur an der Otto Friedrich-Universität Bamberg in ein Fortbildungsprogramm für Deutschlehrkräfte aller weiterführenden Schulen in Baden-Württemberg ein. Konzepte, Unterrichtsmethoden und -prozesse, die von den jeweiligen Tandems Literaturdozent / Lehrkraft entwickelt wurden, werden nun in Form einer zweijährigen Fortbildung an interessierte Lehrkräfte weitergegeben und sollen nachhaltig im Schulalltag verankert werden. Angestrebt wird damit einerseits eine qualitative Weiterentwicklung der Didaktik des Fachs Deutsch. Andererseits soll mit dem Programm aber auch das Themenfeld *Kulturelle Jugendbildung* in der Programmatik einer außerschulischen Kultureinrichtung wie dem Literaturhaus Stuttgart langfristig und beispielgebend für andere Literaturhäuser und Kulturschaffende im deutschsprachigen Raum positioniert werden. Das Programm wurde in einem ersten Schritt für 60 Lehrkräfte angeboten, die wiederum in der zweiten Phase der Weiterbildung mit Schulklassen vor Ort eigene Unterrichtsmodelle entwickeln und umsetzen sollen. Hierbei werden sie vonseiten des Literaturhauses und des Lehrstuhls für Didaktik der deutschen Sprache und Literatur an der Universität Bamberg fachlich begleitet. Ab Herbst 2013 wird das Programm bis zu 90 Lehrkräften offen stehen und in einem Literaturpädagogischen Zentrum, dem ersten seiner Art in Deutschland, institutionell verankert werden.

… und Dank
Im Namen des Literaturhauses Stuttgart bedanke ich mich vor allem beim Verlag Kallmeyer, insbesondere bei Frau Dr. Gabriela Holzmann und Herrn Sebastian Thede, die uns die Möglichkeit geben, unsere Erfahrungen in einer eigenen Publikationsreihe zu dokumentieren und uns hierbei auch immer mit Rat und Tat zur Seite stehen. Ohne die finanzielle Förderung der Robert Bosch Stiftung hätten wir in den letzten Jahren nicht Konzepte und Modelle entwickeln können, die wir mit der Reihe Unterricht im Dialog nun auch in gedruckter Form an mögliche Multiplikatoren weitergeben möchten. Ein ganz besonderer Dank gilt José F. A. Oliver, der in der vorliegenden Publikation Gedanken und Arbeitsprozesse dokumentiert, die er als Leiter des Werkstattbereichs *Lyrisches Schreiben* am Literaturhaus Stuttgart im Zusammenspiel mit Lehrkräften und als freischaffender Schriftsteller im Rahmen von vielfältigen offenen Projekten gemacht hat. Er zeigt mit seiner Veröffentlichung auf ganz anschauliche und beeindruckende Weise, was *Kulturelle Praxis* in Kooperation mit Schulen im Detail heißen kann bzw. heißen sollte.

Stuttgart, Juni 2013
Erwin Krottenthaler

Erwin Krottenthaler ist stellvertretender Leiter des Literaturhauses Stuttgart. In Kooperation mit der Robert Bosch Stiftung, dem Landesinstitut für Schulentwicklung und den Weiterbildungsseminaren für Lehrerinnen und Lehrern in Baden-Württemberg konzipierte er u. a. das Projekt *Unterricht im Dialog – Schreibwerkstätten im Deutschunterricht*. Das Gesamtprojekt wurde 2007 mit dem *Zukunftspreis Jugendkultur* der PwC-Stiftung und 2008 mit dem Preis *Kinder zum Olymp* der Kulturstiftung der Länder ausgezeichnet.

Einleitung

Das Verständliche war mir so recht wie das Rätselhafte.
Volker Sielaff

Prolog: Tafelsüße

Verehrte Leserin, verehrter Leser,
kennen Sie „Tafelsüße"? Mir war der Begriff nicht geläufig, bis ich ihn unlängst beim Frühstück in einem Hotel in Dresden auf einem unscheinbar wirkenden Tütchen entdeckte. Eher zufällig. Obschon mein Blick, das sei verraten, meistens nach Sprache, präziser gesagt, auf heimliche Wörtersuche geht. Nomen ist ja, wie selbst der Oberflächenlateiner weiß, nicht – wie könnte manch heutiger Schüler starkdeutsch sagen – „unoft" ein Omen. Und zwischen Amen & Omen speist sich nicht nur unser ABC vom Alpha bis zum Omega-Z mit der Ordnung eines ganzen Denksystems. Das Buchstabenrevier nährt auch die vage Feststellung: So sei es! Was ist richtig? Was ist falsch? So sei es! Amen! Ob es wird, ist eine andere Frage. Ob es wird und: wie Sprache wird. Vermutlich haben gewiefte Werbetexter der Süßstoffmarke, die sich mit diesem Wörterfund der gesundheitsbewussten Unterstützung einer kalorienarmen Ernährung andient, den klingend-kapriziösen Namen auf den Leib geschnitten. Das Wort gefiel mir. Ich konnte natürlich nicht umhin, sofort mit dem Wort zu spielen und – Nomen est immer noch Omen – im Nu hatte ich die erlauchte Schultafel vor Augen. Kurios, dachte ich: Tafelsüße. Ich hätte ja auch an Tafelspitz denken können. Oder an das sozial engagierte und notwendige Gegenteil, die ehrenamtlichen Tafeln. Offenburg, Hamburg, Essen. Über 800 Tafeln sind es mittlerweile. Aber nein, es drängte sich die Schultafel auf. Dabei war die gute, alte Kreidetafel während meines Schülerdaseins alles andere als ein ästhetisch aufmunterndes Utensil, ein verlockender Sinnesreiz oder gar ein inspirierendes Lehr- und Lernmittel, das mir das Leben im Klassenzimmer wie auch immer versüßt hätte. Einerseits wollte sich mein pubertierender Kopfkörper während der Vom-Regen-in-die-Traufe-Jahre meiner stürmischen Adoleszenz allzu häufig nicht dazu bewegen lassen, wenigstens einen Hauch dessen zu ermessen und folgerichtig zu begreifen, was bisweilen auf unserer Klassenzimmertafel als verbindliche Norm zu lesen stand. Manche Wörter hatte ich – das sei zu meiner Verteidigung allerdings angeführt – niemals zuvor gehört oder sie lagen weit außerhalb meiner heranwachsenden Imagination, und die von meinen Lehrern erhoffte logische Erreichbarkeit nicht weniger Schulsätze verbat sich mir wie die erwünschte Richtung dem störrischen Esel. Ich trottete bisweilen schlicht und einfach mitten hinein in ein anderes Universum, das für mich in den Wörtern und den daraus entbundenen Sätzen genauso innewohnte. Bedeutungsräume, die das Wort als solches buchstäblich, d. h. wortwörtlich beim Wort nahmen. Ein Wahrnehmungsgewebe, das dann, mindestens ebenso unvermittelt, obendrein auch noch vom Gefühl durchdrungen war, wie umgekehrt das Gefühl urplötzlich vom Gedanken schräg durchfahren wurde. „Sentimiento

(Gefühl) – pensamiento (Gedanke)" – das reimte sich am Ende. Gefühl und Gedanke, da war kein Reim – „fühl" und „danke" – das trennte sich am Ende. Jahrelang kannte ich zwar nur den muttersprachlich spanischen Ausdruck „sentimiento", denn der Übersetzung ins deutsche Wort „Gefühl" sollte ich erst im Späteren meines ersten Lebensjahrzehnts über den Weg laufen, doch schon früh taumelte ich, nimmt man die verschiedensprachlichen Laut- und Rhythmusgenüsse noch dazu, ständig zwischen mehr als zwei Polen hin und her. Die widerborstigsten waren jedoch Gefühl und Gedanke. Stets im willigen Bestreben eines zuvorderst südländisch geprägten Mehrsprachlers, beide Wirklichkeiten auch im Deutschen zusammenzuführen. Besser noch: in Einklang zu bringen. In meiner andalusisch initiierten Vorstellungswelt waren Gefühl und Gedanke gewissermaßen vehement eins. Fast hätte ich geschrieben „wehement". Auch schmerzlich eins einander. Irgendwann sollte ich deshalb, in Ermangelung eines treffenderen Begriffes, das Hauptwort „Fühlgedanke" herausschälen und sich dem rational bereits zuvor empfundenen „Denkgefühl" zur Seite stellen. Das liebe ich an der deutschen Sprache: das schier Grenzenlose, die Wirklichkeiten, die sich zeigen, verschieben oder mutieren, in bedeutenden Vorsilben nachzugehen, Wörter zu erweitern oder neu zu fügen. Nuancenwege zu entdecken. Nicht die sprichwörtlichen zwei Seiten einer Medaille, vielmehr ihre dritte Fläche, den Rand zu entdecken.

Andererseits konnte ich aber genauso schnell den „hinterbänklerisch-provinziellen" Überblick verlieren, wenn ich zu meinem Leidwesen aufgefordert wurde, coram publico, d. h. vor der gesamten Klasse an der Tafel, etwas aufzuschreiben. So unverhofft und vorzeigehaftbar exponiert. So unversehens vor großen Lettern und näher noch am Wort. So ausgeliefert gleichzeitig Schreiber und Begriff zu sein und nicht distanziert wahrnehmender Betrachter. Die Buchstaben in einer erschlagenden Wucht und Präsenz vor mir *erstehend* und zittrig ich vor ihnen stehend. In einem für die sonst einen intimeren Schutzraum bietenden Schulhefte ungeheuerlichem Ausmaß, das jegliche Vertrautheit schwinden lassen musste. Aber wir wissen ja alle, die in irgendeiner Form mit den Idealen und den von besten Wünschen beseelten Vorgaben oder Herausforderungen der unterschiedlichen Bildungsansprüche zu tun haben: das Klassenzimmer ist ein besonderer Raum. Eine Richtschnurwirklichkeit für sich. Ein stringentes Prinzip. Ein eherner Standard, um nicht zu sagen: eine bisweilen lebensferne Direktive, die sich nicht so leicht davonwischen lässt wie der Staub oder die schlierigen Kreidespuren von der Tafel. Selbst dort, wo das Klassenzimmer erst einmal gefegt und aufgeräumt werden muss, wie mir eine Lehrerin erzählte, als sie von „ihrem" Klassenzimmer sprach. „Auch ein Ritual", wie sie meinte, bevor der eigentliche Unterricht beginnen könne.

Wäre *Tafelsüße* eine mögliche Metapher in diesem Buch? Vielleicht. Es wird sich zeigen. Zumindest steht die eigenwillige Konnotation gleichnishaft vor einer offenen Tür. Ein Zugang in die erste flüchtige Draufschau dessen, wie inspirierend

Bedeutungshöfe sind, wenn sich Wörter aufs Unerwartete mit den ungestümen oder selbstverständlichen Bedürfnissen und Notwendigkeiten der Alltagsrealien verbünden. In meinem Fall „Frühstück" und „Tafelsüße" oder „Zuckerersatz" und „Schule". Seien die Wörter nun aus dem Alltäglichen entnommen, quasi eins zu eins abgebildet, oder auf eine scheinbar rätselhafte Weise sprachlich aus ihnen ins Entlegenere verschoben. Dies geschieht zu jeder Zeit, an jedem Ort. Ich bin davon überzeugt, dass jeder Mensch eine unwägbare Portion *Tafelsüße* in sich trägt. Und ich will behaupten, dass jeder Mensch Poetisches und dessen Gesten in sich birgt. Die beste Voraussetzung, sich einem unbeschriebenen Blatt Papier anheim zu geben. Sich zuzutrauen.

Schreiben heißt, mit der Welt im Dialog zu stehen. Wer im Dialog steht, spricht. Und *sagt*[1]. Benennt. Auch sich selber. Vor diesem Hintergrund bedeutet „Lyrisches Schreiben", die poetische Sprache einfühlsam zu berühren und mit Sorgfalt zu verdichten. Eigenstimmig, mit der Stimme eigen.

Seit Jahren versuche ich bei Schülern[2] aller Schularten, den feinsinnigen und experimentierfreudigen Umgang mit Sprache zu fördern und nehme deshalb die jungen Menschen beim Wort. Ich nehme sie mit und aus ihren Wörtern und Worten ernst. Das Vermögen, zu sagen, was der Einzelne erlebt, *fühlt und denkt*, hängt unmittelbar mit dem Wortmaterial zusammen, das ihm zur Verfügung steht. Trotz aller Unkenrufe eine grandiose Voraussetzung, die eigene Sprache zu entdecken. Von Haus aus ein wunderbares Mitbringsel. Das klingt zunächst poetisch draufgängerisch, ist jedoch eine filigrane Herausforderung für diejenigen, die Sprache vermitteln.

Oft wird – wenn es um die (deutsche) Sprache geht – bei Schülern das „Defizitäre" im Umgang mit ihr hervorgehoben und allzu gerne das Apokalyptische daran unterstrichen. Ich stelle mich in meinen Schreib- und Textwerkstätten, meinem Wagnis, das poetisch-literarische Vermögen von Schülern aufzugreifen, lieber auf eine bejahende Art und Weise den Gegebenheiten: Jede scheinbar noch so „mangelhaft" wahrgenommene und als solche sanktionierte Sprache birgt Schönheit und die Qualität des Abenteuers. Wie schön, dass der Ausdruck „Wortschatz" auch andere Blickweisen zulässt als lediglich die der rohen Quantität der Fehler. Ein einzelner Wortfund kann ein Schatz sein.

Ausgangspunkt meiner Anregungen in die „Poetischen Kritzel"[3] von Schülern ist immer das Wort und die *wahr:nehmungen*, ihrer wahr:nehmungen, die das Wort begleiten. Das eigene Wort und das andere. Das fremde, das fremdgebliebene, das fremdgemachte, das fremdgewordene. Das Wort als ein Zerrspiegel oder als eine Zustandsdichte dessen, was ist. Gefestigt oder lose durchhängend. Und das heißt auch das gleichzeitig stattfindende, das etablierte oder das ausfransende, das ungehörte oder das unerhörte Wort. Das Ohr, die Dinge so zu hören, wie sie die Verhältnisse und Umstände bedingen und in die Welt schicken, bietet Sprech- und Sprachmaterial ins Unerschöpfliche. Vermeintlich Inkorrektes, Zeitverbogenes oder Abgedroschenes – auch sie erzeugen eine Richtigkeit, sprich ein Ungefälschtes. Wird das Wort hernach in einem zweiten und dritten, in einem „Mehr-Schritt" bedachter vernommen, erfahren und gewählt, schenkt Sprache dem Menschen eine simultane Beziehung zu den Wörtern und eine bewusstere Identität, so meine Hoffnung. Zumindest aber dies: sich selbst erkennen und daraus etwas zu gestalten. Deshalb wäre mein Vorschlag, die Sprache jedes Einzelnen im Deutschunterricht mit einfachen Übungen und Methoden nicht „abzurufen", sondern zu erkunden: Vom *w:ort* in den Satz. Vom Satz in die Verdichtung. Aus der Verdichtung in den Vers. Vom Vers vielleicht in ein Gedicht.

Nehmen Sie dieses Buch als Zeugnis eines zusätzlichen Umganges mit Sprache, als Ermutigung und lyrisch-poetische Fundgrube. Gestalten Sie mit ihm daraus Ihre eigene Schreibdidaktik. Nicht nach dem Motto „Anything goes!", aber vielleicht unterm Wörterschirm einer Haltung, die der Vielfallt der Dichtung vertraut. Mit der Losung: „Sprache ist immer mehr als nur *m:eine*". In den nachfolgenden Kapiteln ergeben sich Schreibaufgaben aus Erfahrungen, denen ich vertraut habe und nach wie vor vertraue. Da Sie Ihre Schüler über einen längeren Zeitraum kennenlernen und begleiten dürfen, sind die Arbeitsaufträge, die ich Ihnen ans Herz legen will, in einer bewusst offen gehaltenen, auf Varianten und Variationsmöglichkeiten hinweisenden, deskriptiven Sprache formuliert und nicht als direkte Instruktion ausformuliert, die Sie eins zu eins übernehmen sollten. So wie jeder erlebte Augenblick ein Mehr an Ereignissen schafft, sollten auch jedes Lehrverständnis und das zu leistende Lehrpensum im Hinblick auf die Unterschiedlichkeit der Schüler sich stetig verändernde Dimensionen sein. Diesem Grundgedanken folge ich. Wenn Sie „Lyrik" mit diesem Verständnis zusätzlicher Wörteraugen unterrichten, dann werden auch Sie die Sprache(n) „zeitgenössischer"[4] entdecken und können vielleicht einige meiner Gedanken und Ansätze in Ihre jeweilige Schulwirklichkeit übersetzen. Erkenntnisse, die ich (oft auch zu meiner Überraschung) im Laufe der Jahre gesammelt habe und Ihnen deshalb vorstellen möchte. In Schulwirklichkeiten übertragen, die, so vermute ich, jeden Tag auch Ihre für mich bewundernswerte Genauigkeit und uneingeschränkte Fürsorge erfordert und fordert. So wie das Gedicht selber, das in all seinen Erscheinungsformen mit Bedacht herausgelockt sein will und sich doch in einem Aspekt elementar treu bleibt: Lyrik ist verdichtetes Sagen, selbst beim Umfange poetischer Würfe eines Lukrez[5], der wie Enzensberger[6] 1963 in seiner „gebrauchsanweisung"[7] anführte, „sich und seinen lesern in einem gedicht 7415 zeilen abverlangte." Und doch ist „abverlangen" leider auch ein Wort des Zwanges. Ich sehe es versöhnlicher: Trauen Sie Ihren Schülern, wenn es sich ergibt, noch mehr Verszeilen zu oder aber auch nur zwei oder drei. Vier und fünf und noch mehr Gedichte. Vor allem indes: Trauen Sie sich selber das Lesen von Gedichten zu. Ich weiß, das heutige Gedicht verändert sich auf multimediale, unüberschaubare Weise und in einer Informationsschnelligkeit, wie es wohl niemals zuvor der Fall war. Und dann doch wiederum auch so kontinuierlich, wie sich das Gedicht immer in ein neues Zeitalter eingeschrieben hat. Heute, das mag der Unterschied sein, vielleicht sprunghafter, weil wir „Zugriff" haben auf die entlegensten Orte und Publikationen dieser Welt und, sprechen wir eine der Sprachen dieser entlegenen Winkel und Lebensvisionen, die wir uns per Internet nach Hause holen, sind auch die Einflüsse wirkungsrelevanter als jemals zuvor. Doch eines ist geblieben und das meine ich mit „Kontinuität": Das Gedicht (er)klärt sich beim Lesen, verleibt eine Zeit und die Zeit des Nachspürens, Nachdenken, Nachfühlens. Unsere beispielsweise, in der vom „gesellschaftlichen, politischen und kulturellen Umbruch" oder vom „historischem Wandel" gesprochen wird: Hunger, Klima, Umweltkatastrophen, Migrationen am einen, Globalisierung, Hochtechnologie und Informationsgesellschaft am anderen Ufer. Dazwischen das Ineinanderfließende. Der Fluss ist Fluss und ist auch wir. Stören Sie sich deshalb nicht an manch ironischer Wendung und – knapp bemessen, aber doch hin und wieder eingestreut – am Anflug einer nicht zu unterdrückenden Polemik. Vom Dichterfürsten[8] bis zum Realpoeten[9] – vieles sei in diesem Buch ein fündiger Streifzug. Von meinem Werdegang als Dichter aus betrachtet. Auf meinen Erfahrungen beruhend und wahrnehmend. Mehr kann ich nicht leisten, da ich den Blick auf die Lyrik nicht auf die klassisch überlieferten Gedicht-Formen richte, sondern auf Prozesse der Verdichtungen von Schülern. Als eine Art, sich Gedichten zu nähern. Vielleicht regt meine Betrachtungsweise auch Ihre Phantasie an, sich in die Verfahren des „lyrischen Schreibens" hineinzulesen und die Sprache der Dichtung(en) als Vielfalt und eine sich ständig verändernde „Kommunikationshaltung" anzunehmen.

José F. A. Oliver

Schrei nicht

So! Hör auf
Die Ruhe der
Gegenstände.

Anton G. Leitner[10]

Anmerkungen

1   *Sagen* im Sinne einer poetologischen Ausführung von Hilde Domin. Sie schreibt in ihrem Buch *Wozu Lyrik heute?* „Es kann gar nicht genug gesagt werden, dass Kunst von Mut lebt. Am meisten aber die Dichtung, die sich nicht herausreden kann, sondern hineinreden muss. Sie ist geradezu eine Erziehung zum Mut, verdirbt ohne ihn, er ist so wichtig wie handwerkliches Können. Der Mut, den der Lyriker braucht, ist dreierlei Mut, mindestens: der Mut zum Sagen (der der Mut ist, er selbst zu sein), der Mut zum Benennen (der der Mut ist, nichts falsch zu sagen oder umzulügen), der Mut zum Rufen (der der Mut ist an die Anrufbarkeit des anderen zu glauben). Durch dieses Nadelöhr seines Ich muss er hindurch ins Allgemeine: in die punktuelle, die paradoxe Wahrheit der unwiederholbar einmaligen und zugleich doch beispielhaften Erfahrung…"

2   Ich verzichte im Sinne der Lesbarkeit auf die Formulierungen „Lehrer und Lehrerinnen" bzw. „Schülerinnen und Schüler" und verwende ausschließlich die Pluralformen „Lehrer" oder im anderen Falle „Schüler". Nur dort, wo es mir geschlechtsspezifisch relevant erscheint, benutze ich beides, sowohl die männliche als auch die weibliche Form (frei nach Ulrike Wörner, Tilman Rau und Yves G. Noir in ihrem Buch *Erzählendes Schreiben im Unterricht*).

3   „Poetische Kritzel" ist der Titel der Mappen mit Texten der Schüler an der Realschule Ostheim, während meiner fünfjährigen Tätigkeit als Dozent für „Lyrik an der Realschule Ostheim" publiziert wurden. Ein Projekt des Literaturhauses Stuttgart, bei dem ich gemeinsam mit einem Lehrer, im Tandem, „Lyrik" unterrichtet habe. Einerseits wollte ich das Wort „Gedicht" schützen, andererseits sollte jeglicher Druck von den Schülern genommen werden, ein Gedicht schreiben zu müssen. Deshalb „Poetische Kritzel".

4   Auf den Begriff der „Zeitgenossenschaft" werde ich zurückkommen.

5   Lukrez war ein römischer Dichter und Philosoph im 1. Jahrhundert v. Chr.

6   Hans Magnus Enzensberger, deutscher Dichter und Essayist. Geboren 1929 in Kaufbeuren.

7   Enzensberger publizierte diese *gebrauchsanweisung* in seinem Gedichtband *landessprache*.

8   Eine meiner Deutschlehrerinnen bezeichnete Goethe immer als „Dichterfürsten".

9   Der Schriftsteller Matthias Politycki definiert „Realpoeten" wie folgt: „Realpoeten sind Lyriker, die in allererster Linie für Leser schreiben, ob sie dabei mehr ins Sprachexperimentelle oder ins Erzäh-lerische gehen, ist sekundär. Sie möchten eine Erfahrung nicht nur irgendwie zu Papier bringen, sondern mitteilen, mehr noch: mit ihren Lesern teilen. Und tragen also immer Sorge, dass die poeti-sche Botschaft auch ankommt" (in: Das Gedicht, Editorial, Bd. 20, Oktober 2012).

10 Anton G. Leitner, geb. 1961. Jurist, lebt aber seit vielen Jahren als Lyriker, Kritiker und Verleger in Weßling (Landkreis Starnberg). 1992 gründete er die Jahresschrift *Das Gedicht*, die er bis heute editiert.

*Urteile nicht über jemanden,
wenn du nicht mindestens einen Tag
in seinen Mokassins gelaufen bist.*
Indianisches Sprichwort

Einführung: Das Gedicht ist ein Elefant

Ich bin in Sätzen. Seit jeher in ihnen und mit ihnen den Wörtern auf der Spur, die sie mitverfassen, konstituieren. Ich bin Wort- und Satzgefährte. Und vom Satz zum Vers ist es ein unberechenbarer Katzensprung. Diese Katze *Sprache* hat auch im Gedicht ihren Instinkt und ihre Bewegungsfreiheit. So domestiziert sich die Unbeugsame auch anzuschnurren vermag. Der große Reiz besteht darin, dass sie sich ja nicht wirklich zähmen lässt. Auf diese Art und Weise begreife ich Poesie. Aber ich will mich erklären:

Das Gedicht ist ein Elefant
Lassen Sie mich drei Anekdoten erzählen, die mit bemerkenswerten Sätzen verbunden sind, um die Erfahrungen, die diesen Aufzeichnungen zu Grunde liegen, auf einen gangbaren und hoffentlich verständlichen Weg zu bringen. Manche Sätze haben, wie viele andere Aussagen – sei es eine populär verbreitete Lebensweisheit, ein Sprichwort oder das entschieden kompromisslose, nur wenigen bekannte Diktum eines Dichters –, die ich im Laufe meines Lebens kennenlernen durfte und von denen ich Ihnen einige in den nachfolgenden Kapiteln nicht vorenthalten will, mein Verhältnis zur Sprache und zur Poesie[1] (in ihr) geprägt. Sie sind in ihrer übertragbaren Essenz auch Motiv und Ziel meiner kulturphilosophischen und sprachpädagogischen Erwägungen und des sich ständig erweiternden Gerüstes meiner methodischen und didaktischen *an:sätze*[2], wo es darum geht, vom „poetischen Wort" angefacht, Türen und Fenster oder auch nur eine Luke zu öffnen, die ins „lyrische Schreiben" münden und der Präsenz von Gedichten im Klassenzimmer Einlass in eine Selbstverständlichkeit gewähren wollen. Mit Lust und Zwanglosigkeit. Vielleicht jene Abneigung oder gar Furcht vor den Gedichten abbauen hilft, die mit Begriffen wie Jambus, Daktylus oder Trochäus, Hexameter, Enjambement oder Alexandriner verbunden sind. Exemplarische Termini des Ordnungs- und Konstruktions-analytischen, die zweifelsohne für eine fachkundige Vermessung des Gedichtes, wichtig sind oder sein können und in einem für die meisten unerreichbaren Elfenbeinturm einer gebildeten Minorität ihre Berechtigung haben, deren Kenntnis mir jedoch nicht wesentlich scheint, um die grundsätzliche Freude am Gedicht – sei es das *klassische* oder zeitgenössische – zu wecken und seine jeweilige Wörterwelt, Sprache und Form als Kunst und gemachtes Kunstwerk zu genießen. Unabhängig davon, ob ich zunächst weiß – oder ob ich es jemals wissen will – ‚was ein „adonischer Vers"[3] oder eine „alkäische Ode"[4] ist. Dieses Wissen sollte späterer und freiwilliger Aneignung vorbe-

halten sein und vornehmlich denjenigen zugänglich gemacht werden, die sich einst – vielleicht aus Berufung schreibend – für das Gedicht entscheiden, ihm ihr Studium widmen wollen, und ich bitte Sie aus diesem Grund, kein theoretisches Korsett zu schnüren, das Schülern das Gedicht vergällt, denn Sprache besitzt in erster Linie ein Lautvermächtnis. Auch das der Stille. Sprechen war vor dem Schreiben. Und das Gedicht folgt diesem Lautvermächtnis in besonderem Maße. Es sollte deshalb immer erst laut gesprochen w:erden. Ein Gedicht will gehört sein, indem es in den Raum „entlassen" wird. Rezitiert entsteht es ein zweites und drittes, ein vielfaches Mal neu und wird dadurch eins mit sich selber und wird zum Klangkomplizen des Lesenden.

Einer der Begleitwege ins Lesen ist dabei auch das spätere Schreiben. Das *Eigene Schreiben*. Der Versuch, das Poetische, das Verdichtete in jedem Einzelnen zu Papier zu bringen, schöpft eine Partitur der eigenen und fremden Zeichen. Indem ich schreibe, lese ich. Indem ich lese, schreibe ich. Dazwischen liegt eine beständige Fehde um Wörter, Sätze, Texte. Womöglich entsteht daraus irgendwann das Bedürfnis, vertiefen zu wollen, was zur Magie eines Sonetes beiträgt und den Rhythmus einer Ballade führt oder die atemberaubende Schönheit einer „sapphischen Ode"[6] hervorbringt. Vom Erleben eines Textes in den Genuss seines Zaubers, von seiner nicht zu bändigenden Kraft in die Reflexion darüber. Das wäre ein ehrlicher Ansatz ins Offene des Abenteuers Lyrik. „Gedichte schreiben muß man so", sagt Daniil Charms[7], „daß wenn man sie gegen das Fenster wirft, das Glas zu Bruch geht."[8] In seinem Notizbuch aus dem Jahr 1934 hat Charms aber auch geschrieben:

> Mich interessiert nur der „Quatsch", nur das was keinerlei praktischen Sinn hat. Mich interessiert das Leben nur in seiner unsinnigen Erscheinung. Heroismus, Pathos, Schicksal, Moral, hygienisch Reines, Sittlichkeit und Glücksspiel – sind mir verhaßte Wörter und Gefühle. Dagegen begreife und achte ich zutiefst: Entzücken und Begeisterung, Inspiration und Verzweiflung, Leidenschaft und Beherrschung, Laster und Keuschheit, Kummer und Leid, Freude und Lachen. (Charms, 1992, S. 227)

Die Aufzeichnung könnte aus heutiger Zeit stammen. Mehr als nur eine Rand-notiz zur Zeitgebundenheit oder Zeitlosigkeit von Sätzen.

Ein Wort oder ein Satz kann der Beginn in einem Gedicht sein. Insofern will ich mit einem nicht nur flüchtigen Intermezzo für Sie, liebe Leserin, lieber Leser, bereits an dieser Stelle innehalten und Ihnen eine erste Schreibübung zukommen lassen. Ein kleiner Einstieg ins Unbedarfte, bei dem Sie das Schreiben gleich selber ausprobieren können. Wie Sie überhaupt alle Übungen in diesem Buch auch selber schreibend begleiten dürfen, sollten. Daraus ergibt sich sicherlich die eine oder andere Anschauung persönlicher Natur, die sich bei der Bewertung der Schülertexte als hilfreich erweist. Legen Sie sich auch Ihr persönliches Schreibtagebuch zu. Aufzeichnungen, die im Dialog mit den Textentwicklungen der Schüler stünden, würden Ihnen bestimmt einen zusätzlichen, aus Ihrer eigenen Schreiberfahrung reflektierenden Blick auf andere Texte gewähren. Schreiben, könnte ich auch sagen, entsteht beim Schreiben.

Schreibübung: Selbstversuch für Lehrer

Erster Schritt
Notieren Sie sich eine paar Sätze[9], eher kurze und prägnante, die Ihnen etwas bedeuten. Diese müssen nicht miteinander zusammenhängen. Sie können aus ganz unterschiedlichen Lebensbereichen stammen. Auch aus früheren Zeiten, die für Sie längst vergangen sind. Versuchen Sie, fünf Sätze zu formulieren. Es können durchaus Sätze sein, die Ihnen von Ihren Eltern oder Großeltern, von Freunden oder Bekannten mit auf den Weg gegeben wurden. Oder aber Sätze, die sie jüngst erst irgendwo aufgeschnappt oder gelesen haben. Von Schriftstellern und Dichtern, in einem Buch, einem Zeitungsartikel, einem Werbespruch, aus dem alltäglichen Zitatenschatz der Welt. Aus dem Internet, von der Straße – überall und ständig begegnen wir Sätzen.

Zweiter Schritt
Suchen Sie aus diesen Sätzen einen aus, der Ihnen und Ihren Lebensvorstellungen am Nächsten kommt. Vielleicht fällt Ihnen die Auswahl schwer. Vielleicht sagen Sie, dass die Sätze so unterschiedlich sind, dass Sie sich nicht auf einen Satz reduzieren wollen. Ich stimme Ihnen zu. Entscheiden Sie sich dennoch für einen einzigen Satz. Als Arbeitsmaterial. Inhaltlich wie formal und nicht um Ihre Vielfalt zu reduzieren.

Dritter Schritt
Schauen Sie sich die Wörter an, die dem Satz zugrunde liegen. Hat eines oder gar mehrere davon für Sie eine Bedeutung, die über den Satz, für den Sie sich entschieden haben, hinausweist? Wenn ja, schreiben Sie diese Wörter auf. Das eine oder andere könnte Ihnen im Laufe dieser Publikation wieder begegnen. Suchen Sie sich erneut ein einzelnes Wort aus. Ein Wort, das, wenn man es gegen das Fenster wirft, Spuren hinterließe. Schreiben Sie über dieses Wort. Es werden neue Sätze, neue Bilder entstehen. Wahrscheinlich entdecken Sie dabei wiederum einen Satz, der dem Wort, das Sie ausgewählt haben, eine poetische Brisanz verleiht.

Vorgehensweisen
Es bleibt Ihnen überlassen, ob Sie die Sätze und später die Wörter einfach nur auf einen Zettel notieren und danach in ein Heft übertragen. Oder gleich ein Schreibtagebuch oder ein Portfolio[10] anlegen. Volker Sielaff[11], ein Lyriker aus Dresden, hat für die Sätze, die ihm begegnen – eigene wie auch fremde, so nehme ich an – ein kleines Notizbuch, das den Titel „Satzsammler" trägt.

(Download 1: Essay Oliver: *wortaus, wortein*)

Beispiel eines Schülertextes, der sich bei einer Übung den Satz aufgeschrieben hatte: „Killerspielespieler sind gewalttätig."

Paul, 15 Jahre
Killerspielespieler

Killerspielespieler sind unsportlich.
Killerspielespieler sind gewalttätig.
Killerspielespieler sind bleich.
Killerspielespieler sind nicht teamfähig.
Killerspielespieler haben keine Freunde.
Killerspielespieler haben keine Kommunikation.
Killerspielespieler haben Pickel, eine Brille
und eine Zahnspange.
Killerspielespieler sind schüchtern.
Killerspielespieler haben fettige Haare.
Killerspielespieler begehen Selbstmord und
Amokläufe.

Ich habe bis jetzt nicht
all zu viele Selbstmorde begangen.
Ich wasche meine Haare jeden Morgen.
Ich bin offen und spreche Leute an.
Ich habe kaum Pickel, keine Brille
und keine Zahnspange.
Wenn ich spiele, spreche ich ständig
in einer Konferenzschaltung mit Leuten.
Ich habe durch den Computer Freunde
auf der ganzen Welt und kommuniziere
regelmäßig mit „alten" Freunden.
Wenn ich mit meinen Freunden im Team spiele
ist jeder Schritt abgesprochen und trainiert.
Ich habe eine gesunde Hautfarbe.
Ich bin überzeugter Pazifist.
Ich spiele Basketball im Verein.

Das alles,
obwohl ich brutale Killerspiele spiele.

Dieses Buch – das sei vorweggenommen – ist weder ein Schnellkurs in *creative writing*[12] am Beispiel von Gedichten noch eine Einführung in das literaturwissenschaftlich-germanistische Studium der deutschsprachigen Lyrik und ihrer schönverwegenen Geschichte. Es ist kein Dossier für eine Reimschule und keine Ansammlung von sich überschlagenden Lehr-Rezepten. Sein Ansinnen steht nach Poesie, die uns überall begegnen kann, und Lyrischem als ihr besonderes Vokabular in Rhythmus, Metrum, Klang, die in allen ihren Wahrnehmungs-gegebenheiten Wort werden und sicherlich, das sei betont, nicht in einer Art subjektivistischer „Befindlichkeitslyrik"[13] münden soll und darf. Eine grauenvolle Bezeichnung. Obschon „Befindlichkeit" eine faszinierende Zustandsfülle der Übersetzung ins Innere eines Schreibenden aufzeigen könnte. Ist „Gedankenlyrik" – Gedichte, die über Augenblicke und Verhältnisse weltanschaulich und philosophisch reflektieren – nicht auch Ausdruck einer „Befindlichkeit"? Einer geistigen? Und sei es die der nüchtern-erkenntnishaften Bereitstellung dessen, was in der Meditation Ergebnis wurde? Es geht also darum, Wort zu werden. Einfach Wort werden, nicht einfach so. Manchmal behauptet sich dabei sogar ein Gedicht. Wenn Moden und Trendsettergeschreibe obsolet geworden sind. Was das Verbindende sein kann, was das Wesentliche eines Gedichtes meines Erachtens immer mit*schreibt*, dafür steht ein Text von Thomas Kling[14], dem nachstöbernden Wortfotographen der Lyrik in deutscher Sprache gegen Ende des 20. Jahrhunderts. Es ist Der Tod, der mitmischt. Immer. Sein Handwerk ist sicher.

> menschen gedenken eines menschen.
> herz – brenndendes archiv!
>
> es ist die erinnerung der engel;
> erinnerung der alten gaben.
>
> die formel tod, die überfahrt –
> die wir zu übersetzen haben.
>
> Thomas Kling

Die erste Geschichte, die ich Ihnen erzählen möchte, ereignete sich an der Freiburger Albert-Ludwigs-Universität, als ich dort 1981 mein Studium der Germanistik, Romanistik und Philosophie aufnahm. Die zweite fernab von Deutschland bei einem Treffen mit Kindern in den peruanischen Bergen, genauer gesagt, in einem Andendorf namens Ayaviri, das fast 4000 Meter hoch im *departamento* Puno liegt. Während eines mehrwöchigen Besuches, den ich Mitte der 90er-Jahre einem Hilfs-Projekt von Straßenkindern und *Arbeitenden Kindern*[15] abstattete, das ein paar Freunde und ich von Deutschland aus ideell und finanziell unterstützten, begegnete ich deren Sprache aus „vorspanischer" Zeit, dem Quechua. Mir wurde mit einem Satz bewusst, wie bilderreich das Indigene überlebt hatte, gebündelt in der Antwort auf eine meiner unzähligen Fragen, die mich in jungen Jahren beschäftigten. Als Sohn spanischer Eltern, der in Deutschland geboren und aufgewachsen war, hieß mein Winnetou nämlich Atahualpa, nur dass es über den letzten Inka-Herrscher keine phantasievollen Abenteuerbücher gab, sondern uns ausschließlich die Geschichtsschreibung über die spanischen Konquistadoren zugänglich gemacht wurden, in denen der Name des Gottkönigs von Cuzco im muttersprachlichen Spanischunterricht meiner Kindertage wie zufällig oder nur am Rande auftauchte. Als Goldbote und Goldsklave. Nur erwähnt, um die faschistisch pathetisch verfassten Heldenloblieder – seitenweise lernten wir die Feldzüge eines Francisco Pizarro oder Hernán Cortéz auswendig – in höchsten Tönen anzuschlagen. Ein romantisch-exotisch dargestellter Statist für die Giermission der katholischen Eroberer. In den Anden erfuhr ich an einem Dezembernachtmittag die gebündelte Geschichte der Kolonialisierung und ihrer katastrophalen Folgen in einem einzigen Satz, der mich Jahre nach meinem Geschichtsunterricht in der „spanischen Schule" im Schwarzwald schließlich in Südamerika auf 4000 m Höhe das Wort „Metapher" sprachsinnlich begreifen ließ.

Die dritte Geschichte ist jüngeren Datums. Sie habe ich einer Schülerin der Realschule Ostheim in Stuttgart zu verdanken, an der ich fünf Jahre lang im Tandem mit dem Deutschlehrer Waldemar Staniczek Lyrik unterrichtete. Schreibend aufs Eigene und damit auch auf die sprachliche und soziale Herkunft konzentriert, erkundeten während dieser Zeit Schüler ihre Sprache aus Alltag, schwäbischem Straßendialekt, aktuellem Jargon, Zitatfetzen US-amerikanischer Fernsehserien, dem Laut- und Sätze-Konglomerat angesagter Ego-Shooter, dem Chat-Latein diverser sozialer Netzwerke, ihren türkischen, griechischen, italienischen und portugiesischen Muttersprachlichkeiten, um nur einige zu nennen, und dem grammatikalisch korrekten und „wortanständige" Sätze bildenden „Deutsch" des gleichnamigen Unterrichtsfaches. Mit dieser Äußerung will ich keinesfalls die oft an eine Sisyphos-Anstrengung grenzende Leistung schmälern, die Lehrer vollbringen, um den Wortschatz vieler Kinder und Jugendlicher „mit Migrationshintergrund" zu erweitern. An der Realschule im Stuttgarter Osten entstanden Texte, die ich als „Poetische Kritzel"[16] bezeichnete. Sätze, Verse, Verdichtungen, mitunter Gedichte. Doch zunächst nach Freiburg.

Auch wenn über drei Jahrzehnte seit meinen ersten Studientagen vergangen sind, sitzt mir der klösterlich-stickige Klausurgeschmack des Hörsaales an der Uni in der beschaulichen Stadt im Breisgau nach wie vor im Nacken. Gerüche sind bisweilen Geister einbrechender Erinnerungen und führen allzugerne die Schreibhand. Jene Mischung in Freiburg war begehrlich abweisend. Aus epochenpoliertem, dunklen Holz, schwer durchdringbarem Wissensfirn unterm Staub der Geschichte und einer akademisch unnahbaren Ehrfurchtsatmosphäre. So wäre eine mögliche Übersetzung des Geruches jenes Morgens fassbar: Bildung schmeckt hin und wieder nach dünkelgeschrubbter Unerreichbarkeit.

Wie Sie sich leicht vorstellen können, warteten wir *Erstsemestler* angespannt und verschüchtert zugleich und doch auch neugierig auf den gastgebenden Professor, der – cum tempore – gong plötzlich vor uns stand, sich nicht groß um unsere Anwesenheit zu scheren schien und ohne den geringsten Anflug einer konventionelleren Begrüßung pünktlich um 8 Uhr 15 zur Frage anhob: „Meine Damen und Herrn", – das „e" hatte er verschluckt, und das als Gelehrter zugespitzten Ranges – „Meine Damen und Herrn, Sie wollen Philosophie studieren. Nun, dann lassen Sie mich Ihnen gleich zu Beginn eine Frage stelle: Was ist Wahrheit?"

Die Frage saß. Sie traf uns philosophische Unschuldslämmer derart unvorbereitet, dass nicht einer von uns zu einer Reaktion oder Antwort fähig war. Obwohl wir uns nicht von ungefähr für Thomas von Aquin entschieden hatten. *De veritate* – („von der Wahrheit / über die Wahrheit") – das Versprechen hatte sich im Vorlesungsverzeichnis nur all zu verlockend ins Auge gedrängt und würde – so dachten nicht wenige von uns – einen guten, grundlegenden Einstieg in alles Philosophische klarmachen.

Der Philosoph hinter dem Rednerpult allerdings ließ uns keine Zeit, unser Schweigen auch nur annähernd anzunehmen, denn seine eigene Erwiderung folgte auf dem Fuße. Er blickte nicht einmal auf: „Die Wahrheit ist ein Elefant!" Kein weiterer Kommentar. Dann las er vor. Auf Latein.
Wir dachten, zumindest ich dachte: Der Alte spinnt!

An den Satz jedoch musste ich immer wieder zurückdenken. Erst Jahre später stieß ich auf jene legendären Überlieferungen, aus denen sich unser Philosophieprofessor Frage und Antwort als morgendliche Begrüßung zu unserem Studium des Kirchenvaters entlehnt hatte. Mit den verschiedenen Gleichnissen, deren Urgeschichte wohl in Südasien entstanden sein muss, die nicht nur eine alte Hindu-Fabel betrifft, sondern auch im Buddhismus erzählt wird und ein Sufi-Thema im Islam ist – in Europa wurde das Gleichnis durch ein Gedicht von John Godfrey Saxe[17] bekannt – zimmerte ich mir nach und nach meine eigene Version:

Ein Philosoph wurde einst von seinen Studenten gefragt: „Meister, was ist die Wahrheit?" Dieser zögerte nicht lange und antwortete prompt: „Die Wahrheit ist ein Elefant!" Und ähnlich wie ich als junger Student, dachten die damaligen ziemlich erstaunt wohl auch, dass der Alte vielleicht nicht ganz bei Sinnen wäre. Kaum hatte der Philosoph aber die Gedanken der Studenten auf ihren Gesichtern abgelesen, sagte er: „Na, dann kommt mit. Mal sehen, ob ich spinne oder nicht!"

Zu jener Zeit gastierte in Athen ein ägyptischer Staatszirkus. Der Philosoph ließ seinen Studenten die Augen verbinden und forderte sie auf, einen großen Kreis zu bilden. Das ging natürlich nicht ohne Hilfe, denn die Dunkelheit fordert andere Bewegungsabläufe. Er bat den Zirkusdompteur, einen Elefanten in deren Mitte zu führen, ersuchte die Studenten, den Kreis enger zu schließen und wartete ab, bis alle zur Ruhe gekommen waren. Dann sagte er: „Nun, meine Herren, streckt bitte eure Hände aus, und beschreibt mir, was das ist, was ihr zu greifen bekommt." Der erste, der sich seitlich zum Elefanten platziert hatte, berührte die runzlige Haut des Tieres und folgerte: „Das fühlt sich an … unregelmäßig, aufgeraut und doch ein fortlaufendes Gewebe. Wie der alte Teppich im Haus meiner Großmutter!" „Ja", sagte der Philosoph, „das ist wahr! Und der nächste, bitte!

Was kannst Du mir erzählen, Dimitrios?" „Es wackelt zwar, ist irgendwie eher von feingliedriger Natur, gleichwohl fühlt es sich an seinem Ende hart an und scheint ein ganzes Borstenbüschel zu besitzen ..." – er hatte den Schwanz des Elefanten zu fassen bekommen – „ja, genau, jetzt weiß ich es: Es erinnert mich an die langstieligen Pinsel, die wir jedes Frühjahr brauchen, wenn wir beim Weißeln unserer Küche die Ecken und Kanten nachfahren und ausbessern!" „Ja", sagte der Philosoph. „Auch das ist wahr." Woraufhin ein weiterer Student, der vor dem Elefanten stand, erwiderte: „Was ich in der Hand halte, das könnte geschaffen sein wie das Trinkhorn meines Großvaters. Ich muss es ihm immer mit Wasser füllen, wenn er in aller Frühe zur Jagd aufbricht." „Sehr gut!", entgegnete der Philosoph, „auch das ist wahr." Nun war endlich der vierte an der Reihe, der auf der gegenüberliegenden Seite desjenigen seine Hand ausstreckte, der einen Teppich zu ertasten geglaubt hatte und meinte: „Was ich kaum greifen kann, mir aber ständig Wind zufächert, ist wie ein kleines Segel. Es bewegt, sich als sei es ein Palmwedel. Sehr angenehm." Er hatte das Ohr des Elefanten kurz gestreift. „Ja", sagte der Philosoph. „Wie wahr!" Danach bat er die verbliebenen drei Studenten, sich auch noch zu dem zu äußern, was sie denn glaubten, mit ihren Händen gespürt zu haben. Unmittelbar darauf hieß er sie alle, die Augenbinden abzunehmen, schaute sie an und sagte: „Seht ihr, jeder von Euch hat etwas Wahres gesagt, aber keiner die Wahrheit. Deshalb sage ich euch, die Wahrheit ist ein Elefant."
(⬇ Download 2: Das Gleichnis von den blinden Männern und dem Elefanten)

Ganz anders hingegen die Geschichte aus den Anden und dennoch hängt sie – so glaube ich – mit dieser ersten zusammen.
   Was mich in all der Zeit, die ich mit Kindern und Heranwachsenden in Lima, Cuzco oder Pucallpa zu tun hatte, am meisten beeindruckte und prägen sollte, war die ungewöhnliche pädagogische Haltung und Herangehensweise, mit der ihre Aufmerksamkeit und ihr Interesse an gemeinsamen Sozial- und Bildungsprojekten geweckt worden war. Die ganze Häuser – sogenannte *comedores populares*[18] – entstehen ließen, in denen sie schlafen und essen konnten. In deren Nähe Schulen gebaut wurden, die in ihrer inhaltlichen Orientierung ausschließlich vom nackten Überlebenskampf dieser Kinder und Jugendlichen ausgingen. Darüber hinaus leiteten sie in Kooperation mit erwachsenen Begleitpersonen diese „Kinder- und Jugendhäuser" selber und in den Schulen war der Stundenplan nach ihren Daseins- und Arbeitswirklichkeiten ausgerichtet. Sie hatten ein aus ihrer Perspektive heraus gestaltetes und entwickeltes, fundiertes Mitspracherecht, bis hin zu den Einstellungsgesprächen, die mit den zu beschäftigenden Lehrern geführt wurden. Die Pädagogik war bestechend klar: Indem ich die Hände dieser Kinder, die arbeiten (müssen!), ernst nehme, ihnen also auf sozialer Wirklichkeitshöhe begegne, erreiche ich ihr Herz, weil sie sich als arbeitende Menschen respektiert und angenommen fühlen. Vom Herz ins Denken ist es dann nicht mehr weit. Über das Gefühl, den Verstand herausfordern. Aus dem

Gefühl Verstand werden lassen und aus dem Verstand ein Gefühl. „Fühldenken / Denkfühlen" Das überzeugte mich.

In Ayaviri war ich in einer für mich organisierten Nachmittagsrunde mit Mädchen zusammengekommen, in der sie von ihren Leben[19] als *Hausmädchen* erzählten. Was die 9 bis 14jährigen in den Familien der Gut- und Besserverdienenden leisten und körperlich wie psychisch ertragen mussten, kann hier leider nicht weiter ausgeführt werden. Jeder Satz zu diesem Thema in den Zusammenhängen dieses Buches wäre zu wenig und könnte nicht annähernd ihr Leid zum Ausdruck bringen. Mitgeteilt sei jedoch wohl, was dann geschah. Teilweise sprachen die Mädchen Quechua[20] untereinander, so dass ich immer wieder die Übersetzerin in Anspruch nehmen musste, um mitzubekommen, worum es nicht nur zwischendurch ging. Unabhängig davon machen mich Sprachen, die ich nicht verstehe, hellhörig und neugierig, regen meine Phantasie an. Deshalb wollte ich mehr wissen und da wir das Jahr 1992 schrieben, also „500 Jahre Entdeckung Amerikas" – ein Titel, der für die interkontinentalen Feierlichkeiten und Gedenktage vornehmlich von Europa aus so festgelegt worden war, in Amerika[21] selber sprach man lieber vom *desencuentro de dos mundos* („vom Zusammenprall in der be:Gegnung zweier Welten") – wollte ich wissen, was denn „Gold" auf Quechua hieße. Die Mädchen kicherten, teils aus Verlegenheit, teils aus Unverständnis. Wahrscheinlich kam ihnen diese Frage auch 500 Jahre danach ziemlich hispano-europäisch vor. Jenny antwortete schließlich und sagte: *Intipa huajaskar huajaini*. Auf Spanisch *lágrimas lloradas por el sol* und in deutscher Sprache: *von der Sonne geweinte Tränen*. Ich verschluckte mich schier: *Von der Sonne geweinte Tränen ...*

Konnte eine Bezeichnung, die im Grunde ihres Wesens eine Metapher war und in der sich die ganze (spanische) koloniale Geschichte bündelt und auflöst, sinntreffender sein als dieses *Bild*?

Irgendwann wagte ich mich als Dichter in Deutschland auch an die Schulen. Lesungen, Lyrikstunden, Werkstattgespräche, Projekttage. Konsequenterweise mündeten diese Klassenzimmerbesuche in jene Reihe, die vom Literaturhaus Stuttgart in Kooperation mit der Robert Bosch Stiftung und den beteiligten Stuttgarter Schulen zum „Unterricht im Dialog" führte. Ich kam nach Ostheim: „Lyrik an der Realschule Ostheim" und bin damit bereits in meiner dritten Geschichte.

Jedes Schuljahr führten Waldemar Staniczek, der als Lehrer an der Realschule Ostheim tätig ist, und ich einen oder mehrere exklusive Schreibtage durch. Mir wurde bald klar, dass „Deutsch" im regelmäßig wiederkehrenden Stundentakt zwar gut durchdacht und unerlässlich war, je mehr Stunden desto besser, denn sie bildet – das sollte man sich immer wieder bewusst machen – die Grundlage für alle anderen Fächer. Aber nicht weniger reizvoll schien mir die Möglichkeit, in durchgängigen, Schreibzeit schenkenden Tageseinheiten zu denken. Zeit, die Räume und Orte konstituiert, um ohne Ablenkung über mehrere Stunden an den eigenen Texten zu arbeiten, Pausen einzulegen, wo sie sich natürlicher ergaben und sich nicht auch noch auf andere Fächer konzentrieren zu müssen. In entspannter Stimmung über die entstandenen Texte reden zu können und erneut an ihnen zu feilen. Letzten Endes gute Voraussetzungen für die Texte und dafür, sich selber als Schreibender kennen zu lernen.

Diese Schreibtage verbrachten wir meist in einem Waldheim auf den Anhöhen Stuttgarts. Schon allein das Wort „Klassenzimmer" steht – wie ich das bereits angedeutet habe und gerne wiederhole – für eine Regel aus „Lernen und Zensur" und kann dadurch aufgebrochen werden, indem man es verlässt und ungewohnte, vom Leistungsdruck unabhängigere Orte (er)findet und die herkömmlichen Parameter der Bewertung räumlich ebenso verlässt, um andere freizusetzen.

Die außergewöhnlichen *Deutschstunden* begannen jeweils mit einer Wanderung von der Schule im Stuttgarter Osten auf einen der angrenzenden Waldhügel, hin zum Waldheim „Raichberg", wo wir uns zunächst bei einem gemeinsamen Frühstück eingefunden hatten, um danach eine ausgedehnte Zeit ins Schreiben und in die Gespräche miteinander zu verbringen. Eine ausflugsähnliche Schreibkonferenz[22] sozusagen. Ein ganzer Tag, der ausschließlich Sprache und Schreiben gewidmet war. Ein Luxus. Die schulfernen Räume öffneten den *Schreib-Raum* in eine Atmosphäre ohne den permanenten Zeigefinger der Zeugnisnoten und boten Gelegenheit vom herkömmlichen Lernalltag Abstand zu gewinnen. Ganz nebenbei entdeckten wir dabei die „Schreibkontinuität" und die „Schreibernsthaftigkeit" als Bewertungskriterien. Sich auf einen Schreibprozess einzulassen, ist von vornherein eine gute „Note".

Während des Frühstücks hatte ich wohl bemerkt, dass mich eine Schülerin aus „unserer" 8. Klasse unentwegt musterte. Bis es schließlich aus ihr herausplatzte: „Wow, Herr Oliver, Sie essen ja mit Messer und Gabel!" Wie Sie sich leicht vorstellen können, musste ich herzhaft lachen und ließ mich fröhlich anstecken, ihre Feststellung nun meinerseits in eine Frage an sie umzumünzen, die den Spieß einfach umdrehte: „Und du? Isst du nicht mit Messer und Gabel?" Ihre Antwort folgte auf den Biss. „Nein! Vielleicht einmal im Jahr. An Weihnachten. Aber nur vielleicht. Wenn in der Familie alles in Ordnung ist und der Tisch für den Abend gedeckt wird."

Arbeite ich mit Schülern an Texten, dann denke ich an einen Elefanten, an die Tränen der Sonne und an Messer und Gabel. Dies ist ein Teil meiner poetologischen Vorstellungen.

P.S. Dieses Buch ist folglich kein imaginärer Brief von oder an Herrn Rilke, auch kein posthumes Einschreiben zu Händen eines Herrn Dr. Benn oder ein verlegter Spickzettel, den ich gern Ingeborg Bachmann heimlich weitergereicht hätte. Weder das Rezept für eine *lyrische Hausapotheke* poetischer Dringlichkeitsfälle und ihrer Wehwehchen noch eines für einen improvisiert schnoddrigen oder kühn-meisterlich darzubringenden Rap in jüngste und noch heutigere Reime. Es ist kein Buch, das in irgendeiner Form „Sestinen"[23] oder „Versfüße"[24] bestimmt, noch eine Anweisung in „Rhetorischen Figuren"[25] abhandeln würde usw.

usf. Es verfolgt auch nicht den Anspruch, eine chronologisch historische Übersicht zu schaffen, welche Gedichte wo und weshalb geschrieben wurden und werden. Für all diese Bereiche liegen wegweisende Publikationen vor, die ich in einer Literaturliste anhänge und jedem, der sich noch tiefer in die Materie hineinlesen möchte, empfehle. Wie ermunterte mich doch gleich ein Freund, als ich ihm von diesem Buchprojekt erzählte: „Das Distichon[26] wurde schon tausendmal erklärt, mich interessieren deine Erfahrungen im Umgang mit dem Gedicht bei heutigen Schülern."

Irgendjemand sagte mir einmal, die Suche nach dem Geheimnis, Gedichte zu begreifen, sei fast außer Puste geraten und atme doch auch durch auf einem schmalen Grat zwischen den Verszeilen Charles Bukowskis[27] und den Idealen[28] Friedrich Schillers. Schmunzelnd fügte er in ähnlich salopp-frecher Weise hinzu, dass man die beiden Namen auch ruhigen Gewissens mit anderen, wild-imaginierten Paarungen symbolisieren oder charakterlich austauschen könne. Nicht im Sinne einer auf Effekte zielenden Pose, vielmehr als Wirklichkeits-Tribut an die parallelen Ereignisse, die nebeneinander existieren. Der gleichzeitigen Wahrheitsentwürfe und Wirklichkeitserscheinungen der Welten und des Lebens. Zwischen Eselkarren und Mars-Rover, zwischen *Facebook* und Buschtrommel. Es wäre also ein Spielerisches, auch andere Dichter, nicht nur die genannten, anzuführen und sie als Wortgeographen zu verorten. Sowohl aus der wie immer auch definierten Klassik als auch aus der Moderne. Von den „Posts" war in seinem Weltentwurf nicht die Rede: „Postmodern", „postpoetisch", „postkolonial", usf. Ich verstand. Und mir kam sogleich eine Beobachtung in den Sinn, die Joseph Brodsky zur „Erneuerung der englischen Sprache" machte, nachdem Derek Walcott den Nobelpreis für Literatur erhalten hatte. Er sagte sinngemäß, dass überall dort, wo die Welt an ihren Rändern ausfranste, Neues entstehe – so auch im Falle Walcotts und dessen Verdienst um die Erneuerung der englischen Sprache. Ist es in der Konsequenz dieser Feststellung des russischen Lyrikers – ebenfalls Nobelpreisträger – über seinen Kollegen von der Karibikinsel St. Lucia (und ehemaligen britischen Kolonie) zu gewagt, wenn ich pointiert die These wage, dass Deutschland im Inneren ausfranst? Das wäre dann doch auch eine nicht zu unterschätzende Chance auf eine „Beneuerung" der (deutschen) Sprache. Und ich meine nicht das „Starkdeutsche", das sich *vorübergänglich* selbst aufzuheben vermag und generationsperiodisch *trendsetterhaft* von „megageil" zu „episch" zerwandelt. Ein weites Feld, so will mir scheinen – auch ohne auf jene sprachlichen Zwangszeiten einzugehen, die „postkolonial" nachwirken und einst anderen Kulturen das Spanische, das Englische oder das Französische verordnete, befahl, um nur ein paar der Kolonialsprachen zu erwähnen. Ich glaube, an die 10.000 spanische Namen hatten die spanischen Konquistadoren der Philippinen im Marschgepäck, die sie den Einheimischen bei deren Erfassung überstülpten, und als dann die Namen alle vergeben waren, fing die spanische Kolonialverwaltung einfach wieder von vorne an. Der Zynismus spricht für sich. Die Namensgeschichte auf den Philippinen erzählt gleichnishaft eine Geschichte für sich.

Doch noch einmal zu Schiller und Bukowski. Kaum ausgesprochen, und schon befänden wir uns mitten in einem Definitionsproblem. Ist Bukowski nicht auch schon ein „Klassiker" geworden? Ein Klassiker der Moderne? Von einem Klassiker der „neuen" Lyrik kann ja noch keiner (wirklich) sprechen. Auch wenn so manch Kritiker liebend gerne spekuliert und geniebesessen raunt. Mit „keiner" seien aber auch all diejenigen gemeint, die einordnen wollen oder müssen. Hier das Mittelalter, dort die Renaissance. Morgen die „Jetzt-Sachlichkeit" und übergestern der „Neo-Expressionismus." Ob nun ein Dichter als Barocklyriker, Romantiker oder Surrealist, als politischer Dichter oder Vertreter der „neuen Befindlichkeit" zu markieren wäre – all das hat seine Berechtigung, ist aber in diesem Buch nur von vordergründigem Interesse. Allenfalls ein Begleitthema in den Querverweisen und Zitaten. Was mich bewegt, sind die „Poetischen Kritzel" auf dem Weg ins Gedicht – und letztere wurden und werden – so zeigt mir der Umgang und die Gespräche mit einigen Dichterinnen und Dichtern der *Jetztzeit* – geschrieben, ohne dass sie von ihnen so oder dergestalt bezeichnet wären. In aller Regel. Natürlich gab und gibt es Stilrichtungen, Moden und deren Einflüsse; Nachahmer und *Verfremder*, mit oder ohne Chuzpe und Esprit; Übersetzer, bessere und schlechtere; und Neu- oder Andersgestalter „epochenprägender"[29] Dichtung. Das erklärt sich auch angesichts der vorherrschenden Geschichtsschreibung der Lyrik fast von selbst. Dies ist jedoch nicht mein Thema. Und von denjenigen, die erst ein Manifest[30] postulieren und sich ihrerseits wiederum mit ihren Texten diesen *sch:reibend*[31] einen schier orthodoxen Stilzwang verordnen, will ich ebenfalls absehen. Soweit nicht nur eine Gedankennotiz zum Kanonischen. Betrachten Sie insofern all die nachfolgenden Kapitel als „Magische Blätter"[32] – fördern Sie einfach Schüler, die ihrer eigenen Sprache ein intensiveres Ohr leihen und in sich hineinhören. Dann könnte es gelingen, dass sie sich auch differenzierter für Sprache und dem „Verfahren, Sätze zu bilden"[33] interessieren. Ich komme darauf zurück.

Vielleicht zum Abschluss dieser Ausführungen dann doch noch die nicht von der Hand zu weisenden Gedanken von Durs Grünbein[34]: „Es gibt keine Manifeste im Namen der Dichtkunst mehr. Aber nicht nur dies, es gibt, sehr viel länger schon, auch keine normenbildenden, maßstabsetzenden Poetiken mehr" (Grünbein, 2010, S. 10).

Anmerkungen

1   Im Spanischen heißt Lyrik *poesía*. Als jemand, der muttersprachlich spanisch aufgewachsen ist, war die Begegnung mit dem deutschen Wort *Lyrik* eine große Bereicherung und schaffte einen zusätzlichen Raum für differenziertere Ausdrucksmöglichkeiten, wo von einer *verdichteten* Sprache die Rede ist.
2   Oliversche Schreibweise.

Einleitung

3 Ein „adonischer Vers", auch *Adoneus* genannt, ist ein fünfsilbiges Versmaß antiker Herkunft.
4 Eine „alkäische Ode" wird auf den antiken Dichter Alkäus zurückgeführt. Die „alkäische Ode" (Strophe) besteht aus vier Versen: zwei elfsilbigen, einem neunsilbigen und einem zehnsilbigen Vers.
5 Philosophische Doppelbedeutung: „Wort im Wort". Hier „erden" in „werden". Sprachspiel Oliver.
6 Die „sapphische Ode" ist nach der um 600 v. Chr. lebenden griechischen Dichterin Sappho benannt.
7 Daniil Charms, russischer Dichter der sogenannten Avantgarde (1905 – 1942).
8 Zitiert nach Berking, Sabine; *Fenster zum Bersten bringen*. In: FAZ, 2.10.2012, Nr. 229, S L14.
9 Für weitere Anregungen zum kreativen Spiel mit Sätzen empfehle ich Ihnen das Buch *Die ganze Welt in einem Satz* von Hennig Boëtius und Christa Hein. Erschienen 2010 bei Beltz & Gelberg.
10 Portfolio kommt aus dem Lateinischen und bedeutet so viel wie „tragbare Blätter" (*portare* heißt „tragen" und *folium* „Blatt"). Ein Portfolio ist eine Mappe, in der Arbeitsergebnisse gesammelt und präsentiert werden. Portfolios sind idealerweise nicht nur ein Haufen Blätter oder ein Sammelsurium von Dateien in einem Ordner, sondern aus schreibdidaktischer Sicht ein wichtiges Lern- und Reflexionsinstrument. Oder, wie es der Schreibdidaktiker Gerd Bräuer ausdrückt: „Das Portfolio ist das Schaufenster meiner Arbeit" (in Girgensohn/Sennewald, 2012).
11 Volker Sielaff ist 1966 in der Lausitz geboren und lebt als Lyriker und freier Kulturjournalist in Dresden.
12 Ich empfehle zur weiteren Lektüre zum Begriff des „Kreativen Schreibens" Kaspar H. Spinners Buch *Kreativer Deutschunterricht* (Klett/Kallmayer, 2001, 2010). Dort besonders das Kapitel „Kreatives Schreiben", S. 108 – 125.
13 Zitiert nach Hubert Winkels: *Der Stimmen Ordnung. Über Thomas Kling*. Köln: DuMont Literatur und Kunstverlag 2005, S. 15.
14 Thomas Kling, (1957 – 2005), deutscher Dichter.
15 Ein eigener „Berufsbegriff" im Peruanisch-Spanischen: *Niños Trabajadores*, Arbeitende Kinder.
16 Es entstanden zwischen 2007 und 2012 fünf Ausgaben der Publikation „Poetische Kritzel" – *Lyrik an der Realschule Ostheim*.
17 John Godfrey Saxe war ein US-amerikanischer Dichter (1816 – 1887).
18 *comedores populares*, span. Ü: Volksküchen für Kinder
19 Ein Plural, weil jedes Leben für sich steht.
20 Eine indigene Sprache, die von mehr als 7 Millionen Menschen gesprochen wird. Quechua bedeutet übersetzt: „Menschen-Mund, Menschen-Wort, Menschen-Sprache".
21 Irgendwann lernte ich auch, dass „Amerika" auch Mittel- und Südamerika und die Karibik war, nicht nur das, was wir alltagssprachlich im Deutschen mit „Amerika" bezeichnen: hauptsächlich die USA.
22 Schreibkonferenz: Sich an einem Ort zu treffen, um zu schreiben und darüber zu „beraten".
23 Die Sestine ist eine aus sechs Strophen bestehende Gedichtform zu je sechs im Deutschen jambischen Verszeilen.
24 Als „Versfuß" wird gemeinhin eine metrische Gliederungseinheit des Verses bezeichnet. Sie muss mindestens zwei Silben haben.
25 Rhetorische Figuren sind Gestaltungs- und Stilmittel bei der Produktion von Texten.
26 Das Distichon ist ein Verspaar bestehend aus einem Hexameter, griech. „Sechsmaß", und einem Pentameter, griech. „Fünfmaß".
27 Ich empfehle das von Carl Weissner herausgegebene Buch *Charles Bukowski. 439 Gedichte*. Frankfurt a. M.: Zweitausendeins 2009. (⬇ Download 3: Gedicht von Charles Bukowski)
28 Mindestens zwei: Die Freundschaft und die Freiheit.
29 Obschon „Epoche" ein großes Wort ist. Auch daraufhin zu „untersuchen", wer die jeweilige Epoche wann und wie definiert.
30 In seiner Frankfurter Poetikvorlesung im Jahre 2009 stellt der Dichter Durs Grünbein fest: „Es gibt keine literarischen Manifeste mehr. Nicht nur ist das Wort aus der Mode gekommen, auch die Herausforderung, die mit ihm einherging, hat sich verbraucht und erledigt" (Grünbein, 2010, S. 7).
31 Wortspiel Oliver.
32 „Magische Blätter" sind der jeweilige Titel der Aufzeichnungen Friederike Mayröckers, eine Art „Sudelbücher". Sehr empfehlenswert!
33 Der Sprachwissenschaftler Jürgen Trabant definiert Sprache als Verfahren, Sätze zu bilden.
34 Durs Grünbein, deutscher Lyriker, Essayist und Übersetzer, geboren 1962 in Dresden.

1 Skizzen und *an:sätze* ins Gedicht

> Es kann auch Gedichte ohne syntaktisch bestimmte Verse geben.
> Und Poesien jenseits der Sprache, auch ohne daß ein Gedicht sie gibt.
> *Elke Erb*

1 Skizzen und an:sätze ins Gedicht

Die Publikationsliste der Bücher, die sich mit Gedichten und deren eingestürzten oder neu aufgebauten Interpretationsgebäuden auseinandersetzen, ist lang. Noch länger ist die der universitären Schriften, Diplom-, Magister- oder Doktorarbeiten und Abhandlungen; all der Essays und Aufsätze, von denen gesagt werden kann, dass sie sich mit den poetologischen Gegebenheiten oder kulturellen, sozialen und politischen „Verankerungen" rund um das Gedicht und seinen verschiedenen Formen, den tatsächlichen Sprachbedingungen, literaturgeschichtlichen Epochen oder den einzelnen individuellen Visionen beschäftigen. Oft auch Meta-Texte, die sogar Einfluss nehmen (können) auf die Schreibhaltungen von Dichtern.

Vor dem Hintergrund einer Fortführung des Stuttgarter Literaturhausprojektes „Unterricht im Dialog"[1] in einer notwendig erweiterten Dimension praxisbezogener Ansätze in der Vermittlung von (literarischer) Sprache, durch die filigran komponierte Schreibarbeit und Textwerdung auch in der Schreibbegegnung mit Lehrern – im Jahre 2011 wurde auf der Grundlage der bisherigen Schreibwerkstatt-Projekte eine Lehrerfortbildung initiiert – und konsequenterweise auch dieser ihr zu Grunde liegenden Publikation, interessieren mich vor allem zwei Herausforderungen: Erstens die Fähigkeiten ins eigene, poetische, in einem weiteren Schritt, lyrische Schreiben auf diesem von einem Lyriker oder in Ihrem Falle, von einem Lehrer, begleiteten Weg und zweitens die Vermittel- und Nachvollziehbarkeit von Gedichten. Primär als eine mir glaubwürdige Gelegenheit, die Furcht vor Gedichten zu verlieren und sie darüberhinaus auch außerhalb der Schule zu lesen, indem die Schüler selber schreiben; über Gedichte zu sprechen, indem sie als literarisches Erleben betrachtet und nicht als Objekt einer jegliche Kunst gefährdenden Zerstückelung zum horribel empfundenen Unterrichtsstoff erklärt werden. Insofern wären vornehmlich vier Aspekte hervorzuheben, die veritable Chancen böten, das Gedicht nicht (nur) unter das germanistische und lyriktheoretische Mikroskop zu legen.

1.1 Haltungen der Poesie oder Streifzüge, sinn:lich

Keine primär analytisch-literaturwissenschaftliche Haltung, die von „abstrakten" Begriffen getragen wird, sondern Beispiele sinnlich nachvollziehbarer, poetischer und poetologischer Äußerungen der unglaublich vielseitig geprägten Dichtung. Ein Streifzug über literaturgeschichtliche Pfade und die Frage nach den zeitgegebenen, zeitgebundenen Voraussetzungen eines Textes dürfen durchaus eine Rolle spielen, sollten aber mit den persönlichen Lebenswirklichkeiten, Vorstellungen und Erkenntnissen einzelner Dichter verbunden werden. Die Wahl der Inhalte und der Formen hat immer etwas mit den Autoren und ihren literarischen Entwürfen zu tun, die auch ihr Leben beeinflusst haben. Wie viel Biographie beispielsweise braucht man aus dem Leben Paul Celans, um seine Gedichte nachvollziehen zu können? Interessant wären hierbei vor allem die Erfahrungsschätze im Spät- oder Alterswerk von Dichtern. Gibt es so etwas wie eine „poetische Weisheit"? Wie lesen sich beispielsweise Gedichte von Elisabeth Borchers nach einem Textfragment wie diesem:

> Wozu Gedichte? Eine bündige Frage, die sich nicht bündig beantworten lässt. Gedichte ersetzen Roman, Tagebücher, Gedankenbücher. Sie verfügen über eine Sprache, die das Gegengewicht darstellt zu unserer verödeten Alltagssprache, die außerstande ist, uns mit unseren Freuden und unserer Trübsal aufzufangen. Celan nannte die Sprache der Dichtung das schicksalhaft Einmalige, oder wie es der Arzt Konrad Rapprich in drei Zeilen formuliert:
>
> Das Gedicht
> ist der Jubel
> der Sprache
>
> Wenn wir also etwas über die Unbestechlichkeit, den Triumph der Sprache erfahren wollen, lesen wir ein Gedicht. Das Gedicht ist uns selbst auf der Spur, es zeigt uns Wege, die wir verlassen haben, die wir finden oder wiederfinden müssen, wenn wir auf dem Weg zu uns selbst sind. Darum sind Gedichte unverzichtbar, darum gehören sie zu unserem Existenzminimum.
>
> (Borchers, 2003, S.64)

1.2 Poesie und Wirklichkeit oder vom Ausfransen der w:orte

Gedichte beginnen dort, wo der Dichter berührt ist, von dem, was ich die „poetischen Augenblicke oder deren Brüche im Alltäglichen" nenne. Diese können bis hin ins scheinbar Unerhebliche durchdrungen werden oder in die Abkehr von den Dingen münden, die sich für den Einzelnen realiter präsentieren und die sich dementsprechend gebärden. Beides ist von Lebensansichten und Lebenseinsichten verursacht. Es gilt für den Dichter eines: die Alltagssprache zu „transformieren". Seien es nun unverhoffte Begegnungen im Einklang mit dem Erlebten oder sei es im Widerspruch mit Situationen, die w:orte[2] werden wollen. Auch im Nicht-Alltag verspiegelt sich Alltag. Und umgekehrt.

> „Der Schriftsteller, im Gegensatz zu den meisten anderen Menschen, kann sich nicht entfliehen: er hat seinen Steckbrief selber verfasst". Der Schweizer Schriftsteller Max Frisch hat diesen Satz einst am City College in New York in einer seiner Vorlesungen formuliert. „Er hat seinen Steckbrief selber verfasst." Das klingt eindringlich und ist, auch wenn Frisch dies vor allem dem Schriftsteller vorenthalten will, durchaus auf unsere Schreib-Erfahrung übertragbar. Jede Schülerin und jeder Schüler hat, für sich betrachtet, dies Eigene, dies nachvollziehbar Eigene, ebenso verfasst. Das große Bedürfnis nämlich, sich selber zu erkennen, von sich selber erkannt zu werden und erkennbar zu werden, durchdringt ihre Bemühungen schier steckbrieflich, Sprache in die schriftliche Aussage münden zu lassen.
>
> (Vorwort zum Kapitel Lyrik an der Realschule Ostheim; in: literaturmachen 2008).

1 Skizzen und an:sätze ins Gedicht

Gedichte sind jedoch nie rein handwerkliche *Auftragsarbeiten*, die nur das Material Sprache betreffen – es sei denn, der kühne Auftraggeber dieser ersehnten Distanz, um Sprache als „reines" Material zu benutzen, ist man selber, weil es ein inneres Bedürfnis, eine Berufung ist, sich schriftlich so ausdrücken zu müssen und nicht anders ausdrücken zu wollen – aber sie sind, und das ist jedem lyrischen Schreiben gemein, auch nie ausschließlich nur ein paar Notizen oder *Notate* zwischendurch. Gefühle und Gedanken verlangen nach Sprache, wenn sie *gesagt* sein müssen. Selbst in der konkreten Poesie. Ein Gedicht ist keine Absichtsbekundung, etwas zu erklären – so zumindest ist meine Haltung, lyrisches Schreiben umzusetzen – sondern eine Notwendigkeit offenzulegen, die von sich aus konsequent fordert, Sprache zu werden.

> In seiner Ansprache anlässlich der Entgegennahme des Bremer Literaturpreises 1958 sagte Celan: „Die Sprache blieb unverloren, ja, trotz allem. Aber sie musste nun hindurchgehen durch ihre eigenen Antwortlosigkeiten, hindurchgehen durch furchtbares Verstummen, hindurchgehen durch die tausend Finsternisse Tod bringender Rede. Sie ging hindurch und gab keine Worte her für das was geschah – aber sie ging hindurch und durfte wieder zutage treten, ‚angereichert' von all dem. In dieser Sprache habe ich versucht, Gedichte zu schreiben, um mir Wirklichkeit zu entwerfen".   (zit. nach: www.orte-paul-celans.de)

Dieses Credo öffnet einen Raum für die Betrachtung von Gedichten, der unmittelbar mit der (Schreib-)Biographie des Dichters korrespondiert. Deshalb sind Einblicke in die Lebensverhältnisse und die verschiedenen Arbeitsweisen heutiger Dichter ein nicht zu unterschätzender Lesegewinn, der ebenfalls Zugänge öffnet ins Verständnis und ins Verstehen *postmoderner* und neuer Lyrik. Die Erfahrung eines Werkstattgespräches mit einer Lyrikerin oder einem Lyriker bildet dabei hin und wieder auch die Brücke in die Dichtung früherer Zeiten. Wäre ein Text wie der nachfolgende, um gleich ein sinnfälliges Beispiel anzuführen, der Biographie zu viel? Widerspräche er dem Glauben Elisabeth Borchers, wo sie schreibt „ ... das Gegengewicht zu unserer verödeten Alltagssprache"? Walle Sayer aus dem württembergischen Horb-Dettingen, der 1960 in Bierlingen (Kreis Tübingen) geboren wurde und eine der eigenständigsten Stimmen der heutigen deutschsprachigen Lyriker seiner Generation hören macht, erinnert sich in einem Langgedicht:

> Hier bin ich aufgewachsen.
> Mit meinem schwäbischen Krummschnabel.
> Wurde in den Senkel gestellt.
> Bekam den Arsch gottsallmächtig versohlt.
> Sollte meine Gosch halten.
> Meine Lapp nicht so weit aufreißen.
> Machte Hennendapper. Wollte Waagscheißer sein.
> Bekam den Unterschied eingebleut zwischen Faulenzer, Nichtsnutz und Tagdieb.

> Hör noch immer wie der Nebensitzer „Mädle, Schoklädle" sagt.
> War ein Jenseitsbachel, was noch mal was ganz anderes ist wie ein schlichter Idiot.
>
> Walle Sayer, unveröffentlicht

(⬇ Download 4: Walle Sayer: *Wie aus Herkunft Literatur wurde*)
Es ist nicht weiter verwunderlich, dass Sayer im weiteren Teil dieses „Langgedichts" schreibt: „Das Prägende, die frühen Bilder, der Mollakkord. Im Dialekt und mit ihm habe ich die Welt zuerst erfahren. Aber später auch die Enge, das Vorgegebene, Niederdrückende. Meine Zweifel sind in der Mundart nicht auszudrücken. Sie sind ja dadurch entstanden, dass ich mich von der Mundart entfernte. Diesen beiden Sätze von Martin Walser aus seinem ‚Heilige Brocken' strich ich mir deshalb einmal an".

1.3 Schreibprozesse oder wie das Schweigen mitschreibt

Ich könnte meine Arbeit an Gedichten so beschreiben: Aus einer Notiz entsteht ein *Notat*. Aus einem *Notat* eine Verdichtung. Aus einer Verdichtung hoffentlich ein Gedicht.

Mit der Erfahrung, die Sie selber mit der ersten Schreibübung in diesem Buch gemacht haben, können nicht nur Rückschlüsse auf das *Eigene Schreiben* gezogen werden, sondern auch Beobachtungen hinsichtlich des Schreibprozesses Gegenstand Ihrer Betrachtung werden. Nicht nur des Ihrigen. Indem ich kennenlerne, wie andere „handwerklich" vorgehen im Vergleich zu mir, habe ich eine bunte Palette an „Dichterwerkstätten" zur Hand, mit der ich ein mir entsprechendes Verfahren, um zu lernen, kontinuierlich an einem Text zu arbeiten, erproben und nach und nach eine Selbstständigkeit im Schreiben entwickeln kann. Es geht nicht darum, abzuschreiben. Es geht darum, zu wissen, was andere schreiben.

Ein Text entsteht und wird beim Schreiben. Er folgt immer auch eigenen Regeln, die sich der Schreibende bewusst machen kann. Bei diesem Lernprozess ist schließlich Kontinuität eine zu entdeckende Tugend, die vor allem den Schülern oft nur schwer zu vermitteln ist. Meine Muse heißt, selbst dort, wo das Wort hin und wieder unter der eigenen Last zusammenzubrechen droht: Arbeit. Auch wenn ich bezüglich der Stellung des Wortes eine zusätzliche Meinung vertrete, sind die Darlegungen von Norbert Hummelt[3] in seinem Buch „Wie Gedichte entstehen" ein bestechend klarer Verweis auf den Satz und den Vers beim „zeitlichen" Werdegang und ihrer Wegstrecke ins Gedicht: „Am Anfang steht nicht das Wort, sondern der Vers" (Hummelt, 2009, S. 52).

Diese Haltung Hummels ist durchaus eine Möglichkeit, ins lyrische Schreiben zu kommen. Wenn ich ihn richtig verstanden habe, gelingt ihm das über den Rhythmus eines Satzes, der mit der Zeit, im inneren Gehör quasi, zum Vers werden kann. Dennoch muss die Frage erlaubt sein, ob der Vers nicht auch das Wort aufsucht, um einer zu werden. Ich halte das einzelne Wort und die Spannung zwischen den einzelnen Wörtern für das konstituierende Element eines Verses. Mit dem Verständnis für das Wort und die Spannung zwischen den Wörtern wird die Voraussetzung geschaffen für Rhythmus und Metrum, ohne die Aussage zu vernachlässigen.

1.4 Textkritik oder wenn die Meinung chillt

Wann ist ein Gedicht soweit, dass ich es veröffentlichen kann? Wann ist es veröffentlichungswürdig, um nicht dem all zu strengen, ich denke auch übertriebenen Urteil Peter Wapnewskis[4] als Argumentationsfutter zu dienen? Wapnewski schreibt: „Ein gut Teil dessen, was heute als Lyrik angeboten wird und prosperiert, ist steckengebliebene Prosa, ist Schwundform des Essays, ist Tagebuch im Stammel-Ton. Wem das fehlt, was man wohl den epischen Atem oder den dramatischen Nerv nennt, der macht sich und uns gern glauben, Lyrik sei Säuseln und diffuses Licht. Dabei ist sie eine spröde, strenge und sehr entschiedene Sache" (Wapnewski, 1977 in die ZEIT; hier zit. nach: Völker, 1986, S. 104).

Die Frage nach der „Textkritik" hat in diesem Buch zum Ziel, sich mit den ästhetischen Kriterien zu beschäftigen, die heute ein „Gedicht zu einem Gedicht machen." Das bedeutet aber auch: Wie kann ich mir ein Urteil bilden? Wovon hängt dieses Urteil ab? Welche Gültigkeit hat eine Beurteilung, die „schreiberfahrener" mit Texten umgeht? Mit diesen Fragen können erweiterte, vielleicht gar neue Bewertungsstandpunkte erarbeitet werden, die unmittelbare Folgen für einen „objektiver" nachvollziehbaren, nicht ausschließlich auf den Kanon fixierten, bildungsbürgerlichen Umgang mit Gedichten haben, auch wenn diese Kriterien sicherlich auch sehr eigen daherkommen und wahrscheinlich nur auf den ersten Blick sozial-subjektiv sind. Eine Grundbedingung für das Schreiben ist, so glaube ich, die Fähigkeit, sich beim Schreiben selber kritisch zu begleiten. Eine Grundbedingung für die Bewertung ist, die eigenen Standpunkte und Maßstäbe der Urteilens nicht weniger hinterfragend wahrzunehmen.

nota bene:

august 2010

ladies and gentlemen next stop Weimar
hätte fremder nicht klingen können ins bild
von Weimar gesagt als wir
in Goethes behausung / Du
hattest die kutsche
berührt & löstest einen alarm
& verdacht / ist, sei
was übrig

José F. A. Oliver, unveröffentlicht

Kann dieses Fragment der Beginn eines Gedichtes sein? Damit wären wir auch mit diesem Aspekt inmitten der Auseinandersetzung, wo und wann ein Gedicht „beginnt". Beim Wort, beim Vers? Im Bruch mit dem Überlieferten? Oder bei …? Wie sieht es um die Haltung des Schreibenden aus? Kann sie nachvollzogen werden? Welches poetische Selbstverständnis nimmt er für sich in Anspruch? Wie steht es um Wort und Vers und um den Rhythmus?

(⬇ Download 5: Schreibübungen für Lehrer)

Anmerkungen

1 *In den Jahren 2006-2011.*
2 *Wortspiel Oliver.*
3 *Norbert Hummelt, deutscher Lyriker und Essayist, geb. 1962 in Neuss, lebt in Berlin.*
4 *Peter Wapnewski (1922 – 2012), deutscher Mediävist.*

2 Vom Wort. Vom Satz. Vom Text

Ich kannte einen Jungen, der mit seinem Vater über die Dünen auf dem Weg zum Meer war. Gleich würde er es sehen, zum ersten Mal. Und als er es so vor sich liegen sah, rief er aus: La piscine! So ein Verhältnis zur Welt hat auch der Dichter: er wird ein Leben lang diesen ersten Blick haben, etwas zum ersten Mal sehen.
Arnold Stadler

2.1 Vom Wort in den Satz

Fragt man Schüler, woran sie dächten, wenn sie das Wort *Gedicht* hören, dann folgt in aller Regel ein Schweigen, das den Klassenraum füllt und die Erwartungshaltung erfüllt. Insistiert man, fällt ab und zu zaghaft die Bemerkung „Gedichte reimen sich." Die Perspektive des Reimes hält sich hartnäckig. Je nach Alter – etwa ab Klassenstufe 8 – können sich ein paar Fachtermini aus den „Gedicht-Interpretationsstunden" in die Stille des Klassenzimmers einschleichen. Eher die wortexotischer anmutenden Begriffe wie „Rhetorische Figur" oder „Oxymoron"[1]. Auch die gängigeren, wie „Vers", „Strophe" und „Metapher", tauchen hin und wieder wie aus dem Dichterhimmel auf. „Ja", heißt es dann bei erneuter Nachfrage, wann denn ein Gedicht im Unterricht besprochen oder durchgenommen wurde, „im vergangenen Jahr" oder man habe in der Grundschule ein paar Gedichte gelesen. Frühlingsgedichte und ein Weihnachtsgedicht. Oder sogar geschrieben: „Elfchen"[2]. Und wie hießen die Dichter der besprochenen Gedichte? Das Nachhaken erzeugt sogleich eine weitere, durchweg größere Ratlosigkeit und meist ein abermaliges Verstummen. Selten ist jemand unter den Schülern, der ein, zwei Sätze zum Wesen eines Gedichtes darlegen könnte. Und wenn, dann in etwa so: „Da sind schöne Dinge im Gedicht." Oder „Ein Gedicht drückt die Gefühle eines Menschen aus." Das wären zwei exemplarische Antworten, an die ich mich noch erinnern kann, als ich in einer Klasse danach fragte. Dieser Not, nichts Ausführlicheres darüber berichten zu können, würde meines Erachtens eine „neue Verfahrenskultur" des Schreibens Abhilfe leisten, gerade weil ein Grundgefühl für das Poetische, das Lyrische oder das Gedicht vorhanden scheint. Der Literaturwissenschaftler Heinz Schlaffer[3] beschreibt dieses Grundgefühl auf sehr überzeugende Weise:

> Gedichte sind leicht zu erkennen, aber schwer zu begreifen. Ob sie gesungen, gesprochen oder gelesen werden, es fehlt ihnen nicht an auffälligen Merkmalen, die den Hörer oder Leser sogleich davon überzeugen, dass er es mit einem Exemplar der Lyrik zu tun hat, auch wenn er den Begriff „Lyrik" nicht kennt und stattdessen „Lied", „Reime", „Verse" sagt. Ohr und Auge täuschen sich fast nie: Was sich zu einer Melodie singen lässt, was Rhythmen und Klänge auffällig wiederholt, was in abgesetzten Zeilen geschrieben ist, dabei eine überschaubare Länge hat – das muss ein Gedicht sein. (Schlaffer, 2012, S.7)

Ein facettenreiches Anschauungsmaterial ergäbe sich nicht zuletzt im gemeinsamen Blick in einige Sammelbände jüngeren Datums, die mit Begleittexten Gedichte vorstellen[4] oder ins Feuilleton der Zeitungen d. h. die Klassen-Lektüre der persönlichen Annäherungen an ein Gedicht oder einer kurzen Besprechung von Gedichten in diversen Literaturzeitschriften[5]. Ein gutes Beispiel für derart lohnende Ausflüge in die „Beurteilung" oder „Bewertung" von Gedichten ist die von Marcel Reich-Ranicki betreute „Frankfurter Anthologie". Auch wenn seine Vorstellung eines „gültigen" Kanons der deutschen (!) Lyrik nicht zweifelsfrei, d. h.

nicht unwidersprochen akzeptiert werden kann, geht es mir hauptsächlich um die Art und Weise der Annäherung an Gedichte, die Sprache und die respektable Wahrnehmungsvielfalt der Besprechungen. Seit 1974 sind in der FAZ über 1700 Interpretationen von Gedichten erschienen. Beauftragt wurden hierzu die unterschiedlichsten Rezensenten und Kritiker. Anlässlich der Feierstunde zum Erscheinen des 30. Bandes der Frankfurter Anthologie meinte Ranicki in seiner *schnittschnäuzigen* Art und Weise. „Die allerschönsten Gedichte sind überhaupt jene, an denen es gar nichts zu interpretieren gibt!"[6] Dem ist nichts hinzuzufügen. Es sei denn der Hinweis auf die launige Widersprüchlichkeit dieser Aussage. Einerseits kuratiert der Meisterkritiker diese Interpretationen in der *FAZ* und gibt sie gesammelt als Buch heraus, andererseits stellt der „Literaturpapst", wie er genannt wurde und wird, die eindeutig gegenteilige Behauptung auf. Ganz nebenbei sei angemerkt, wie wirklichkeitsverzweigt ein Wort doch auftreten kann. Und sei es nur das Schüler-Schicksalswörtchen „Interpretation" – „Gedichtinterpretation". Wie viel Gedicht ist allein mit diesem Wort verlorengegangen, da Gedichtinterpretationen in der Schule nicht im besten Sinne des Wortes „feuilletonistisch" angelegt, sondern germanistisch motivierte Beschneidungen sind. Das scheint mir nicht der richtige Weg, sondern bedeutet eher eine Durst-recke bis hin zum Verdursten, denn nur eine verschwindend kleine Anzahl von Schülern wird sich dem Germanistikstudium widmen oder Lyrikkritiker werden.

Wo beginnen, mögen Sie sich fragen, wenn ich die Kunst der Lyrik im Allgemeinen oder ein Gedicht im Unterricht vorstellen möchte? Nun: Gedichte vorlesen, vorlesen, und nochmals vorlesen und dann: Einfach Schreiben. Das wäre ein Einstieg. Fangen Sie mit dem Wort an. Dem eigenen. Es wäre ein aufschlussreicher Auftakt. Auch wenn – wie von Norbert Hummelt explizit veranschaulicht –, das Gedicht mit einem Vers und nicht mit einem Wort seinen Rhythmus und damit seine Fährte ins Gedicht aufnimmt. Das mag für den „professionellen" Dichter stimmen, für denjenigen, der seine, vielleicht ersten, gezielten Schreiberfahrungen sammelt, zumal als Schüler, nicht unbedingt. Das Wort ist eine Voraussetzung, dass ein Satz entsteht und zum Vers werden kann:
Das Wort ist ein Kleinod. Kuriosum, Halt, Verzicht. Manchmal Flucht und Bürde, mitunter Leid, Pein, Fluch. Immer aber ganz bestimmt ein Schlüssel zu uns selber, auch dort, wo es weit über uns hinausweist. Es wundert mich nicht, dass Joachim Sartorius im Vorwort seiner Maßstäbe setzenden Anthologie *Minima Poetica – Für eine Poetik des zeitgenössischen Gedichtes*[7] feststellt:

> Vielleicht können wir uns darauf einigen: Poesie ist konzentriertes, verknapptes Sprechen, oder wie es Joseph Brodsky fasste: „die knappste, am stärksten verdichtete Mitteilungsweise menschlicher Erfahrung". Sie ist zweitens, abstrahiertes Sprechen, das vom Bedürfnis nach Mitteilung zunächst nicht wesentlich bestimmt ist. Sie stellt vielmehr den Inhalt, sprechend, Satz für Satz erst her, sie steht also für die prinzipielle Unauflöslichkeit von Form und Inhalt, die so etwas wie ihr Lebenselixier ist. Ein drittes Spezifikum ist das rhythmisierte

Sprechen. Poesie tönt, atmet. Und ein viertes gilt – und hier komme ich auf die „Minima Poetica" zurück –, dass das lyrische Subjekt durch rückhaltlose Versenkung ins Eigene, meinetwegen in die eigenen Nichtigkeiten, paradoxerweise das Allgemeine sagt, eine Welt entfaltet, von der es – oft genug – durch ein Pathos der Distanz gerade Abstand zu nehmen sucht.

Denn das Gedicht ist eine Art, sich eigensinnig Welt vorzustellen. Was den Dichter bewegt, wenn er sie sich vorstellt – diese Bewegung ist im Gedicht. Ein gutes Gedicht ist die absolute Metapher für einen Weltmoment. Welt das Gedicht, wenn es ein Gedicht ist, diesen Augenblick als Epiphanie fasst, setzt es den Fakt, dass die Welt ein Uhrwerk ist, außer Kraft. Das ist der Erfolg des Gedichts. (Sartorius, 1999, S. 13 f.)

Wo uns Sprache begegnet ist das Wort ihr Herzschlag. Erich Fried[8] versammelt diese Erfahrung in seinem wunderbaren Gedicht – einer immanenten Laudatio – ans Wort. Ein Text, den selbst Marcel Reich-Ranicki durchaus wohlgesonnen interpretierte, weil durch das Wissen über die Bedeutung des Wortes das Wort über sich hinausweist: „Mit dem Wortspiel greift er das Leben an, um es zu begreifen, es ist seine Zuflucht und sein Erkenntnisinstrument, es soll etwas, was für den Autor wichtig ist, blitzartig sichtbar und durchsichtig machen" (Marcel Reich-Ranicki; in: FAZ, 02.12.2000, Nr. 281, S. IV).

Logos
Das Wort ist mein Schwert
und das Wort beschwert mich
Das Wort ist mein Schild
und das Wort schilt mich
Das Wort ist fest
und das Wort ist lose
Das Wort ist mein Fest
und das Wort ist mein Los

Erich Fried

(⬇ Download 6: Besprechung des Gedichtes *Logos* in der Frankfurter Anthologie)

Das Wort als Los: Das trifft ins Mark eines Dichterlebens. Zumal jenes der Grundstimmung in der Schreibhaltung Frieds. Selbst auf die Gefahr hin, wie Reich-Ranicki andeutete, dass er sich – wie andere auch – im Spiel mit den Wörtern manchmal *verkalauert* hätte. „Freilich konnte auch er, wie mancher seiner großen Vorgänger, den Kalauer nicht immer vermeiden." Aber das muss wohl so sein, um wenigstens ein paar länger haltbare oder bleibende Gedichte zu bewerkstelligen, wie Gottfried Benn vermutete, da das Mittelmäßige in der Lyrik schlechthin unerlaubt sei, deshalb habe auch kein großer Lyriker mehr als sechs bis acht vollendete Gedichte hinterlassen, wie er in seinem Buch *Probleme der Lyrik* von 1951 postuliert.

Immer wieder beschäftigt Fried auch in den Augen anderer die Auseinandersetzung mit dem Wort. Das Wort, mit dem er so behutsam, und wo notwendig, kompromisslos und provozierend umgegangen ist, das er aber auch wegließ, wenn es nicht mehr trug, nicht mehr auszusprechen war, das aber immer an jemanden gerichtet wurde, jemanden, der es lesen, der es hören sollte. Fried glaubt an die Kraft des Wortes, auch dort, wo er es hinterfragte, auch dort, wo er um das Wort rang, um der Sprache, die Krieg und Tod schuf, eine andere, visionäre entgegenzusetzen. Ein Du, das auch die Lyrikerin Rose Ausländer[9] durch ihre Gedichte angerufen hat, weil sie sich trotz ihrer leidvollen Überlebenserfahrung als Jüdin in Czernowitz einen „Glauben an Humanität und die erlösende Kraft der Literatur bewahrte"[10]:

Wort an Wort

Wir wohnen
Wort an Wort

Sag mir
dein liebstes
Freund

meines heißt
DU

    Rose Ausländer

Ein Du, das auch Paul Celan nie aufgab. Fried sollte seine Gedanken über das Wort in seinem Gedicht „Fügungen"[11] allerdings zugespitzter verwenden, nicht immer – so vermittelt es sein Gedicht „Fügungen" – vom Dennoch der Hoffnung beseelt, mit der Rose Ausländer sich dem Wort anvertraut hatte:

Fügungen

Es heißt
ein Dichter
ist einer
der Worte
zusammenfügt

Das stimmt nicht
Ein Dichter

2 Vom Wort. Vom Satz. Vom Text

>   ist einer
>   den Worte
>   noch halbwegs
>   zusammenfügen
>   wenn er Glück hat
>
>   Wenn er Unglück hat
>   reißen die Worte
>   ihn auseinander
>   Erich Fried

Wie viele Wörter begegnen uns im Leben. Unerwartete Freude und beiläufiges Glück können sie uns schenken oder uns unwiderruflich in ein Schmerzgeviert katapultieren, wo wir uns dessen gewahr werden, dass sie uns verletzen. Wörter, die uns täglich sind, denen wir sind. Wörter, die uns positiv berühren und stützen und die wir deshalb nie wieder vergessen oder aber jene, die wir ausklammern und verdrängen, weil sie uns aufreiben, weil sie uns wundgetroffen haben und die wir am liebsten vergessen würden? Ich glaube, dass jeder eine eigene, lange oder zumindest aussagekräftige Liste zusammenbrächte. Regalbretter voller Wörter wie Bücher. Doch was erzählen uns diese Wörter? Welche Geschichten verbergen und entblößen sie? Dies der Ausgangspunkt meiner Überlegungen und ein Anlass für erste Schreibübungen für Schüler, die ich im Folgenden ausführlicher darstellen möchte, weil die einzelnen Arbeitsschritte und die ausgewählten Verfahrensweisen auch auf andere Übungseinheiten in diesem Buch übertragbar sind. Methoden allesamt, die auf einen Prozess Wert legen. Doch zuvor noch ein Grundimpuls meiner Vorgehensweisen: Ich bin trotz aller gegenteiligen Auffassungen[12] weiterhin davon überzeugt, dass Gedichte mit Wörtern gemacht werden. Dem Gedanken stehen neben anderen nicht nur die zitierten Gedichte Erich Frieds und Rose Ausländers Pate, sondern ebenso die unmissverständliche Feststellung Gottfried Benns zum *lyrischen Ich*. Benn, der, in der Nachfolge Mallarmés[13] und dessen Maxime stehend, schrieb, dass ein Gedicht nicht aus Gefühlen, sondern aus Worten entstehe.

(Download 7: *Ein Wort* – Gedicht von Gottfried Benn)

Wörter und Sätze ins Eigene

A. Didaktischer Vorspann:

1. Dialog zwischen Wahrnehmenden
Schüler X: Ein Maulwurf ist ein Tier.
Lehrer: Ja!

Schüler Y : Ein Maulwurf ist ein Wort oder eine Metapher von Günter Eich.
Lehrer: Ja!
Schüler XY: Das verstehe ich nicht.
Lehrer: Ja!

2. Zur Stadt Paris
„In Langenau im Emmental gab es ein Warenhaus. Das hieß *Zur Stadt Paris*. Ob das eine Geschichte ist?" (Peter Bichsel)[14]

3. Aus dem Tagebuch eines Mehrsprachigen
Nachdem ich das Wort „Gedichte" eine lange Weile betrachtet hatte, ging es mir nicht mehr aus dem Kopf. Ich schrieb das Wort nieder. Als das Wort (im Plural) auf dem Papier stand, fing es an, mit mir zu spielen. Oder spielte ich mit ihm? Ich dachte, ja. Und nahm es buchstäblich. Will sagen, ich nahm es beim Wort. So wie man jemanden auf den Arm nimmt.
Ich nahm zunächst die Hände und brach das Wort: Ge dich te. Es war schön, das Wort immer wieder von neuem zu brechen. Es war reizvoll, ein Wortbrecher zu sein:

  Ge **dich** te
  Ged **ich** te
  Ge d **ich** te

  dich te
  d **ich** te

  G e **dich** te
  Ged **ich** t e
  G e **d ich** te

Das Wort im W:ort war ICH. So wie in N ich ts.
Das könnte schon eine Methode sein: Ich breche das Wort.
Dieser (konkreten) Methode liegt in meinem Fall eine umfassendere Verfahrensweise zu Grunde, da ich auch aus dem Spanischen komme: Die Methode der „Auch-noch-Sprache-die-ich-bin". Im Spanischen heißt „te" manchmal „dir" und manchmal „dich". Ich schreibe also: „te" und reiche mir das Wort Gedich:te. Ganz dicht beieinander ICH & DICH. Danach dachte ich, das Wort ist unerschöpflich, wenn es von mehreren Sprachen aus betrachtet wird, und schrieb: „Ich bin Mehrere!"

4. Gedichte werden mit Wörtern gemacht. In jedem **w:ort** sind Geschichten.
B. Die „Ich-bin-fertig-Behauptung" als Voraussetzung in die „Ich-bin-noch-nicht-fertig-Methode":

Erster Schritt
Sprache braucht offene Räume. Verschiedene. Gehen Sie also mit den beteiligten Schülern ins Freie, um die vorgegebenen „Begrenzungen" zu verlassen. Hier wäre noch einmal in Erinnerung zu rufen, dass der Bauplan einer Schule, eines Klassenzimmers, etc. mit einer Regel verglichen werden kann. Ein Klassenzimmer ist also eine Regel[15]. Nur die *Inhalte* kommen verschieden daher. Einem Gedicht nicht unähnlich. Auch Gedichte haben Regeln. Die Inhalte sind unterschiedlich. Sie verlassen also die Regel und gehen ins Freie.

Nachdem Sie im Freien angekommen sind stellen Sie eine neue „(Kommunikations)-Regel" auf, indem sich alle in einem Kreis gruppieren. Jeder hat nun die Aufgabe, sich für ein Wort zu entscheiden, das ihn berührt. Positiv oder negativ. Wichtig ist, dass das Wort für den Einzelnen von *berührender* Bedeutung ist. (Um diese Forderung der Aufgabe zu betonen, können Beispiele gegeben werden, indem man den Schülern erklärt, dass das Wort z. B. im Alltag „zu Hause" sein kann: in der Familie, im Freundeskreis, in einer (möglichen) Liebes-Beziehung, in der Freizeit, im Sport, im Traum, in der „Wirklichkeit". Ein Phantasie anregender Text vor dem Spiel als „erläuternder" Einstieg wäre auch das Gedicht von Gert Loschütz:

Wo kommen die Worte her?

Wo kommen die Worte her?
Sie tropfen von den Bäumen,
die die lange Straße säumen,
grün und regenschwer.

Wo kommen die Worte her?
Sie lösen sich von Ast recht bald
und treiben durch den schwarzen Wald
Bis hin zu Fluss und Wehr.

Wo kommen die Worte her?
Sie kommen um die Eck gebogen,
auf Flügeln zu dir hingeflogen
und sagen: Es ist schwer.

Wo kommen die Worte her?
Sie haben sich zurückgezogen
und sagen: Ich fühl mich betrogen
und will einfach nicht mehr.

> Wo kommen die Worte her?
> Sie kommen aus der Wand gekrochen
> Und sagen: Ich hab nichts versprochen,
> die Taschen, die sind leer.
>
> Wo kommen die Worte her?
> Sie sind im Fluss hinabgetrieben,
> von Kieseln rund und glatt gerieben
> sinken sie ins Meer.
>
> Gert Loschütz[16]

Der Vorstellungskraft des Lehrers sind bei der Wahl von Wort-Gründen keine Grenzen gesetzt. Gleichzeitig wäre den Schülern zu vermitteln, dass sie das Wort bewusst aussuchen sollen, da mit ihm immer wieder gearbeitet würde. Ich empfehle, den Schreibprozess an dem zu schreibenden Text über mehrere Wochen anzulegen. Den Schülern kann jedoch vor oder unmittelbar nach der ersten Niederschrift noch einmal die Möglichkeit gegeben werden, das Wort zu wechseln, d. h. ein anderes Wort auszusuchen. (Die Erfahrung mit dieser Methode der „Wort-Findung" hat mir gezeigt, dass es immer wieder ein oder zwei Schüler gibt, die zu einem späteren Zeitpunkt ein anderes Wort wählen wollen. Spätestens dann, wenn es in eine erste Schreibklausur geht und die Ernsthaftigkeit der Aufgabe nicht mehr in Frage gestellt wird).

Nach den Erläuterungen des Lehrers folgt ein Augenblick der gemeinsamen Stille. Fünf Minuten wären angebracht und reichen in der Regel aus, dass sich jeder konzentrieren kann und „s:ein" Wort findet. Sollte ein Schüler partout auf kein Wort kommen, können auch direkte Fragen an ihn weiterhelfen: „Woran denkst du gerne?" oder „Was machst du am liebsten?" – „Welches Wort bereitet dir Freude?", „macht dir Angst?" etc.

Zweiter Schritt
Hat jede Schülerin, jeder Schüler ein Wort gefunden, wird das Wort „in den Raum entlassen", indem es reihum laut gesagt wird. (Bereits bei dieser Übung wird es schon Einzelne geben, die das Wort doch noch wechseln wollen, weil sie über das Hören der Wörter der anderen, auf sich selber zurückgeworfen werden und das von ihnen ausgewählte Wort in einer Art innerem Dialog „überprüfen". Sie kommen sich durch das Zuhören also selber näher, kommen ihrem Wort in sich selber näher). Allein die Tatsache, dass die Schüler im Kreis stehen, ändert die Perspektive und damit die Sprechhaltung. Das Wort erfährt eine erste Bewegung. Laut dem ukrainischen Schriftsteller Jurij Andruchowytsch[17] ein wesentlicher Bestandteil von Poesie: „Ich wusste nicht, dass Poesie so leicht ist. Dass ihre Sprache so karg sein kann – und je karger sie ist, desto schöner ist sie. Dass der vers libre so ein freies Gedicht ist, dass es also überhaupt nicht um die Form geht,

obwohl es andererseits ja gar nicht nicht um sie gehen kann. Poesie – das ist Gestikulieren, Herumwedeln mit den Händen, Schulterzucken und Verstärkung der Sprache. Poesie ist eine Folge der Unzulänglichkeit der Sprache, ihre Endlichkeit und Begrenztheit, Poesie ist ein Mittel, ein bisschen weiter zu gehen, als uns die Sprache üblicherweise führt" (Andruchowytsch, in: Bucheli, 2006, S. 13).

Nun folgt die Aufgabe, sich folgende Situationen vorzustellen und sie zu spielen:

Erste Spielszene
Direkte Spielanweisung: Stellt euch vor, es ist ein wunderschöner Frühlingstag. Die Sonne scheint, die Bäume blühen – ihr seid verdammt gut gelaunt, geht spazieren und trefft auf einen Freund, eine Freundin. Ihr freut euch riesig, bringt diese Freude auch zum Ausdruck und fangt gleich an, zu erzählen. Aber: Ihr habt nur dieses eine Wort, das ihr vorher ausgesucht habt, zur Verfügung. Nur dieses eine Wort. Verlasst jetzt den Kreis und geht herum, auf jemanden zu und kommt miteinander ins Gespräch.

Nach einer ersten „Schüchternheit", die sich sofort bei einigen einstellen wird, ist ein heilloses Durcheinander an Wörtern und Bewegungen zu hören und zu sehen. Mimik und Gestik unterstützen, unterstreichen das Wort, da kein anderes zur Verfügung steht. Der Lehrer hat darauf zu achten, dass keiner der Schüler mehr Wörter als dieses, von den jeweiligen Schülern ausgesuchte, **eine** Wort benutzt und muss gegebenenfalls die Einzelsituationen im Gesamten unterbrechen, um auf diese Vorgabe erneut hinzuweisen.

Dieses erste Spiel sollte auch um die fünf Minuten dauern. Die Schüler, die jetzt körperlich gelöster sein werden, erhalten nach diesem sprachspielerischen Entrée die zweite Aufgabe: die Verhältnisse kehren sich mit der nächsten Spielphase in ihr Gegenteil und werden deshalb um ein Wesentliches schwieriger für alle Beteiligten.

Zweite Spielszene
Direkte Spielanweisung: Stellt euch vor, es ist ein verregneter Tag im Herbst. Wolkenbehangen, düster. Ihr seid verdammt schlecht gelaunt, geht durch die Stadt und trefft auf einen Menschen, auf den ihr eine Stinkwut habt. Ihr geht auf ihn zu, bringt diese Wut zum Ausdruck und fangt gleich an, eurem Gegenüber die Meinung zu stoßen. Aber: Ihr habt nur dieses eine Wort, das ihr vorher ausgesucht habt, zur Verfügung. Nur dieses eine Wort. Verlasst jetzt den Kreis und geht herum, auf jemanden zu und kommt miteinander ins Wut-Gespräch.

Auch dieses ergänzende, zweite Spiel sollte um die fünf Minuten dauern. Die Schüler werden nun körperlich verkrampfter reagieren und feststellen, dass es viel schwieriger ist, einen „negativen" Tonfall zu finden und in eine ablehnende oder „aggressive" Haltung zu gelangen.

Danach werden beide Spielsituationen mit den Schülern besprochen, um ihnen

2.1 Vom Wort in den Satz

zu verdeutlichen, dass ein und dasselbe Wort verschieden, gar gegensätzlich, im Raum stehen kann. Das wird kaum schwerfallen, da sie es selber gerade erlebt haben.
(⬇ Download 8: Weitere Schreibaufgaben für Lehrer)

Dritter Schritt
Ist diese Phase abgeschlossen, erhalten die Schüler die Aufgabe, mit diesem Wort einen kurzen Satz zu bilden. Dieser darf nun jedoch nicht wie bei der Wort-Findung laut gesagt werden, sondern sollte lediglich gedacht sein. Auch bei dieser Übung werden den Schülern fünf Minuten „Bedenkzeit" eingeräumt. Haben alle Beteiligten einen Satz gefunden, geht der Lehrer mit Block und Bleistift reihum und lässt sich von jedem den Satz ins Ohr flüstern und schreibt ihn auf. Es entsteht ein erster Text, den der Lehrende zum Schluss vorliest.

Beispielworte und Text
An der Osterberg-Realschule in Leonberg wählten die Schüler einer 7. und 8. Klasse folgende Wörter aus:

Veränderung, Hoffnung (zweimal), **Sehnsucht, Liebe, ich, Zukunft, Sonnenschein, Bruder, Freundschaft** (viermal), **Gefühl, Verzweiflung, Einsamkeit**

Bis auf das Wort „ich" sind es allesamt Substantive, eine gute Voraussetzung, wenn man auch hier an die Bennsche Feststellung denkt, dass die Flimmerhaare des Menschen, dem Wort gelte, ganz besonders dem Substantivum und weniger dem Adjektiv (vgl. Benn, 1951, S. 24).

Der gemeinsame Text (siehe *Dritter Schritt* dieser Übung):

Neuanfang ist eine Chance auf **Veränderung**.
Gibt es **Hoffnung**?
Es ist die **Sehnsucht**, die mich nicht vergessen lässt.
Liebe ist ein **Feuer**, das jede Zeit erlöschen kann.
Wie stark bin ich?
Liebe ist wie **Hoffnung**.
Wie wird die **Zukunft**?
Guten Morgen, **Sonnenschein**!
Mein **Bruder** ist mir wichtig.
Freundschaft ist sehr wichtig für mich.
Liebe ist ein starkes **Gefühl**.
Freundschaft ist wertvoll.
Die **Verzweiflung** ist groß.
Freundschaft ist lebensnotwendig.

Einsamkeit bedeutet nicht, allein zu sein.
Freundschaft ist Zusammenhalt und Treue.

Mit dieser Verfahrensweise in drei Schritten kann verdeutlicht werden, dass Texte in einem räumlichen und zeitlichen Zusammenhang stehen (können), es jedoch nicht zwangsläufig müssen. Auch diese Verzahnung ist ein schmaler Grat. Übersetzt ins Gedicht würde diese Erkenntnis heißen, dass sie, wie andere Texte ebenso, immer auch als Zeugnis einer, *ihrer* Zeit und meist nicht zeitlos zu verstehen ist. Ein Gedicht Hölderlins beispielsweise könnte heute, da wir in einer anderen Wirkungsumgebung leben, ernsthafterweise nicht mehr so geschrieben werden, wie es damals von ihm verfasst wurde. Es wäre im besten Fall eine Übung der lernenden Nachahmung, um den vorherrschenden, für viele deshalb kanonischen Stil, einer vergangenen Epoche schreibend zu erfahren. Wenn ein ernstzunehmender Lyriker von heute dies hingegen unreflektiert täte und einen derartigen, längst untergegangenen Stil verträte, wäre keine Weiterentwicklung gegeben und die Mühe käme einem überflüssigen Epigonentum gleich. Das Gedicht braucht eine eigene Stimme. Es sei denn, klassische Metren und Formen würden *neu, d. h.* wiederentdeckt und ins Heutige weiterentwickelt[18].
(⬇ Download 9: Äußerungen von Christoph W. Bauer und Daniela Danz)

Vierter Schritt
Was uns der Text von Schülern der Ostertag-Realschule schenkt, ist die Möglichkeit, aus dieser ortsbedingten wie verblüffenden Erstfassung, die nicht zusammenhangslos wirkt, Variationen zu schaffen: diese 16 Sätze in andere Beziehungen zueinander zu stellen. Dies kann gemeinsam an der Tafel geschehen oder aber als Schreibaufgabe für jeden Einzelnen anberaumt werden. Es können aber auch Schreibgruppen gebildet werden, damit während des Schreibprozesses jeweils Gespräche im kleineren Kreis möglich sind. Denkbar wäre, dass jeder Schüler den Text für sich in einer ihm „sinnigeren" Abfolge durchnummeriert. Danach stellt jeder seinen Text vor und begründet die Änderungen in der Reihenfolge der Sätze.

Leitfragen:
Wie könnte der Text noch beginnen?
Wie könnte er enden?
Welche Sätze klingen abgegriffen?
Welche Sätze klingen eher unverbraucht?
Wie verändert sich die Gesamtaussage, wenn ich die Reihenfolge der Sätze ändere?
Wie sinnvoll sind die Wortwiederholungen?
Brauche ich die Wörter, die sich wiederholen, kann ich sie weglassen oder sollte ich sie durch andere ersetzen?

Auf die gemeinsam *erschriebenen* Texte kann im Laufe eines Schuljahres immer wieder zurückgegriffen werden, wenn es darum geht, über die Komposition und die Anordnung der Sätze oder später der Verse zu sprechen. Der Text bietet sich auch an, über die Rolle von Wortwiederholungen zu reden. Wann sind diese notwendig und spielen eine tragende Rolle? Wann sind sie nur „hilflose" Doppelungen?

Fünfter Schritt
Nun erhalten die Schüler die Aufgabe, ihren Satz auf ein nicht liniertes, weißes Blatt Papier zu schreiben. Unliniertes Papier befördert die Konzentration und erzeugt dadurch eine intensivere Schreibhaltung. Danach werden die Sätze einzeln vorgestellt und von den Schülern laut vorgelesen. (Bereits in dieser frühen Phase sollte das Sprechen selber, der Sprechakt des Vortragenden, die „Rezitation", die für das Gedicht ja nicht unwesentlich ist, thematisiert werden. Eine Vorübung für eine mögliche und, ich meine, zu empfehlende Abschluss-Präsentation der Texte gegen Ende des Schuljahres, auch derjenigen, die von den Schülern noch zu schreiben sind.)

Nach einer Pause beginnt die *eigentliche* Schreibarbeit: Jeder erhält die Aufgabe, in fünf bis sechs weiteren Sätzen, dem von ihm selber entworfenen Satz näher zu kommen, indem er ihn erläutert oder der ihm zu Grunde liegenden Gedankenwelt stellen soll.

Schon bald werden die ersten Schüler sagen: „Ich bin fertig!" Doch dem ist noch lange nicht so. Aber immerhin ist bis hierher ein gutes sprachliches Grundmaterial geschaffen worden, das beim Weiter- und Umschreiben die Vorstellung, dass jemand schon „fertig" sei, aus den Angeln heben kann, indem explizit auf die jeweiligen Texte eingegangen wird. So dass der Glaube „Ich bin fertig!" in sein Gegenteil gekippt wird. Damit kommen Sie unversehens in der „Ich-bin-nicht-fertig-Methode" an: Eine weitere Voraussetzung ins eigene Schreiben. Dafür gibt es verschiedene andere Verfahrensweisen.[19]

Vor vielen Jahren, als ich, wie ich bereits eingangs erzählt habe, in Südamerika mit „Straßenkindern"[20] arbeitete, dachte ich notgedrungen zum ersten Mal über den Begriff *Analphabeten* nach und las – ein Versprecher der Augen – in ihm das Wort *Alphabestien* heraus. Mit dieser so eigentümlichen Vision des Mehrfachen begann der Reiz, die Wörter hörend zu schauen, und ich fing an, mich zu *hören*, mich zu schreiben. Es liegt nahe, dass es mir heuer ebenso gefällt, was eine Schülerin in einer mehrtägigen Schreibwerkstatt am Gymnasium Muristalden in Bern zu Papier brachte. Das Wort **„Glücklichkeit"**. Die Findung inspirierte mich, nachzufragen. Denn *Glücklichkeit* ist mehr als *Glück*. Sie entsteht aus Verhältnissen, einem Sich-Verhalten im Umgang mit der Sprache, aus einer Bewegung heraus, die nicht stillsteht oder nur dem Augenblick angedichtet wird. Ein anderer Schüler hingegen schrieb **„Glücksehlichkeit"**. Ich staunte nicht minder ob der neuen Dimension, die diese Buchstabenfolge nun seinerseits andeutete, indem sie eine der möglichen Übersetzungen des Begreifens von Glück erahnen lässt: im *w:erden*, im sehenden *w:erden*. Sowohl die Gespräche über die Wirklichkeitsfülle von „Glücklichkeit" als auch von „Glücksehlichkeit" brachten jeweils Sätze und ihre Textfolge zustande, die während des Schreibens schließlich einen anderen Titel erfuhren, erfahren mussten. Eine besondere Leistung erbrachten die Schüler dieser Schweizer Schule in Bern natürlich auch insofern, als sie notgedrungen gezwungen waren, zweisprachig zu denken und zu schreiben. Einerseits ist das *Schwyzerdütsch*, obwohl als Dialekt behandelt, eine eigene Sprache, andererseits nimmt die Stellung des *Berndütschen* noch einmal eine besondere Rolle in dieser „Andersprache" ein. Für mich oft nicht zu begreifen, wenn wir in den Diskussionen über das Wortmaterial gesprochen haben. Immer wieder tauchten Ausdrücke und ganze Redewendungen auf, die ich nicht verstand. Aber der Transfer, den die Schüler leisteten, um vom Berner Deutsch in die hochdeutsche Sprache zu gelangen, schenkte uns allen Einblicke in die unterschiedlichen Sprachwelten und ihrer jeweiligen Beschaffenheit. Nicht nur in lexikalischer, sondern auch in syntaktischer und grammatikalischer Hinsicht. Ich hatte es den Schülern gar freigestellt, zunächst auf *Berndütsch* zu schreiben und anschließend die Texte in die hochdeutsche Schriftsprache zu übersetzen. Ich war mir darüber im Klaren, dass das Wort per se beim Übersetzen sowohl ein zusätzliches Betrachten als auch weiterreichendes Nachdenken erforderte. Beides käme der Verdichtung zu Gute. Frei nach Goethe: „Wer keine anderen Sprachen spricht, der versteht die eigene nicht." Darauf werde ich jedoch in Kapitel 5 näher eingehen, wenn die Namens- und Herkunftsgeschichte, das Übersetzen im Klassenzimmer und die *Andersprachen*, die sich allmorgendlich begegnen, ohne wirklich voneinander zu wissen, Gegenstand meiner Betrachtung sein werden. Zunächst jedoch ein erstes Gedicht, das am Ende der dreitägigen Werkstatt an besagter Schweizer Schule entstanden war. Der Schüler hatte sich bei der letzten Version seiner Textbearbeitung – von den Sätzen in die Verse in die Verdichtung – dazu entschlossen, auf die Interpunktion zu verzichten. Ein „Tribut" an das Weiterströmende des Flusses, den er zum „Thema" hatte. Sein Ausgangswort war, wie gesagt, „Glücklichkeit". Sein Ausgangssatz: „An der Aare empfinde ich Glücklichkeit!"

Patrik, 16 Jahre
An der Aaare

Ein Band aus Silber fliesst vorbei

stumm & doch so laut
wie wiederholend, immer neu
ein Treffen mit dem Stein

2.1 Vom Wort in den Satz

stehend in der Bucht
rebellisch im Strom
im Wirbel verschwunden

ein Spiegel des Himmels
in den Wellen das Ufer
am gleichen Ort

Grau hinaus ins Blau

Ich nehme die Schüler beim Wort und ans Wort und pflichte bei: „Ja, es stimmt, Herr Benn, Gedichte werden mit Wörtern gemacht! Die jeder für sich öffnet oder verschließt. Sie sind Wege und Ursprung ins Eigene. Worte, die mich berühren, berühre ich."

Lesen heißt, zu lernen, durch diese Welt zu gehen. Schreiben heißt, zu lernen, diese Welt zu lesen. Ein bedeutendes Merkmal der Literatur ist ihr unermessliches Vermögen, die Phantasie anzuregen, indem sich Sprache verwirklicht. Und Sprache ist, wie Jürgen Trabant in seinem jüngsten Buch schreibt „keine Sammlung von Sätzen": „Die Sprache ist eine historische Technik, jene Sätze zu erzeugen, eine Technik der Kreation" (Trabant, 2012, S. 230).

Ein jeder, der mit Literatur in Berührung kommt, nimmt unweigerlich an ihr teil. Sprache bedeutet immer auch eine Reaktion auf Sprache. Sei es, weil sie unmittelbare Zustimmung hervorruft, sei es, weil sie Unverständnis oder Ablehnung provoziert. Selten Gleichgültigkeit.

Ihr dialogisches Wesen – Triebfeder und Bestimmungsort in einem – schafft eine schöpferische Voraussetzung ins Lesen und eine der tragenden Bedingungen ins (eigene) Schreiben.

Schreibübung
Variante der Übung (im Klassenzimmer), falls keine Möglichkeit besteht, den Raum zu wechseln
1. Jeder Schüler darf sich ein Wort aussuchen, das ihm viel bedeutet. Sei es aus positiven oder negativen Zusammenhängen und Erfahrungen. Wichtig ist auch bei dieser „inneren" Raumvariante der Übung, dass die Entscheidung jeweils zugunsten eines einzelnen Wortes fällt und der Auswahl keine Beliebigkeit zu Grunde liegt.
2. Mit dem Wort wird dann ein Satz gebildet, in dem eine wesentliche Aussage getroffen werden soll, die das ausgewählte Wort auch trägt. Danach folgt eine erste Schreibklausur mit dem Auftrag, einen zehnzeiligen Text zu verfassen. In der Regel reicht eine halbe Stunde aus. In ihr sollen erste Gedanken festgehalten werden, die entweder das Wort als Titel haben und es zu fassen suchen, oder aber den Satz, der gebildet wurde, näher und mit Beispielen aus dem alltäglichen Leben, aus dem

Alltag der Schüler, beschreibt. „Beschreibung" wird jedoch nicht als „Erklärung" begriffen, sondern als Erfahrung im Umgang mit dem Wort und dem Satz. Das sollte den Schülern mit auf den Schreibweg gegeben werden. Dadurch entwickeln sich kleine Geschichten, aus denen wiederum einzelne Wörter oder Sätze hervorgehen werden, die wiederum die Voraussetzung für eine erneute Schreibklausur bilden. Bei diesem Arbeitsschritt ist es wichtig, dass die Schüler ihre Texte vor der Klasse präsentieren und laut vorlesen. Danach wird darüber diskutiert, um Textstellen, die besonders gelungen sind, gemeinsam herauszukristallisieren. Ob Sie die Texte vervielfältigen oder an die Wand projizieren, überlasse ich Ihnen. Genau so bleibt es Ihnen überlassen, ob Sie kleinere Gruppen bilden, um auch während der Schreibklausur schon Gesprächs- und Austauschmöglichkeiten zu schaffen oder zunächst auf die individuelle Schreibarbeit setzen.

3. Treffen sich auch nach diesem Arbeitsschritt die Schüler zu einem weiteren „Schreib-gespräch", liegen bereits die ersten Verdichtungen vor. Sie werden nun ihrerseits wieder in offener „Klassenrunde" besprochen. Aller Voraussicht nach wird es so sein, dass sich die Schüler nach anfänglichem Zögern immer intensiver miteinander unterhalten, selber Fragen an die Texte stellen und sich gegenseitig Auskunft geben über das „Wie" und „Warum" der Texte. Dem Lehrer fällt im Grunde „nur" noch die Aufgabe eines Moderators zu. Moderieren heißt, ins Gespräch zu motivieren, sodass wesentliche Aspekte eines Textes herausgeschält werden. Währenddessen wären Fragen bezüglich der Stimmigkeit der Wörter und Bilder, der Struktur und der Form zu entwickeln oder aber auf Widersprüche aufmerksam zu machen. Und vor allem dies: Lob schafft Motivation. Eine grundlegende Wertschätzung wäre schon allein die Tatsache, die Sprache der Schüler nicht als „defizitär" und „fehler- oder mangelhaft" wahrzunehmen, sondern als Quelle ins Schöpferische: Ich, als Moderator, lasse mich auf die Gedanken, Gefühle, Wörter und Bilder der Schüler ein, anstatt ihnen das „Richtige" beibringen zu wollen, um es entspannter auszudrücken. Das heißt, nicht die Lehr(er)meinung stünde im Mittelpunkt eines Dialoges und wäre Grund und Motiv des Weiterschreibens, vielmehr stützte die Neugier des Älteren auf die „Anderwelt", in der sich Sprache der Schüler gestaltet, dessen Vorankommen. Jene „Anderwelt" an Erfahrungen, die in der Sprache der Schüler zum Ausdruck kommt. Und seien die Ausdrucksmittel noch so karg. Ohne näher auf die Frage eingehen zu wollen, was zuerst da war, die Henne oder das Ei, sprich die sprachliche Wendungen, die Welt schaffen oder die Welt, die das Vokabular zur Folge hat. Aus welcher Perspektive schreiben die Schüler? Wie setzt sich die Sprache zusammen, die sie gebrauchen? Wo ist die Sprache, die ihre Formulierungen entstehen lässt, eine andere, als diejenige, die mir als Lehrer zur Verfügung steht? Das wären meines Erachtens vernünftige Fragen, die demjenigen, der unterrichtet und denjenigen, die unterrichtet werden, eine schreiboffene Debatte schenkten. Das erfordert natürlich eine gesteigerte Sensibilität. Je nach Klassenstärke können natürlich nur im Laufe eines längeren Zeitraumes alle Texte besprochen werden. Das gilt es zu berücksichtigen. Allerdings reichen vier oder fünf exemplarisch diskutierte Texte auch aus, um mit den grundsätzlichen Gedanken ins Weiterschreiben zu gehen. Weitere Begleitmethoden stelle ich später im Buch vor.

2.2 Vom Satz in den Text

Wie ich bereits eingangs angekündigt hatte, sind sowohl dieses Buch als auch die in ihm vorgeschlagenen Übungen, Teil eines Schreibprozesses. Auch m:eines eigenen. Deshalb sind die meisten der Schreibübungen auch nicht für eine einzelne Unterrichtsstunde angedacht, sondern Entwürfe für ganze Unterrichtseinheiten. Der Beginn einer Schreibübung kann durchaus in einer Deutschstunde selber stattfinden, um die eine oder andere Schülerfrage aufzufangen und beantworten zu können, sollte aber darüber hinaus über einen längeren Zeitraum verteilt werden. Ein Text braucht Zeit so wie ein Gedicht Zeit verlangt. Mit den Worten Reiner Kunzes ausgedrückt: „Ein gutes Gedicht kann warten." Ich folgere daraus, dass es nicht nur dem Schreibenden selber obliegt, was sich durch die erste Skizze und deren Textbeschaffenheit anbietet oder vom vorgelegten Textgewebe ausgeht und danach im Textverlauf geschieht, sondern ihre jeweiligen Anlagen selber eine Entwicklung aus sich heraus nach sich ziehen, weil diese von ihnen gefordert werden. Ein Text folgt oft einer eigenen Logik. Eine Notwendigkeit indes, die nicht aus dem Ärmel zu schütteln ist. Wie könnte man es sich sonst erklären, dass es bisweilen Tage, Monate, Jahre braucht, bis das Gedicht mit sich selber im Reinen vorspricht, um das gebeutelte Wort „vollkommen" nicht auch noch zu malträtieren. Schon allein das Wort „Vollkommenheit" ruft eine berechtigte Skepsis hervor. „Lyrisches Schreiben im Unterricht" sollte also die Uhren soweit als möglich abstreifen. Was nicht einfach ist, das gebe ich zu. Es erscheint mir sinnvoll, den Stundenplan für die Unterrichtseinheiten „Lyrisches Schreiben" in Anlehnung an die geforderten und erwünschten Bildungsstandards mit flexibler Hand zu entwerfen und zu planen. Deshalb schlage ich vor, die Übungen auf überschaubar innehaltende Zeiträume hinweg zu konzipieren und mit dem langen Atem des Lehrers umzusetzen. Das hätte den Vorteil, dass den einzelnen Schreibphasen eine „literarische Ruhezeit" gegönnt würde, die unumgänglich ist. Und sei die Folge auch „nur" ein einziger, verdichteter Text, der schließlich auf diesem Schreibweg entstünde und zur Publikation freigegeben werden könnte. Das wäre schon ein beachtlicher Gewinn.

Sobald die Schreibaufgabe „vom Wort in den Satz" gestellt und ausgeführt worden ist, kann es für alle Beteiligten durchaus erhellend sein, sich eingehender mit den Sätzen zu beschäftigen, die von den Schülern formuliert wurden. Auch im Hinblick auf das soeben angesprochene Verfahren, das Sprache erst werden lässt. Zweifelsohne mag der eine oder andere Satz einfach daher gesagt sein. Ohne groß zu überlegen. Mutwillig oder aus Jux. Aber auch das Spontane hat Ursprünge. Wie kann ich als Lehrer – dem schreibenden Schüler über die Schulter schauend – Vorschläge unterbreiten oder Hilfestellungen geben und die unerlässliche Bewegung eines Textes, den der Schüler verdichten soll, reflektieren, ihm Form und Rhythmus anempfehlen, die ja oft schon vorhanden, nur noch nicht bewusst und konsequent verfolgt worden sind?

Es geht darum, die Sätze und ersten Fragmente so zu besprechen, dass – ganz im Sinne Peter Rühmkorfs – auch Einfälle entstehen, die beim Schreiben weiterbringen. Dem „Ich-bin-fertig" etwas entgegenhalten, wo ein Text noch nicht *fertig*[22] ist. Ich spreche immer noch von einem Text, und nicht von einer Verdichtung oder einem Gedicht. Wenngleich sich vom Satz in den Text wie bereits gesagt, eine verknappte Sprechweise, eine erste Form und ein ihm gemäßer Rhythmus ergeben kann, nicht muss. Der Lehrer als Moderator nimmt immer auch die Rolle eines Lektoren ein, der sowohl die genuine Wortwahl und die benutzten Wortfügungen als auch den Fluss und die Logik des textlichen Aufbaues hinterfragt. Ein Lektor ist in der glücklichen Position, Fragen zu stellen. Er hat die vielseitige, wenn auch umfangreiche Aufgabe, sich jedem Ausgangssatz stellen zu dürfen und einen Katalog der Neugier aufzuschlagen, der den einzelnen Schüler in seinem werdenden Text aufzusuchen vermag und ihn durch die Glaubwürdigkeit des Lehrerlektor-Schüler-Gespräches weiterbrächte. Der Satz hat eine Schlüsselfunktion, da er aus der jeweiligen Schülerperspektive – für den Augenblick und bezüglich des vom Schüler gewählten Wortes – s:eine wesentliche Aussage trifft. Frei nach dem Leitmotiv von Jorge Luís Borges[23], dass erst, wenn es dem Menschen gelänge, in einem einzigen Satz, besser noch, in einem einzigen Wort alles zugleich zum Ausdruck zu bringen, er das Problem mit der Sprache bewältigt hätte.[24] Dieser universelle und metaphysische Anspruch des argentinischen Schriftstellers kann ohne Qualitätsverlust ins „Kleine", ins Besondere „rückübersetzt" werden. Die Sätze, die Aussage des Schülers, die im weitesten Sinne s:eine Meinung darstellen, gilt es ernstzunehmen und zusätzlich, wenn der Zeitpunkt gekommen ist, in einem späteren Arbeitsschritt hinsichtlich der eingesetzten Wörter, des vom Schüler verwendeten Wortmaterials, eingehender zu beleuchten. Trivialität – auch ein einseitig vorwurfsvolles Wort –, möchte ich vorausschicken, ist keine Frage der Sätze an und für sich, sondern hängt immer vom Sprecher und seiner unmittelbaren (Wort-)Geschichte ab. Keine Biographie und deren Sätze, die sich erklären, indem sie etwas (aus)sagen, sind per se trivial. Es sind lediglich unterschiedliche Lebens- und Erlebensaugenblicke. Diese können für andere zwar den Makel des Abgegriffenen besitzen, müssen es aber nicht sein. Deshalb lässt sich so entschieden darüber streiten. Demzufolge bleibe ich bei den Beispielsätzen, selbst wenn diese für manche Ohren „abgedroschen" klingen mögen:

„Neuanfang ist eine Chance auf Veränderung." Könnte diese Aussage auch bezüglich des Werdeganges eines zu verfassenden Textes eine Rolle spielen? Ein Text, den der Schüler gerne schreiben möchte? Braucht ein *Neuanfang* beispielsweise von ihm bisher nicht erprobte, sprich *neue* Spannungsverhältnisse zwischen den Wörtern, die einer, wie auch immer anzulegenden, Veränderung Ungewohntes bietet? Andere, ungenutzte, die Gedanken origineller darlegende Wortkonstellationen?

„Gibt es Hoffnung?" Ein Satz als Frage. Es erstaunt mich nicht, dass ein 13jähriger Schüler sie stellt. Ein *großes* Wort, ein schier kursorisch formulierter Zweifel, der ins Fortkatapultierende seines Bedenkens vordringen will. Welche Erfahrungen veranlassen ihn zu diesem als Frage formulierten „Zweifel"? Weshalb ist die „Hoffnung" in dieser aufs Äußerste reduzierten Preisgabe quasi überpersönlich, also *entpersonalisiert*, d. h. in diesem Falle nicht auf ein *Ich* bezogen, sondern auf einen Wert hin gedacht, der außerhalb des Ichs zu existieren scheint, jedoch nicht minder gültig ist? Hinter dieser Frage verbirgt sich, wie hinter allen Sätzen, eine individuelle Geschichte. Es drängen sich Antworten auf, die weitere Sätze oder Fragen sind oder hervorbrächten. Sätze, die benennen, wenngleich die Distanz, die in der gewählten Formulierung steckt, auch Chancen bietet, in der „unpersönlichen" Form weiterzuschreiben. Kann es dennoch gelingen die persönlichen Eindrücke des Schülers, die ihn in diese Frage geführt haben, ins Konkrete seiner zaudernden Annahme münden zu lassen?

„Es ist die Sehnsucht, die mich nicht vergessen lässt." Ein Schritt ins Unbestimmte des Wortes „Sehnsucht" liegt auf der Hand und könnte ein Schutz, ein Vorwand oder, je nach Auslegung, ein Versteck sein. Da spricht jemand nicht – nur indirekt – über sich und von einem Erlebnis, das sie oder er vermisst, sondern von der Sehnsucht als ein über sich hinaus artikuliertes Zustandsgefühl, das ein „Nicht-Vergessen" verursacht. Eine Herausforderung ergäbe sich nun darin, das Wort „Sehnsucht" ins Eigene zurückzubuchstabieren, ohne dass das Wort selber verwendet würde. Sich in den Augenblick eines Ereignisses schreiben, der spüren machte, fühlen, schmecken, riechen. Wie es der chilenische Dichter Vicente Huidobro in seinem Gedicht an die Dichter sagt: „Oh, ihr Dichter, versucht in eurem Gedicht nicht die Schönheit der Rose zu beschreiben, vielmehr lasst sie in eurem Gedicht erblühen!"

„Liebe ist ein Feuer, das jede Zeit erlöschen kann." Ist dieser Satz „nur" aufgeschnappt, nachgesagt oder spricht er von eigener Kenntnis – nicht bloßes Erleben ohne Reflexion –, die auch in dieser Aussage in einen „allgemeinen" Satz münden, der aus den zentralen Substantiven „Liebe" und „Feuer" und „Zeit" und das bildstimmige Verb „erlöschen" eine Einsicht erfahren hat. Was könnte der Schüler daraus gestalten? Wie könnte er die drei „Allerweltswörter" in der Struktur eines Textes als verfügende und fügende Elemente zu Komplizen einer Erfahrung aufheben, in der das „Feuer der Liebe" brennt?

„Wie stark bin ich?" Worauf bezieht sich diese schier existentiell anmutende Beschäftigung mit der eigenen Stärke? Woran hat der Schüler gedacht? Wer ist „ich"? Ist es die *reale* Persönlichkeit des Schülers oder ist ein „lyrisches Ich" herausgefordert? Ein „Ich", das / der ein anderer ist? Mehrere? Vielleicht gelänge es mit dem Hinweis auf die Möglichkeit, mit einem „lyrischen Ich" zu arbeiten und zwischen der Herausforderung und dem Zweifel, die diesem Satz zu Grunde liegen, einen Text zu schreiben, der den Wunsch nach Stärke zur Sprache brächte. Ein „Ich", das über die vermeintliche Abbildung der Wirklichkeit sich in eigene Wortbilder beugte. Es wäre die sensible Aufgabe des Lehrers, diese vielversprechende Perspektive mit dem Schüler zu klären. Ganz nebenbei könnte dabei der für das Gedicht nicht unerhebliche Unterschied zwischen dem *biographischen* Ich des Schreibenden und *seinem* „lyrischen Ich" am eigenen Text veranschaulicht werden. Manchmal hilft schon ein spielerischer Austausch des Personalpronomens. Das „Ich" in ein „er" oder eine „sie" mutieren zu lassen. Eine Übung als Schachspiel gegen sich selber. Es kann reizvoll sein.

„Liebe ist wie Hoffnung." Könnte es auch verdichtet heißen „Liebe ist Hoffnung" und umgekehrt „Hoffnung ist Liebe"? Um das herkömmliche „Vergleichs-wie" aus dem Satz zu streichen, von dem Gottfried Benn als Negativlast eines Gedichtes sprach? Ließe sich ein Gedankenwechsel mit und aus den beiden verschwisterten Wörtern gestalten? In der um das „wie" verkürzte gar einen Refrain als wiederkehrendes Moment setzen, der sich für eine liedhafte Komposition anböte?

„Wie wird die Zukunft?" Eine Frage, die sich für einen 15jährigen Schüler aufdrängt, der kurz vor dem Realschulabschluss steht, wahrscheinlich schon x-mal Bewerbungen verschickt hat und misstrauisch geworden ist, ob der Notendurchschnitt ausreichen wird, die ersehnte Lehrstelle zu erhalten?

Was bedeutet **„Guten Morgen, Sonnenschein"**? Welche Ausgangsposition inszeniert ein derartig aufmunternder, um nicht zu sagen fröhlicher Ausruf, der den Tag mit Freude willkommen heißt? Wäre diese positive Grundstimmung nicht eine wunderbare Gelegenheit, den Schülern das Gedicht „Vergnügungen" von Bertolt Brecht vorzustellen, das dieser schon 1955 geschrieben und das nichts an Kraft und nackter Schönheit eingebüßt hat? Vielleicht kann man es von der Schülerin selbst vorlesen lassen, die in ihrem Satz den Sonnenschein begrüßt, ganz klassisch gar angerufen hat? Das Brecht-Gedicht spreche in den nachfolgenden Zeilen für sich und als Anregung in eine Schreibübung zwischendurch, obwohl wir bei Brecht noch gar nicht angekommen sind. Aber auch das Einstreuen einer der drei wichtigen Namen anhand eines Gedichtes, das zeitloser daherkommt, ist ein Teil des Prozesses:

Vergnügungen

Der erste Blick aus dem Fenster am Morgen
Das wiedergefundene alte Buch
Begeisterte Gesichter
Schnee, der Wechsel der Jahreszeiten

Die Zeitung
Der Hund
Die Dialektik
Duschen, Schwimmen
Alte Musik
Bequeme Schuhe
Begreifen
Neue Musik
Schreiben, Pflanzen
Reisen
Singen
Freundlich sein

Bertolt Brecht

Dialogische Antwort einer Schülerin:

Larissa, 15 Jahre
Was Freude bereitet
Lila Wolken aufgehen sehen
Das Einschlafen jeden Tag
Träumen – von der großen Welt
Der Herbst
Das Lachen mit Freunden
Volleyball
Tanzen
Russland
Kanada
Fotografieren
Kaffee
Zeichnen
Neue Bücher
Musik
Gut Essen
Shoppen

Und weiter:
„Mein Bruder ist mir wichtig!" Familie ist immer ein Thema, das die Jugendlichen durchdringt. Deshalb fällt bei der Aufgabe, sich für ein wichtiges Wort zu entscheiden, oft eine Rückbesinnung ins Häusliche. Ins Familiäre. Der Bruder, die Schwester, der Vater, die Mutter. Oder gleich das Wort „Familie" selber. Als *w:ort*, als Begriff und Vorstellung eines geschützten Ortes und das Herzensbedürfnis in eine Welt, die für viele ein Synonym für Geborgenheit ist, sein

müsste oder sollte. Es vermischen sich dabei häufig Fiktionales, Virtuelles und Tatsachen, Wirklichkeit, Traum und Illusion. Wobei die Grenzen aller Wahrnehmungsebenen ständig fließende Wasser[28] sind.

„Freundschaft ist sehr wichtig für mich". Wäre, da das Wort „Freundschaft" in jedem Lebensalter eine zentrale Rolle spielt, eine Chance gegeben, dass all die Schüler – meist sind es mehrere –, die sich für „Freundschaft" entschieden haben, ins Gespräch miteinander zu bringen, so dass sie als gemeinsame Schreibaufgabe einen „aufführbaren Text" gestalten könnten? In der Art, wie es Rafael Alberti[29] in seinem Lyrikband „Ich war ein Dummkopf und was ich gesehen habe, hat mich zu zwei Dummköpfen gemacht"[30], in eine ganze Sammlung „aufführbarer" Gedichte unternimmt?

„Liebe ist ein starkes Gefühl." Ein schlichter Satz, so wie er sich präsentiert. Wäre es ein Weg, nicht nur das Gefühl, sondern auch die Gedanken festzuhalten, die das „Gefühl", das „starke Gefühl" begleiten? Was hieße im Gegensatz hierzu ein „schwaches" Gefühl? Fragen nach den Wortbedeutungsebenen ergeben sich nicht nur hier, sondern in allen Sätzen, die bisher herangezogen worden sind.

„Freundschaft ist wertvoll." Ein Satz, dem wir sicherlich alle zustimmen. Ein besonderes Augenmerk könnte auf den beiden Wörtern „Freundschaft" und „wert:voll" liegen. Ein Satz, der wie ein *Halbvers*[31] klingt und eine zweite Hälfte geradezu in die Schreibhand legt. Obwohl ich auch hier zunächst auch die (biographische, persönliche, individuelle) Geschichte hinter dem Satz ergründen würde, springt die Satzmelodie sofort ins Gehör. Die rhythmische Voraussetzung ins Weiterschreiben offenbart sich anders als in den Aussagen „Ein Freund ist wertvoll" oder „Eine Freundin ist wertvoll". Hier wäre ein Augenblick gegeben, auf Hebungen und Senkungen[32] zu sprechen zu kommen ... *Freundschaft ist wertvoll*. Vor allem in schwierigen Zeiten. Das mag wohl niemand bezweifeln. Ein Glück, wer Freunde hat. Der Satz bietet uns an, sich die Erkenntnis, die altersunabhängig ist, in eine oder mehrere Erfahrungsgeschichten zurückzuführen. Eine Schreibübung ins Konkrete könnte folgen.

„Die Verzweiflung ist groß." Wie nah an vielen Dichterschicksalen ist dieser Satz formuliert! Wie wird der Text, der entsteht, aussehen, wenn man dem Schüler oder der Schülerin den Gedanken mit auf den Weg gibt, das Wort „Verzweiflung" im Text selber nicht zu benutzen, sondern, wie schon mehrfach angesprochen, diese zu benennen?

„Freundschaft ist lebensnotwendig." Eine Aussage, die inhaltlich die Sätze „Freundschaft ist wertvoll" oder „Freundschaft ist sehr wichtig für mich" auf Messers Schneide bringt. Welches Ereignis hat den Schüler zu einer derart expliziten

Kompromisslosigkeit seiner Wortwahl bewegt? War es ihm klar, dass der Begriff „notwendig" die Worte „Not" und „Wende" offenbart? Erneut eine großartige Gelegenheit, um die Kunstfertigkeit der deutschen Sprache, die sich aus ihrer Konkretheit anbietet, zu demonstrieren.
(⬇ Download 10: Essay von Ilija Trojanow)

„Einsamkeit bedeutet nicht allein zu sein." Eine Feststellung, die ins Nachdenken einlädt. Ein Satz, der klar zu unterscheiden weiß zwischen den beiden Gemütsverfassungen, deren unmittelbare Nachbarschaft sprachlich oft zu Verwechslungen führt. Schon allein ein Zeilenbruch, könnte unterstreichen, wie genau hinzuhören ist, damit der Charakter des Gesagten wirklich verstanden wird:

Einsamkeit bedeutet
nicht allein zu sein

oder

Einsamkeit bedeutet nicht
allein zu sein

oder ein Silben- und Zeilenbruch:

einsamkeit be
deutet nicht allein
zu sein

„Freundschaft ist Zusammenhalt und Treue." Plötzlich taucht ein ältliches, fast untergegangenes Wort auf – *Treue*. In enger Bindung an die Verhältnisse von Freundschaft(en). Dieser Satz kommt einer Einladung gleich, eine Wortschatzübung zu entwerfen, die jene vermeintlich verlorengegangenen Tugenden zum Inhalt haben könnte. Als Vergegenwärtigung zwischenmenschlicher Beziehungen und ihren Anforderungen, ihrer „Notwendigkeiten", ihr Wertbeständiges? Welcher Text könnte aus diesen Einblicken entstehen?

Fünf Textbeispiele von Schülern vor dem Hintergrund dieser Exegese, die durch Ihre Beobachtungen und Überlegungen als Lehrer noch um ein Vielfaches zu ergänzen wären, mögen Anreiz genug sein, um die Fragen und die daraus resultierenden Möglichkeiten und Aufgaben ins Weiterschreiben, die ich meine, zu zeigen:

1. „Wie stark bin ich?"

Loris, 17 Jahre

Ich kann nicht jeder sein, denn sonst würde es nicht du, er, sie, es, wir, ihr und sie geben. Mit dem Wort „ich" kann sich jemand beschreiben. Zum Beispiel wenn man sagt ich bin ein Mensch. Wenn ich sage, dass ich ein Mensch bin, dann ist es egal, wie ich aussehe oder was ich anhabe oder was ich mache oder aus welchem Land ich komme. Das wichtigste ist, dass ich reden kann. Dann kann ich erzählen, wer ich bin. So wie es ein anderer auch könnte, der anders aussieht als ich, der etwas anderes anhat, der aus einem anderen Land kommt. Es kann aber auch sein, dass jemand mein Ich nicht gefällt. Damit kann ich auch leben. Aber ich bleibe immer noch Ich.

2. „Gibt es Hoffnung?"

Mikail, 14 Jahre
Das Turnier meines Lebens

Schweiz. Es lief gerade die letzte Minute. Ein unfassbares Spiel. Es war das Finale Wir hatten alles gegeben, um das Finale zu erreichen. Und wir hatten es geschafft. Das Spiel fing nicht gut an, schon ein paar Minuten nach Anpfiff kassierten wir das erste Tor. Danach wieder eine Schrecksekunde. Der Stürmer der anderen Mannschaft schlug zu: 2:0. Ich war fassungslos. Ich gab 100 % und noch 20 dazu, und dann war es soweit. Ich bekam den Ball zugespielt und schob ihn direkt rein. Nur noch 1:2. Wir hatten wieder Hoffnung. Nach einem Foul an einem Mitspieler bekamen wir einen Freistoß. Ein ausgeliehener Spieler, der uns für dieses Turnier zur Verfügung stand, verwandelte den Ball direkt in die obere Ecke. Unhaltbar für den Torwart. Unglaublich aber wahr: 2:2. Der Ausgleich, mit dem keiner mehr gerechnet hatte. Wir hatten wieder Chancen. Dann Eckball für meine Mannschaft. Es lief die Nachspielzeit. Letzte Aktion des Spiels. Ein Eckball, den ich ausführte. Ich nahm die Kugel und legte sie mir zurecht. Dann schoss ich flach aufs Tor und ein Gegenspieler schaffte es irgendwie, mit der Hacke ein Eigentor zu schießen. Tor, Toooor, Tooooor! Alle jubelten, und der Schiedsrichter pfiff ab. Das Spiel war vorbei. 3:2 der Entstand. Das Finale meines Lebens.

3. „Freundschaft ist wertvoll."

Yonca, 16 Jahre
Blick aus dem Fenster – Schlachthof

Ich schaue hinaus und sehe wie immer seit Jahren dasselbe:
Autos, Straßen, Bäume & eine Wiese.
Für mich eher bedeutungslos, doch dann sehe ich mich.
Als ich noch ein Kind war,
mich hinter den Autos versteckte, auf die Bäume kletterte.

Die Erinnerungen sind wie kleine Freunde.
Sie erzählen mir immer wieder etwas von mir.
Ich werde meine Freunde nie vergessen,
denn sie gehören zu mir
& deshalb schaue ich jeden morgen aus dem Fenster.

4. „Mein Bruder ist mir wichtig!" – Familie als Schülertexte:

David Emanuel, 15 Jahre
Nicht wirklich eine Geschichte
Ich wähle die Nummer meines Vaters. Es klingelt. Ich warte. Er geht ran. Jetzt kann ich mit meinem Vater sprechen. Ohne mein Handy könnte ich das nicht, denn er lebt nicht in Deutschland.

Gojart, 15 Jahre
Zu Hause ist es am besten
In meinem Haus kann ich schlafen, essen und trinken.
In meinem Haus ist meine Familie.
Vater, Mutter und mein kleiner Bruder.
Mit Vater gehe ich ins Kino.
Mit Mutter besuche ich Verwandte.
Und mit meinem Bruder rede ich oft.
In meinem Haus leben Menschen,
die ich mag.

Ismet, 15 Jahre
Familie
Wenn du Trost suchst,
wird deine Familie für dich da sein.
Sie will nur das Beste für dich.
Wenn du dich mit ihr streitest,
dann versöhnst du dich sehr schnell mit ihr.
Denke daran,
wenn du Hilfe brauchst,
ist sie für dich da.

Tugba, 15 Jahre
Familie
Familie ist Vertrauen,
Ehrlichkeit zueinander.

2 Vom Wort. Vom Satz. Vom Text

Familie ist Verantwortung,
gegenseitiges Beschützen.

Familie ist Gemeinsamkeit,
Zeit miteinander.

Was meint ihr?
Was ist für euch „Familie"?

Luca Josepha, 14 Jahre
Familie, der Mittelpunkt meines Lebens.

Sie ist das Wichtigste für mich.
Sie ist immer für mich da.

Jeder einzelne von ihnen hat mich etwas gelehrt.
Gelehrt zu lernen
    zu denken
    zu fühlen
    zu lachen
    zu weinen

Ohne sie wäre ich nicht hier.
Ohne sie hätte ich nicht so viele schöne Tage.

(Auch als mir die zwei wichtigsten Personen,
zwei verschiedene Wege gegangen sind,
haben sie mir geholfen mich wohl zu fühlen)

Der Mittelpunkt meines Lebens.
Sie haben mich gelehrt zu leben.

Schreibübung
Kurzaufgaben als Zwischenschritte: Texte, den Schüleralltag betreffend, und Fragen, die Schüler beschäftigen. Als weitere Möglichkeit, Text- und Wortmaterial zu sammeln.

Jorge Luís Borges, einer der geistreichsten und scharfsinnigsten Schriftsteller, Erzähler, Lyriker, Essayisten und Kritiker spanischer Sprache – aus Argentinien stammend – und der unbestritten einer der wirkungsmächtigen Stimmen der Literaturen der Welt im 20. Jahrhundert ist, hatte einem chilenischen Journalisten einst auf dessen Frage, ob er nun denn ein argentinischer Schriftsteller sei oder nicht, zur Antwort gegeben: „Nein, mein Herr, ich bin Chinese!" – poetischer (und auch politischer) konnte die Entgegnung in den siebziger Jahren des vorigen Jahrhunderts nicht ausfallen. Da Borges sich literarisch mit dem universellen Chaos dieser Welt beschäftigte und sich in keiner Art und Weise auf ein wie auch immer definiertes nationales Denken zurechtstutzen ließ, konnte es wohl auch nicht ausbleiben, dass er irgendwann die „Bibliothek von Babel"[33] gründete. Nomen est Omen. Wieder einmal. Vielsprachig, vielzüngig, viellabyrinthisch. Das Rätselhafte und Absurde als einzig „rettende" Prinzipien der Ordnung, um den irdischen Verhältnissen auf der Spur zu bleiben. So sagte Borges: „Das Paradies habe ich mir immer als eine Art Bibliothek vorgestellt."[34]

Aufgabe 1
Die Schüler erhalten die Schreibaufgabe, von ihrem Alltag zu erzählen, und sollen dabei die Uhrzeit oder die Tageszeiten als Ordnungsprinzip einsetzen. Eine Art „Strophenteilung" in größere oder kleinere Zeiteinheiten. Die Übung eignet sich auch als Hausarbeit.

Beispieltexte einer 8. Realschulklasse:

Jessica, 15 Jahre
Ein Tag im Dezember
Am Morgen:
Aufgestanden. Warm eingepackt. Keine Lust gehabt.

Am Nachmittag:
Die Schule ist aus. Die Gedanken woanders. Ausruhn.

Am Abend:
PC an. Lage checken. Von der Schule ablenken.

Loris, 17 Jahre
Alltag

5.30 Uhr:	Heute werde ich nicht zu spät kommen.
5.50 Uhr:	In zehn Minuten gehe ich duschen.
6.00 Uhr:	10 Minuten kann ich noch schlafen.
7.10 Uhr:	Verdammt, ich hab wieder verpennt. Schnell duschen.
7.30 Uhr:	So schnell war ich auch wieder nicht.
7.47 Uhr:	Ich kriege die Bahn.
8.00 Uhr:	Ich bin in der Schule. Gottseidank ist Montag. Die ersten zwei Stunden habe ich Sport. Gut überstanden. 2 Stunden Reli sind auch schnell vorbei. Jetzt nur noch durch Englisch durchquetschen. Dann ist es schon geschafft
12.10 Uhr:	Ich darf nach Hause.
13.00 Uhr:	Ich bin zu Hause. Ich koche mir erst einmal etwas und dann gibt es nur noch den Fernseher.
14.00 Uhr:	Meine Mutter kommt nach Hause. Zimmer nicht aufgeräumt. Ich liege auf dem Sofa = Streit. Nach einer halben Stunde räume ich eine halbe Stunde auf.
15.00 Uhr:	Wieder auf dem Sofa. Im Fernsehen läuft jetzt nur noch Kinderkram. Mann ist es mir langweilig. Ich könnte eigentlich lernen, aber mir ist es im Augenblick lieber langweilig. Meine Mutter hat italienische Salami gekauft. Heute will ich unbedingt lernen, aber erst in einer halben Stunde, wenn die Sendung vorbei ist. Ich höre mir noch zwei Lieder an, dann fange ich an zu lernen. Noch 2 Minuten. Oh, schon
20.00 Uhr:	Jetzt gibt´s Abendessen. Um
21.00 Uhr:	lerne ich eine halbe Stunde.
21.00 Uhr:	Ich gehe in mein Zimmer und überlege, was ich lernen soll. Fast geschafft. Die Uhr tickt. Oh,
21.10 Uhr:	Der Film fängt an.
23.00 Uhr:	Jetzt könnte ich noch was lernen, aber ich tue lieber so als wäre ich müde und gehe schlafen.
23.30 Uhr:	Beim Nachdenken habe ich Mathe gelernt.

Donart, 15 Jahre
Ein Tag im Dezember

Am Morgen:
Es war dunkel und kalt, ich wollte weiter schlafen und nicht an die Schule denken.

Am Nachmittag:
Hausaufgaben machen, lernen, fernsehen, Fußballspielen bis zum Abend.

Am Abend:
Nach dem Fußball ausruhen, essen, fernsehen, am PC sitzen, ins Bett gehen und nicht an die Schule denken.

Daniel, 17 Jahre
Ein Tag im Dezember

Am Morgen:
Heute bin ich aufgewacht, dann bin ich zur Schule gegangen und musste lernen.

Am Nachmittag:
Ich gehe zu einem Freund, dann nach Hause. Ich muss ein wenig lernen.

Am Abend:
Zuerst schaue ich ein wenig fern. Dann werde ich wohl schlafen müssen.

Jennifer, 15 Jahre
Ein Tag im Dezember

Am Morgen:
Zu spät aufgewacht. Mal wieder verschlafen. Ich renne, so schnell ich kann, zur Schule.

Am Nachmittag:
Ich denke über die Streitereien in der Schule nach und habe immer noch schlechte Laune. Ich gehe einkaufen. Danach stehe ich am heißen Herd.

Am Abend:
Mama will Ghana-Radio hören Wir hören das Geschwätz von dem nervigen Typ aus dem Radio.

2 Vom Wort. Vom Satz. Vom Text

Aufgabe 2

Zum Abschluss der Einheit „Vom Satz in den Text" bietet sich eine Schreibaufgabe an, die in einer Unterrichtsstunde durchgeführt werden kann. Die Nachbesprechung würde allerdings mindestens eine zweite in Anspruch nehmen. Der Beginn des zu ergänzenden Satzes wird vorgegeben: „Eine Frage, die mich beschäftigt:" zehn Minuten Schreibzeit reichen aus. Danach: Vorstellen der Sätze durch einfaches Vorlesen, nicht erzählen, und die Möglichkeit für die anderen, zu den Fragen, bzw. fragenden Sätzen der Mitschüler Kommentare abzugeben.

Ziele
- In einem Satz Wesentliches zu formulieren.
- Mögliche Bezüge herstellen zwischen der Wahl des Wortes, der Sätze und Texte sowie auch der ersten Schreibübung und der neuen, leicht veränderten Frage: „Was mich beschäftigt".
- Freies Reden über die Gedanken und Meinungen anderer.
- Selbstständiges Artikulieren
- Kommentieren und kritisches Rückfragen.
- Förderung des Abstraktionsvermögens.

Beispiele

Fragen, die 14 – 16jährigen Schüler der Realschule Ostheim beschäftigen:
Warum haben wir den Drang, gewinnen zu wollen? (Fatih, 16 Jahre)
Wo ist Kurdistan? (Deniz, 16 Jahre)
Kommt man in den Himmel, wenn man stirbt? (Jessica, 16 Jahre)
Gehen wir Menschen gut miteinander um? (Christina, 15 Jahre)
Warum gibt es weiße und schwarze Menschen? (Jennifer, 15 Jahre)
Warum ist die Zeit so wichtig? (Lorenz, 15 Jahre)
Werde ich einen guten Schulabschluss schaffen? (Mikail, 15 Jahre)
Wie war wohl das Leben im Mittelalter ohne Elektronik und TV?
(Sebastiano, 17 Jahre)
Gibt es den Mann auf dem Mond? (Sergio, 15 Jahre)
Warum bin ein Freak? (Paul, 15 Jahre)
Wann geht die Welt unter? (Philippas, 15 Jahre)
Warum leben wir auf der Erde und nicht auf einem anderen Planeten?
(Tanja, 15 Jahre)
Warum müssen Menschen sterben? (Vittoira, 14 Jahre)
Warum muss ich Fragen stellen? (Samed, 15 Jahre)
Was wird später aus mir? (Sandagdorj, 15 Jahre)
Wie lange wird es uns Menschen geben? (Jasmin, 15 Jahre)
Was soll man machen, wenn man beim Schreiben nicht weiter kommt?
(Büsra, 16 Jahre)

2.3 Vom Text in die Poesie

Schreibaufgabe
Nicht etwa, dass das Kind mit dem Bade ausgeschüttet werden soll, aber als poetisches Spiel in die Frage, wie ein Text in die Poesie münden kann, bietet sich ein Gedicht Ernst Jandls[35] an: *darstellung eines poetischen problems*.

Das Gedicht wäre ein konkretes Beispiel, das die Begegnung mit dem Wort, dem Satz und dem Text ins Poetische übersetzt. Das spielerische Element des Gedichtes eignet sich auch bestens dafür, die Vorleserrollen aufzuteilen. Was zunächst absurd erscheint, trifft ins Mark der Textgestaltung und der Textentwicklung.

darstellung eines poetischen problems

1 ein
1 wort
1 neben
1 das

2 ein wort
2 neben das
2 ein zweites
2 wort tritt

3 ein wort neben
3 das ein zweites
3 neben das ein
3 drittes wort tritt

4 ein wort neben das
4 ein zweites neben das
4 ein drittes neben das
4 ein viertes wort tritt

5 ein wort neben das ein
5 zweites neben das ein drittes
5 neben das ein viertes neben
5 das ein fünftes wort tritt

6 ein wort neben das ein zweites
6 neben das ein drittes neben das
6 ein viertes neben das ein fünftes
6 neben das ein sechstes wort tritt

2 Vom Wort. Vom Satz. Vom Text

7   ein wort neben das ein zweites neben
7   das ein drittes neben das ein viertes
7   neben das ein fünftes neben das ein
7   sechstes neben das ein siebtes wort tritt

8   ein wort neben das ein zweites neben das
8   ein drittes neben das ein viertes neben das
8   ein fünftes neben das ein sechstes neben das
8   ein siebentes neben das ein achtes wort tritt

9   ein wort neben das ein zweites neben das ein
9   drittes neben das ein viertes neben das ein fünftes
9   neben das ein sechstes neben das ein siebentes neben
9   das ein achtes neben das ein neuntes wort tritt

10 ein wort neben das ein zweites neben das ein drittes
10 neben das ein viertes neben das ein fünftes neben das
10 ein sechstes neben das ein siebentes neben das ein achtes
10 neben das ein neuntes neben das ein zehntes wort tritt

11 ein wort neben das ein zweites neben das ein drittes neben
11 das ein viertes neben das ein fünftes neben das ein sechstes
11 neben das ein siebentes neben das ein achtes neben das ein
11 neuntes neben das ein zehntes neben das ein elftes wort tritt

12 ein wort neben das ein zweites neben das ein drittes neben das
12 ein viertes neben das ein fünftes neben das ein sechstes neben das
12 ein siebentes neben das ein achtes neben das ein neuntes neben das
12 ein zehntes neben das ein elftes neben das ein zwölftes wort tritt
    etc.

Ernst Jandl

(⬇ Download 11: Fragen und Übung zu Ernst Jandls Gedicht *darstellung eines poetischen problems*)

Was geschieht nun mit all den Wörtern, Sätzen, Texten, die bereits entstanden sind? Selbst auf die Gefahr hin, dass meine Handhabung des Begriffes „Poesie" sich dem Verdacht einer Rückwärtsgewandtheit oder einer veralteten Ansicht zuzöge, weder die englische noch die spanische Sprache spricht von „Lyrik", sondern hat nach wie vor als die Dichtung der Gedichte übertitelnden Gattungsbegriff „poetry" und „poesía". Eine sympathische Kontinuität. Freilich hat auch die verfeinerte Differenzierung im deutschen Sprachraum seine nicht zu verhehlenden Vorteile, denn damit kann das „Poetische" auch auf die Kunst des Erzählens und die der inszenierten Sprache des Theaters übertragen, bzw. angewandt werden. Der Ausdruck „lyrisch" wäre indes (fast) allein auf das Gedicht fokussiert. Es sollte sich etablieren – ob es sich nun bewährt hat oder auch nicht –, von *Literatur und Literarizität*[36] zu sprechen. Dennoch, das Wort „Poesie" eignet sich nach wie vor, um ein besonderes *Sagen* ins Gehör von Schüler zu legen. Ein Sagen in w:orten. Selbst auf eine weitere Gefahr hin, dass es in die Nähe zur einst populären Kultur der „Poesiealben" rücken könnte. Aber dieser abgelegene intim-öffentliche Pfad des Poetischen ist mithin entlegener denn je, da die virtuellen „Poesiealben" längst *facebook* oder *Kwick* heißen. Herzchen, Röschen und *smilies*, Daumen hoch oder Daumen runter. Es gibt hingegen überall „poetische Augenblicke", die in Wörtern, Sätzen und Texten aufschimmern. Von nichtsprachlichen Situationen einmal abgesehen. An diesen poetischen Momenten zu arbeiten, mit ihnen zu arbeiten, ist nicht ausschließlich ein einsamer Weg, sondern kommt einer Einladung gleich in ein weit verzweigtes Straßennetz der sprachlichen Bilder, eine Straßenkarte voller Offerten. Jeder Straßenzug, jede Straßenecke, jeder Baum, jedes Haus, jedes Fenster, jedes noch so kleine flüchtige Detail, jeder Ausblick oder jedes Nicht-hinein-Sehen-Können, jede Bewegung und sei´s die Verweildauer an einer Ampel, ein Augenblicksstillstand – sie alle können Poesie *w:erden*. Ein Straßenbabel voller Poesie.

So wie es die Sprachen der Dichter gibt, so gibt es die Sprachen der Schüler. Vom Text in die Poesie heißt: die jeweilige Sprache im Text zu entdecken, he-rauszuschälen. Aus dem Bild, das „leuchtet", einen verdichteten Text zu gestalten, in dem das „leuchtende Bild" bleibt – zumindest für die unzähmbare Dauer der Vergänglichkeit. Und die ist von Text zu Text verschieden. Wie schrieb Thomas Kling: „die formel tod, die überfahrt – / die wir zu übersetzen haben".

Eine Schülerin aus der Schweiz kehrte nach einer Schreibübung, die ihr wie auch ihren Mitschülern die Aufgabe gestellt hatte, einen Ort in Bern aufzusuchen, an dem sie sich wohlfühle und dort über diesen Ort zu schreiben, eine Arbeit, die den gesamten Vormittag in Anspruch nehmen sollte, mit folgendem Textentwurf aus der Innenstadt Berns an den *Campus Muristalden* zurück:

> **Valery, 16 Jahre**
> Die Weite der Strasse[37], die Enge im Körper. Des Geistes. Rede mir zu, starre zurück in die Gesellschaft. Die Sonne scheint und klebt, beisst sie mir Verborgenes. Vielleicht eine Straße ein paar Schritte. Blicke streifen mich kratzen mich, starren hindurch. Entjungfern meine Milz, meine Bauchspeicheldrüse. Verklebte Zunge. „Lampet" die Ohren.
> Gehe haltlos in den Weiten der Straße verirrt in der Enge meines Kopfes. Verpasse Zuckungen des Mundwinkels. Der Sonne entgegen, versuche Stand zu halten und doch schrumpfe ich, fall in mich zusammen auseinander voneinander. Nichts Ganzes. Gehe weiter vollkommen halbganz.

Nach Wörter ausspannenden, von allen Beteiligten kommentierten Lesungen der Texte im Klassenzimmer, die von den Schülern während des dreistündigen „Ausflugs" in die Stadt Bern mitgebracht worden waren, hatten sie hernach die Aufgabe, eine halbe Stunde lang, ihre Texte jeweils handschriftlich – die Bemerkungen ihrer Klassenkameraden und meine Empfehlungen im Ohr – unter vier nachvollziehbaren Aspekten sprachlich und inhaltlich zu überarbeiten. Dabei waren Radiergummi und Tintenkiller nicht erlaubt. Die Wörter, Sätze und Textpassagen, die sie zu verändern gedachten, sollten auch im Nachhinein noch identifizierbar sein. Auch für die Gespräche über die Texte ist diese Transparenz vonnöten. Die Gesichtspunkte, unter denen die Schüler weiterschrieben, betrafen *das* **Wort** in all seinen Anschauungsvarianten (Substantive, Verben, Adjektive, Füll- oder sonstige Wörter), *den* **sprachlichen Ausdruck** als „sprachliche Einheit von beliebiger Länge: Wörter, Wortfolgen, Sätze, Satzfolgen"[38], **den Stil** als „persönliche Note"[39] und die **Form**, die ihm entsprechen könnte. Schließlich sollte ein Titel für die poetische Verdichtung gewählt werden.

1. **Wortwahl:** Stimmen die Wörter, die verwendet wurden? Benennen sie das, was man mit ihnen benennen möchte? Passen die Wörter insgesamt zueinander? Welche Wörter wurden benutzt? Ergeben Sie ein Bild, das sich in das gestellte Thema einzuschreiben vermag? Wo sind Brüche? Wenn ja, sind diese beabsichtigt oder sind diese Brüche unverhoffte Einschnitte in den Text, die eigendynamisch aus ihm heraus entstanden sind? Braucht der Text diese Brüche? Gäbe es Wortvarianten? Hat sich die Wortstellung verändert?

2. **Der sprachliche Ausdruck:** Welche Wortfolgen und Wortbilder fügen den Text? Sind es einfach „nur" Sätze oder handelt es sich schon um Verse als metrisch geregelte Zeilen? Wenn ja, was unterscheidet den einfachen Satz vom Vers? Gibt es ein Versmaß oder einen bestimmten Rhythmus, der die Sprache poetischer klingen lässt? Gibt es Textstellen, die eher erklärender[40] und nicht sagender Natur sind? Handelt es sich gar um eine nachgeschobene oder vorausgeschickte Erklärung dessen, was schon mit dem Wort oder den Wortbildern bereits gesagt wurde? Wie sind die Sätze gebaut? Braucht der Text eher lange Sätze oder kurze? Wie setzt sich der Text zusammen? Ist er aus einem Guss oder gäbe es Absätze, Einschnitte, gar Strophen?

3. **Der Stil:** Aus welcher Perspektive wurde der Text geschrieben? Bilden die Wörter und der Rhythmus eine Gedanken- oder Gefühlsbrücke in das Thema des Textes? Ist es ein Text, der dem Rhythmus des Ortes folgt, der beschrieben wird oder dem inneren Rhythmus des Schreibers? Verleiht die Art und Weise des Beschreibens dem Ort eine persönliche, sprich eigene Sichtweise oder folgt sie der sich dem Schreiber offenbarenden oder verborgenen Wirklichkeit des Ortes? Spricht der Ort für sich? Eine Sprache, die „nur" vom Schrei-

ber übersetzt wird? Ist dementsprechend überhaupt ein eigener Stil möglich? Wenn ja, wird er durchgehalten? Wo vermischen sich Stilebenen?

4. **Die Form:** Welche Form verlangt der Text? Ist es ein fortlaufender oder ein in Abschnitte oder Strophen zu gliedernder? Welchen Sinn ergäbe eine Aufteilung des Textes in verschiedene Abschnitte oder Strophen? Hat die Form etwas mit dem Thema des Textes zu tun oder folgt sie aus eigener Kraft und Logik der Sprache und ihren Wortbildern? Könnten mehrere Formen nebeneinander in Frage kommen? Ändert sich dann der Blick auf den Text und vor allem auf den Inhalt des Textes? Braucht der Text überhaupt eine Form, die sich von der eines fortlaufenden Textes wie in einer Erzählung unterscheiden würde?

5. **Der Titel:** Welcher Titel entspräche dem Text am besten? Soll er den Inhalt zusammenfassen und den Leser auf eine erste Lesefährte bringen, den Text zu verstehen? Wäre ein Wort oder ein Teil eines Satzes oder Verses als Überschrift denkbar und sinnvoll? Soll der Titel dem Text einen zusätzlichen Gedanken schenken?

Jeder Text verlangt nach eigenen Fragen. Jeder Text durchficht seine eigene poetische Anverwandlung. In bekannten oder seltenen Wörtern, in gewohnten oder unvermuteten Wörtern und Bildern, einfache oder komplexe Wörter, und provoziert bisweilen klare oder versteckte dichterische Brüche – bis hin zu radikalpoetischen[41] Wendungen und Einschnitten, um nur einige zu nennen. Alles hat in der Poesie seinen Platz und seine Berechtigung.

Im Laufe von vier Schreibtagen erfuhr Valerys Text – ausgestattet mit den Fragen und ihren Antworten der fünf vorausgegangenen Betrachtungsweisen zur Wortwahl, zum sprachlichen Ausdruck, zum Stil, zur Form und zum Titel – nach und nach seine für sie gültige Publikationsform und wurde vom Wort über den Satz zum poetischen und verdichteten Text:

> **Fassung ohne Titel**
> Vielleicht eine Strasse, ein paar Schritte.
> Blicke streifen mich, kratzen mich und hinterlassen nicht sichtbare Wunden.
> Starren durch mich, in mich.
> Entjungfern meine Milz, meine Bauchspeicheldrüse.
> Verklebte Zunge. „Lampet" die Ohren.
>
> Gehe haltlos in den Weiten der Strasse, verirrt in der Enge meines Kopfes.
> Verpasse Zuckungen des Mundwinkels.
> Die Sonnte gähnt mich an, der Himmel zeigt mir seinen Rücken.
> Schaue entgegen versuche Stand zu halten.

Und doch schrumpfe ich, falle in mich zusammen, auseinander, voneinander.
Gehe weiter. Halbglanz

Erste Fassung mit Titel
EinBlick
Blicke streifen mich, kratzen mich
Entjungfern meine Milz, meine Bauchspeicheldrüse.
Verklebte Zunge. „Lampet" die Ohren.

Haltlos in den Weiten der Strasse,
verirrt in der Enge meines Kopfes.
Glas zerbricht an meiner Magenwand.
Verpasse rettende Zuckungen des Mundwinkels.

Die Sonne gähnt mich an, der Himmel zeigt mir seinen Rücken.
Schaue entgegen, versuche Stand zu halten.
Und doch schrumpfe ich, falle in mich zusammen
Gehe weiter. Halbglanz

Zweite Fassung mit Titel
EinBlick
Augen streifen mich, kratzen.
Entjungfern meine Milz, meine Bauchspeicheldrüse.
Verklebte Zunge. Lampende Ohren

Haltlos in den Weiten der Strasse,
verirrt in der Enge meines Kopfes.
Glas zerbricht an meiner Magenwand.
(Ich verpasse die rettenden Zuckungen des Mundwinkels.)

Die Sonne gähnt mich an, der Himmel zeigt mir seinen Rücken.
Gehe weiter. Halbglanz

(Café am Kornhausplatz, am 23. Aug. 06)

Dritte Fassung mit Titel
Einblick
Augen streifen mich, kratzen.
Entjungfern meine Milz, meine Bauchspeicheldrüse.
Die Zunge verklebt. Lampen die Ohren.

2.3 Vom Text in die Poesie

> Glas zerbricht an meiner Magenwand.
> Ich verpasse die rettenden Zuckungen des Mundwinkels.
>
> Die Sonne gähnt mich an, der Himmel zeigt mir seinen Rücken.
> Gehe weiter. Halbglanz.
>
> (Café am Kornhausplatz)

Ein weiteres Beispiel einer Erstnotiz und dem vorläufigen Publikationstext stammt von Lars, der knapp 18 Jahre alt war, als er an der schulischen „Schreibwerkstatt für Lyrik" teilnahm:

> **Lars, 18 Jahre**
> **Erstnotiz:**
> Frühling Weide
> Die blumen blühen im hohen
> gras
> kein baum in weiter ferne
> man sieht in weiter sicht
> den mars
> Jeder mensch hat nen weichen
> kern
> Sie hat einen weichen
> kern
> mit ihrem Seide
> An der hand

Nach fünf Schreibphasen und der Präsentation der einzelnen Ergebnisse hatte auch er eine für ihn publikationsreife Verdichtung geschaffen. Lars hatte sich den Reim als strukturierendes Element seines Textes vorgenommen und den Hauch eines Versmaßes, das diese Sehnsucht ins harmonische Erfüllen unterstreichen sollte. Dieses Anliegen war schon bei der ersten Notiz zu erkennen. Ihm lag ein Frühlings-Liebes-Gedicht am Herzen und auf der Zunge. Vielleicht deshalb der Wunsch nach Reim, Metrum und Rhythmus. Rechtschreib- und Grammatikfehler wurden im Laufe der einzelnen Schreibabschnitte an seinem Text reflektiert und besprochen und „nur" nach seinem Wunsch gemeinsam korrigiert. Die Entscheidung sollte er selber treffen, ob er sich der Norm der richtigen Orthographie beugen wollte oder ob sie für ihn unwichtig wäre. Er wollte einen Text ohne Rechtschreibfehler. Nun schien ihm auch dies von Bedeutung. „Ich möchte keinen schönen Text voller Fehler!", ließ er mich wissen. Worauf er verzichtete, war lediglich die Interpunktion, und der Beginn jeder neuen Verszeile sollte groß geschrieben sein:

> **Lars, 18 Jahre**
> **Frühling**
> Die Blumen blühen auf der Weid
> Ein Baum in weiter Fern
> Das Mädchen mit dem weichen Kern
> Sie trägt ein hübsches Kleid
> Mit einem Hund an ihrer Hand
> Sie laufen übers Blumenband
> Kühl scheint die Sonne auf den See
> Die Berge sind noch voller Schnee

Und noch ein drittes Beispiel, das aus einer Stichwortsammlung ebenfalls einen Text mit einem für die Schülerin völlig unerwarteten Eröffnungssatz entstehen ließ. Auf den Zettel, den sie von ihrem Schreibausflug zurückbrachte, hatte sie eine Reihe von Wörtern und Sätzen notiert: Linie 14, Kinderfeindlichkeit, Telefonat, Militärjungs, Notgeilheit, Asyl, Werbung, ein alter Mann, das Wetter zeigt Mitgefühl, Sonne, Türen schließen automatisch. Nach mehreren Schreibeinheiten gab sie ihre Verdichtung für die Veröffentlichung in einer schulinternen Schriftenreihe frei:

> **Christine, 17 Jahre**
> **Linie 14**
> Irgendjemand räumt hier alles auf.
>
> Kinderfeindliche Stille, luftleerer Raum lückenlos gefüllt.
> Zurechtgerückt verankert und poliert.
>
> Mehr Menschen: homogener Gesprächsbrei,
> im Ohr ein Telefonat, das zur Hälfte aus Floskeln besteht.
>
> Plötzlich Militärjungs, die pfeifen, rufen, grölen –
> gehört Notgeilheit zur Uniform?
>
> Im Auge Werbung für effiziente Asylbekämpfung,
> doch konform ausgedrückt durchaus salonfähig.
>
> Ein alter Mann begeht durch Geruch sozialen Selbstmord.
> Ein Kind, das schweigt.
>
> Junge Mutter: mit grenzwertiger Kapazitätsauslastung.
> Mitteilungsbedürfnis, Mittelstand.

2.3 Vom Text in die Poesie

> Mitleidige Mitmenschen
> das Wetter zeigt Mitgefühl.
>
> Alles, was sonst grau und kalt, erscheint von der Sonne geküsst,
> verliebt in strahlendem Glück.
>
> Bitte schnell aussteigen, die Türen schliessen automatisch.
> Automatisch erklingt auch: Endstation.

Drei Texte, drei Verdichtungen, drei in sich schlüssige, in ihrem jeweils eigenen Ton überzeugende Gebilde, die Wortfelder konsequent ausschöpfen. Drei verschiedene sprachliche Ausdrucksgegebenheiten von der Beobachtung aus artikuliert und weitergesponnen und drei differente Stilrichtungen, die sich erkennbar auf den Weg gemacht haben, um aus den Eindrücken ein Textganzes zu gestalten. Drei unterschiedliche Formen und ihre jeweils dem Text entsprechenden Titel, die über die Verdichtungen hinaus eine erweiterte Lesemöglichkeit andeuten.

Es erschließen sich drei verschiedenartige, poetische und poetisch-brüchige Augenblicke, die sprachlich eigenständig sind und deshalb auch im Unterricht als Anschauungsmaterial dienen könnten. Am eigenen Text auch die Meta-Ebene erfahren. Literaturkritische Vorgehensweisen am eigenen Text:

EinBlick: Die Wahrnehmung der vorbeieilenden Menschen wird als Bedrohung, Angriff und körperlicher Schmerz erfahren und bleibt sprachlich konsequent in kühnen, um nicht zu sagen erschreckenden, schier abschreckenden Körperbildern der Verfasserin. Der EinBlick dauert zwar nur einen Moment, zwei Strophen lang mit jeweils drei und zwei Verszeilen, schließt jedoch in der dritten Strophe mit einer veränderten Haltung der Schülerin oder doch eines „lyrischen Ichs"? Ein Ich, das über das tatsächlich und insofern biographisch Erlebte hinausschreibt und ein allgemeines Unwohlsein angesichts der Verhältnisse anspricht. Die Anonymität als Aggression, die zerstörerisch in den Leib der Autorin oder eines „lyrischen Ichs" eingedrungen ist, hinterlässt Spuren, indem sie nur noch „halbganz" weiter geht. Weist das Wort „halbganz" nicht darüber hinaus? Ist „halbganz" wirklich „nur" das Ergebnis dieser halben Stunde oder eine Erfahrung, die länger dauert und die auch unabhängig von der Schülerin, der Autorin, als allgemeines Empfinden existiert? „Halbganz" als Wort einer heutigen Wahrnehmung? Ist das der Augenblick einer Epiphanie[42]? Eines Weltmomentes in Bern? Weil er auch in einem Café in Berlin oder Barcelona so empfunden werden könnte. So radikal nüchtern, plötzlich? „Gehe weiter. Halbganz."

Frühling: Ein Wunsch, der aufbricht, eine Sehnsucht nach Harmonie, die sich in den Takt der Verse hineinspricht, ein Versmaß freisetzt. Eine Sehnsucht, die in der regelmäßigen Wiederholung der Hebungen und Senkungen, den regelmäßigen

Wiederholungen zur Ruhe kommen. Zur sprachlichen Ruhe, nicht unbedingt zur inneren Ruhe des Verfassers. Fast als Gegenpol einer unerfüllten Begierde. Acht Verszeilen und keine Annäherung. Was auffällt, ist die Zeile „Das Mädchen mit dem weichen Kern". Hier wäre wiederum ein poetischer Moment des Weiterschreibens zu entdecken. Was bedeutet „ein weicher Kern" – ist das Wort „Kern" dem Reim(zwang) geschuldet? Kann es als „Bild" oder schon als „Metapher"[43] bestehen? Was kann man sich unter dem „weichen Kern" vorstellen? Sich abgebrüht oder hart geben, im Grunde aber gutmütig sein? Woher kommt die Redewendung „einen weichen Kern" haben?

Linie 14: Eine Straßenbahnlinie in Bern. Die Schülerin hat sich einen mobilen, sich bewegenden Ort für ihre Notizen ausgewählt und ihren Gedanken eine Strophenordnung in Zweizeilern gegeben. Eine überzeugende Struktur, zumal es um die Person der Beobachtenden und des von ihr Beobachteten geht. Die zweiten Zeilen der Kurzstrophen verdichten jeweils ein Resümee. Sei es als Frage, als persönliches oder überpersönliches Fazit, manchmal als Kontrapunkt. Dabei scheint das letzte Wort „Endstation" die Feststellungen noch einmal zu unumkehrbar zu untermauern.

Schreibaufgabe: Ortsverdichtung:
Den vorangegangenen Beispielen folgend, erhalten die Schüler den Auftrag, einen Ort aufzusuchen und sich in diesen Ort hineinzuschreiben. Zunächst soll an den Arbeitsauftrag keine bestimmte Gattung gebunden sein. Wünschenswert sind sowohl Notizen, erste Entwürfe in eine Verdichtung oder aber eine Prosaskizze. Es ist sinnvoll, wenn für diese Schreibaufgabe nach einer kurzen Einführung ein Vormittag Schreibzeit eingeplant wird. Zwei bis drei Stunden reichen in aller Regel aus, um mit ein paar Gedanken, ersten Textentwürfen, an die Schule zurückzukommen.

(Download 12: Schreibaufgabe Ortsverdichtung)

Beispieltexte von Schülern als Einstieg in die Schreibaufgabe:

Sophie, 15 Jahre
Stadtbibliothek Offenburg
Die Bücherei ist in einer ehemaligen Kaserne.
Geordnete Buchstaben in Reih und Glied.
Die Gewalt ist aufgehoben.

Die Bücher geben mir Schutz, Isolation und Geborgenheit.
Sie machen die Außenwelt stumpf
und ziehen mich in ihre Abenteuer.

Wenn ich die Augen schließe,
spüre ich die Geschichten,
das Leben. Wie Musik.

Bücher sind mein Versteck.
Meine Zuflucht.
Bücher sind meine Freiheit.

Es ist wie fliegen.
Ich bin
daheim.

Laura, 17 Jahre
Lieber Moritz , ich möchte Dir den Wald vorstellen, der in der Nähe meines Hauses liegt. Er ist weder besonders groß, noch besonders schön, und er hat auch keinen Namen. Falls er doch einen hat, kennt ihn niemand. Für Viele ist es einfach nur der Wald. Er ist der ideale Platz für kleine Kinder, um Abenteuer zu erleben. Auch für mich, als ich klein war. Schon im Alter von sechs Jahren rannte ich mit meinem besten Freund vor seinem Hund weg. In unserer Fantasie war er allerdings ein blutrünstiger Wolf, der uns nicht aus Güte folge, sondern mit gefletschten Zähnen hinterher wetzte. Unsere einzige Möglichkeit zu entkommen, bestand für uns, indem wir auf einen verkrüppelten Baum kletterten, dessen höchster Ast vielleicht zwei Meter hoch war. Die gutmütige Hündin machte es sich derweil zu unseren Füßen bequem und wartete, bis wir vom Baum herab kletterten.

Im Winter wurde der Wald zu der besten Rodelbahn der Welt, wie es uns schien. Zu mehreren sausten wir dann die Hügel hinunter. Während ich mich als Mädchen eher zurückhielt, probierten die Jungs immer waghalsigere Sachen aus, bis sie in den Schnee purzelten und wieder aufstanden, nur um sich einen höheren Berg zu suchen. Aber als der Sommer kam, waren wir ständig unterwegs. Mit meinen Cousins und Cousinen, Freunden und Kindern, die wir gerade erst seit fünf Minuten kannten, bauten wir Hütten, fingen Frösche im Tümpel und sauten uns ein.

Unsere Suche nach einem Bunker, der im Wald angeblich versteckt sein sollte, war genauso vergebens, wie die Versuche unsere Eltern, ihre Kinder oder wenigstens ihre Kleidung sauber zu halten.

Ich erinnere mich noch ganz genau an einen bestimmten Tag. Ich war mit ein paar Jungs aus meiner Siedlung in den Wald gegangen. Wir rannten umher und machten Quatsch. Was man halt als übermütiges Kind so macht. Vor einem Brennnesselgebüsch machten wir halt. Einer von ihnen sah mich an und sagte überheblich: „Wir gehen jetzt hier durch. Aber du bist ein Mädchen, du kannst außen herum gehen." Aus lauter Trotz ging ich mit ihnen. Stur mit kurzen Hosen durch das Brennnesselgebüsch, dass leider breiter war, als gedacht und uns fast überragte. Die biestigen Pflanzen bissen uns in unsere Arme und unsere Waden. Endlich, auf der anderen

Seite angekommen, wandte sich derselbe Junge wieder an mich und sagte: „Wir machen jetzt Rotze auf die Brennnesselstiche. Aber du musst das nicht machen, du bist ja ein Mädchen, und die finden das ekelig."

In dem Moment war mir das allerdings so egal, dass ich mich genauso anspuckte, wie die Jungs.

Im Nachhinein kann ich einfach nur lachen. Wenn wir uns jetzt diese ganzen Geschichten erzählen, ist es immer lustig. Jeder hat seine ganz persönlichen Eindrücke behalten. An manche Sachen erinnere ich mich gar nicht mehr. Es ist immer schön, etwas über das kleine Mädchen zu erfahren, das ich einmal war.

Schreibaufgabe: Konnotationen[45]**, Inspirationen**
Eine Variante der Schreibaufgabe bestünde darin, einen bestimmten Ort aufzusuchen und seinen Gedanken und Gefühlen „freien" Schreib-Lauf zu lassen. Der Ort muss nicht Gegenstand des Textes sein, sondern lediglich die äußere und innere Ruhe schaffen, um einen verdichteten Text schreiben zu können. Bei dieser Übung wird das Klassenzimmer ebenso verlassen, um einen dem Schreiben zuträglichen Ort aufzusuchen. Das kann ein Café sein, eine Straße, ein Park, die Straßenbahn, das eigene Zimmer zu Hause etc. Den Schülern sollte lediglich eine Zeitvorgabe mit auf den Weg gegeben werden, keine Ortsbeschränkung. Auch hier empfiehlt sich eine Schreibzeit von mindestens zwei Stunden. Es hängt natürlich auch immer von den Gegebenheiten und Voraussetzungen ab. Liegt die Schule weit außerhalb vom Zentrum einer Stadt? Ist es eine Schule im ländlichen Raum? Deshalb wäre es sinnvoll, die Dauer der Schreibzeit gemeinsam mit den Schülern zu besprechen. Bei Schülern, die der Aufsichtsflicht unterliegen ist das vorherige Einverständnis der Eltern eine Vo-raussetzung. Auch für diese Schreibaufgabe können Beispieltexte eine Orientierung bieten.

Beispieltexte von Schülern als Einstieg in die Schreibaufgabe, Texte, die entstanden sind, nachdem ein Ortswechsel vorgenommen worden ist:

Dilara, 15 Jahre
Gedicht
ich wer bin ich?
was bin ich?
warum lebe ich?
wieso bin ich hier?
ich weiß es nicht …
ich weiß nicht, wer ich bin
ich weiß, was ich bin
ich weiß nicht, warum ich lebe

ich weiß nicht, wieso ich hier bin
ich lebe einfach ohne zu wissen, was passieren wird
gibt es wirklich ein leben nach dem tod?
gibt es engel? gibt es den einen gott?
ich weiß es nicht, aber meinen glauben habe ich
warum habe ich einen glauben?
ich weiß es nicht
ich lebe einfach ohne zu wissen, was passieren wird
ich weiß es
ich lebe einfach

Erdem Ali, 14 Jahre
Der Torwart
Ich geh einfach rein ins Tor.
Ich bin ein bisschen nervös.
Ich spiel aggressiv.
Ich will alle Bälle runterpflücken.
Ich sehe das, was andere nicht sehen.
Ich dirigiere meine Vordermänner.
Ich schrei wie ein Bär.
Ich mache das Spiel schnell.
Ich leite Konter ein.
Und doch
greif ich manchmal
hinter mich.

Yonca, 15 Jahre
Blick aus dem Fenster – Schlachthof
Ich schaue hinaus und sehe wie immer seit Jahren dasselbe:
Autos, Straßen, Bäume & eine Wiese.
Für mich eher bedeutungslos, doch dann sehe ich mich.
Als ich noch ein Kind war,
mich hinter den Autos versteckte, auf die Bäume kletterte.

Die Erinnerungen sind wie kleine Freunde.
Sie erzählen mir immer wieder etwas von mir.
Ich werde meine Freunde nie vergessen,
denn sie gehören zu mir
& deshalb schaue ich jeden morgen aus dem Fenster.

Ein Ortswechsel sorgt bei Schülern oft für eine Entspannung, einen gelösteren Umgang mit der Schreibaufgabe. Er entkrampft die Vorstellung und das tatsächliche Empfinden eines Schreibzwanges und setzt Themen und einen Schreibfluss frei, der sich in der Schule nicht unbedingt ergeben muss. Die Auseinandersetzung mit dem „Gedicht" selber, beispielsweise, die Beschäftigung mit dem „Fußball" – einer der beliebtesten Freizeitbeschäftigungen von Schülern der 7.–9. Klasse – oder ein schlichter „Blick aus dem Fenster". Sollte für diese Schreibübungen kein ganzer Morgen zur Verfügung stehen, könnten sie auch als Hausaufgabe gestellt werden. Wesentlich ist die Dauer der Schreib- und Reflexionszeit, die für diese Arbeiten veranschlagt werden.

Wenn das Schreib-Curriculum über einen längeren Zeitraum geplant und angelegt worden ist, kann den Schülern als Alternative auch freigestellt werden, an ihrem ersten Schreibtext, der Verdichtung des Wortes, das sie sich ausgesucht haben, weiter zu schreiben. Dilara, die in ihrem Text Fragen an ihr *Ich* stellt, hatte sich eingangs des damaligen Schuljahres das Wort „Liebe" ausgesucht. Das Gedicht, das nach mehrwöchiger Arbeit am Text in den „Poetischen Kritzeln" publiziert worden war, ist eine Liebeserklärung:

Dilara, 15 Jahre
Liebe
Ich zieh ein gelbes Kleid an
und werde wie die Sonne.

Ich zieh ein blaues Kleid an
und werde wie das Meer.

Ich zieh ein schwarzes Kleid an
und werde wie die Nacht

Wer weiß,
vielleicht zieh ich ein weißes Kleid an
und werde deine Frau.

Der Torwart-Text von Erdem Ali war erst nach einem kurzen Prosatext mit dem Titel Fußballspiel möglich geworden. Die Beschreibung eines Fußballspieles, das wohl ein besonderes war, führte ins Gespräch über die Rolle des Torwarts.

> **Erdem Ali, 14 Jahre**
> **Fußballspiel**
> Ich habe mit meinen Handschuhen meine Mannschaft vor einer Niederlage bewahrt. Ich hielt in dem Spiel alles, was aufs Tor kam. Wir spielten gegen den FC Basel und gewannen das Spiel mit 1 : 0. Doch es lief nicht alles gut. Ein Ball kam in den Strafraum, und ich faustete ihn kurz vor dem Stürmer weg und erwischte dabei den Spieler im Gesicht. Er riss sich die Lippe auf und seine Vorderzähne waren locker. Meine Handschuhe haben Finger-Saves, deshalb ging es so schlimm aus.
> Unsere Mannschaft hat zwar gewonnen, doch für mich war es auch eine (moralische) Niederlage.

Die „Handschuhe" haben dem Text schließlich eine Perspektive in eine Verdichtung gegeben. Mit der Benennung eines Gegenstandes, der den Torwart symbolisierte, schälte sich seine weiterführende Schreibaufgabe heraus: das Gefühl und die Gedanken in Worte zu fassen, die ihn während eines Fußballspieles – mit ihm als Keeper im Tor – beschäftigen. Auch Yonca hatte sich immer wieder ihrem ersten Text gestellt, der auf dem Wort „Gefühle" basierte, bevor sie sich mit dem „Blick aus dem Fenster" sich einer zusätzlichen Schreibrichtung öffnete und die Gefühle selber thematisierte und sie (ihre?) in diesem morgendlichen Blick, in die Dinge legte, die sie sah:

> **Yonca, 15 Jahre**
> **Gefühle**
> Jeder Mensch hat Gefühle,
> Hunderte von Gefühlen.
> Trauer, Freude, Liebe und Hass.
> Weit liegen die Wörter voneinander entfernt,
> doch alles, alles
> ist in uns und wartet
> auf den Augenblick.

Faszinierend an dieser Verdichtung sind die Verszeilen Weit liegen die Wörter voneinander entfernt / doch alles, alles / ist in uns und wartet (…) Welch unglaublich schönverknappte Erkenntnis. Der Rhythmus, ein eigenstimmiger. Besonders in der Zeile „doch alles, alles" – ein Imperativ in der einfachen, sich steigernden Wiederholung des Wortes. Allein diese drei Zeilen wären ein neues, altes Motiv in eine noch innigere Vertiefung der Gedanken um das Gefühl. Ganz zu schweigen von diesem wissenden Empfinden: Die Wörter, die in einem sind und warten … weit voneinander entfernt und dennoch in uns. Es fehlte nur noch der gewagte

Sprung in die Wendung „und dennoch in uns eins und zwei". In diesen Zeilen schlummert keine alltagssprachliche Wörtergeste, sondern ein poetischer Wurf.

Augenblicke der Poesie und die Wahrnehmung des Poetischen sind jedoch nicht zwangsläufig an die Sprache gebunden. Poetische Augenblicke, die Poesie, die jeder Mensch in sich trägt, *kann*, muss aber nicht sprachlich werden, indem er sich ihr im Schreiben nähert. Aber diese Poesie ist eine Voraussetzung ins Schreiben.

Nach diesen substantiellen Erfahrungen mit den Wörtern und den Sätzen, den Texten und vorläufigen Verdichtungen wäre ein Punkt erreicht, an dem *das Schreiben* selber, nachdem einige Schreibversuche durchgeführt worden sind – wie auch immer der Stand der Texte sich darböte –, ebenso Unterrichtsthema werden könnte. Ein Nachdenken über den Sinn und Zweck des Schreibens. Erneut eine Übung, die mit einer Satzergänzung leicht anzustoßen ist. Kurz, in einer Viertelstunde durchführbar; aufs Wesentliche konzentriert.

Schreibaufgabe: Schreiben ist …
In einer 15-minütigen Schreibklausur sollen die Schüler einen Satz zum Schreiben formulieren. Ihre bisherigen Erfahrungen zu Papier bringen. Schlicht und einfach, ohne den Versuch, das Schreiben als solches zu erklären. Es soll benannt werden. Einzige Vorgabe der Satzanfang: „Schreiben ist …"

Mit dieser Übung wäre eine Reflexionsebene geschaffen, die nicht nur das eigene Schreiben thematisieren würde, sondern auch als Brücke in erste poetologische Gedanken dient. Schüler einer 9. Klasse der Realschule Ostheim antworten in überzeugender Klarheit:

Schreiben ist … Gefühle auf ein weißes Blatt zu bringen, wenn man zu schüchtern ist, um über sie zu sprechen. (Canan, 14 Jahre)

Schreiben ist … hilfreich. (Natascha, 14 Jahre)

Schreiben ist … eine geräuschlose Unterhaltung auf dem Papier. (Izabela, 14 Jahre)

Schreiben ist … nicht selbstverständlich. (Eray, 16 Jahre)

Schreiben ist … nützlich. (Panagiotis, 16 Jahre)

Schreiben ist … seine Gefühle zu offenbaren. (Ewa, 14 Jahre)
Schreiben ist … nicht das Schönste auf der Welt. (Tugba, 14 Jahre)

2.3 Vom Text in die Poesie

Schreiben ist ... mit dem Stift hin und her zu schwingen.
(Yonca, 15 Jahre)

Schreiben ist ... das Gesagte aufs Papier zu bringen.
(Tuba, 15 Jahre)

Schreiben ist ... für mich langweilig.
(Anisa, 14 Jahre)

Schreiben ist ... seine Gefühle auszudrücken.
(Dilara, 15 Jahre)

Schreiben ist ... eine Möglichkeit, die Kreativität eines Menschen zur Schau zu stellen.
(Sinan, 15 Jahre)

Schreiben ist ... kommunizieren: die Zeichen, die Dinge beschreiben.
(Sara, 14 Jahre)

Schreiben ist ... nicht meine Stärke.
(Mehdi, 15 Jahre)

Schreiben ist ... eine Nachricht überbringen.
(Luca Josepha, 14 Jahre)

Schreiben ist ... die Zerstörung des Käfigs, der in uns steckt und unsere Meinung blockiert.
(Alexandros, 15 Jahre)

Schreiben ist ... lustvoll, kreativ, gedanklich und voll Harmonie.
(Matthias, 15 Jahre)

Schreiben ist ... Informationen vermitteln.
(Gojart, 15 Jahre)

Schreiben ist ... Mit Gefühlen malen, um sie auszudrücken.
(Silvana, 16 Jahre)

Schreiben ist ... mit einem Stift auf einem Blatt etwas Lesbares darzustellen.
(Sabrina, 16 Jahre)

Schreiben ist ... Befreiung der Gefühle und Gedanken.
(Erika, 15 Jahre)

Schreiben ist ... ein Wandeln der Gedanken auf einem Stück Papier.
(Marvin, 14 Jahre)

Schreiben ist ... eine Strategie, Gefühle und Gedanken zu vermitteln.
(Joanna, 15 Jahre)

Schreiben ist ... eine Kunst, die sich erst dann zeigt, wenn man sie liest.
(Ismet, 15 Jahre)

2 Vom Wort. Vom Satz. Vom Text

Schreiben ist ... Zeitvertreib, der Spaß machen kann. (Fatih, 14 Jahre)

Schreiben ist ... Wissen. (Kevin, 16 Jahre)

Schreiben ist ... die andere Art, zu kommunizieren. (Sonja, 14 Jahre)

Schreiben ist ... nützlich, wenn man jemandem eine Information geben will, ohne zu sprechen. (Panagiotis Z. 14 Jahre)

Mit diesen ergänzten Sätzen sind eine ganze Reihe poetologischer Aspekte angesprochen worden, die auch auf das Schreiben von Gedichten übertragen werden und durchaus mit Gedanken und poetologischen Entwürfen von Dichtern und Lyrikern in Verbindung gebracht werden können. Die eigene Schreiberfahrung reicht jetzt schon aus, um Verbindungen und poetologische Rückschlüsse zu erzielen. Es wäre eine schöne Herausforderung, die Rückschlüsse der Schüler mit Äußerungen, die sich dem Entstehen und der Substanz von Gedichten stellen, zu vergleichen. Die Anthologie „Minima Poetica", die Joachim Sartorius herausgegeben hat, wäre hierfür eine gute Basis, weil das Buch wesentliche Verortungen des poetischen Sprechens und Schreibens bündelt. Und dies auch noch aus allen Teilen der Welt

Ein paar Beispiele:

„Doch wie sich die Poesie auch äußert, hermetisch oder offen subversiv, reduktionistisch oder unstillbar, Sprache scheint sich in ihr anders zu ereignen" (Sartorius, 1999, S. 16): **Die andere Art, zu kommunizieren** (Sonja, 14 Jahre).

„Der Prophet mit den Lebenden, das war das Muster für den Umgang des russischen Dichters mit seinen Lesern bis vor kurzem. Der Schriftsteller und die ihn lesen, so sind die Beziehungen heute. Konzertsäle und Kommunalwohnungs-Küchen, diese Indianerreservate der russischen Intellektuellen und merkwürdigen Hyde Parks reimenden Hellseher, sind endlich ihrer eigentlichen Bestimmung zurückgegeben: Konzerten und schmutzigem (sauberen) Geschirr. Auch die Dichtung beschäftigt sich endlich mit ihrer eigenen Sache, d. h. sie wird geschrieben und gedruckt, wenn auch auf schlechtem Papier. Lohnt es sich von ihrer Zukunft zu sprechen, die, ähnlich der schlaffen Gegenwart der Dichtung überall auf der Welt, eher langweilig denn prickelnd abenteuerlich sein wird – wie bei Monte Cristo, der, als er seine Zeit abgesessen und einen langen Bart gekriegt hat, zum Strande, wo die Wogen stöhnen (Puschkin), läuft, dort einen Haufen Geld findet und nun, ein frisch rasierter, wohlriechender Dandy, sich an denen, die ihn beleidigt haben, rächt? Ist die langweilige Zukunft überhaupt der Rede wert?

Jawohl, denn Langeweile ist durchaus ein ästhetischer, wenn auch kalter, Ofen, notwendig als Ausgangspunkt für den Tanz" (Ilya Kutik[47]; in: *Minima Poetica*, S. 99): **für mich langweilig.** (Anisa, 14 Jahre).

„Gehen, graben, warten. Das ist genau der Prozess, der mich ein Gedicht schreiben lässt. Das notwendige Wort suchen, das ersehnte Wort finden. Und diese *notwendigen, ersehnten* Wörter, die ich meine, sind ganz alltägliche Wörter unseres Gemeinschaftslebens" (Humberto Ak'Abal[48]; in: *Minima Poetica*, S. 135): **eine Nachricht überbringen** (Luca Josepha, 14 Jahre).

„Mir gefällt das Traurigsein, manches Mal wünschte ich mir, dass man die Poesie essen könnte. Mir gefällt die Einsamkeit, denn dort entkleidet sich die Poesie und lächelt mir zu. Ich suche nicht den Schmerz, aber die schweren Momente haben mich bestärkt" (Humberto Ak'Abal; in: *Minima Poetica*, S. 138): **Gefühle auf ein weißes Blatt zu bringen, wenn man zu schüchtern ist, um über sie zu sprechen** (Canan, 14 Jahre).

Die Gegenüberstellungen, als Fragen postuliert, das Nachschöpfen der Gedanken in diesen poetologischen Aussagen der Schüler – zufällig, wie es scheint – ergeben ein überraschend universelles Spektrum an Meinungen und Haltungen über das Schreiben, in diesem Falle, denn so waren die Schreibübungen bisher motiviert, einzelne Feststellungen zum „lyrischen Schreiben". Es ist frappierend, dass sich die Erfahrungen der Schüler so eindrucksvoll neben, hinter oder vor die Fragmente poetischer Ansichten und Erkenntnisse, Vermutungen und Diktionen namhafter Dichterinnen und Dichter stellen lassen. Das begreife ich als Bestätigung und als Chance. Schreiben fördert das Schreiben. Schreiben fördert das Nachdenken über das Schreiben. Schreiben fördert die Auseinandersetzung mit der Wirklichkeit und Wirksamkeit von Sprache. Die Sätze werden dichter. Und Schreiben fördert das Lesen.
Nach all den Dynamisierungen des Wortes, der Sätze und Annäherungen an den Text und den Sprung ins Poetische – *vom Text in die Poesie* – ist es an der Zeit, über ein adäquates Schreibheft oder ein poetisches Sammelmedium für all die bisher geschriebenen Schülertexte nachzudenken. Gemeinsam mit den Schülern könnte nun ein *Notatenbuch* oder *Lyrisches Behältnis* erörtert werden, das die Schriftstücke versammelt, aufhebt, griffbereit hält. Wer sich schon von Anfang an für ein übliches Schulheft entschieden hat, kann dies natürlich auch weiterhin verwenden. Aber ein besonderes *Archiv* hätte den Reiz des Kostbaren und verwiese auch äußerlich auf eine Kontinuität. Da viele Dichter gern vom „leeren, weißen Blatt Papier" sprechen – zumindest ist es bei einer Generation, die noch nicht mit dem Computer zur Welt gekommen ist, der Fall –, böte sich das bisher zustande gebrachte an, um über andere Aufbewahrungsformen ins Gespräch zu kommen. In Anlehnung an große literarische Vorbilder könnten das „Schul-

Sudelbücher"[49] sein oder „Magische Schülerblätter"[50]. Denkbar wäre auch eine klassische Schachtel oder ein Karton mit der Aufschrift „Zettels Schülertraum"[51] oder „facebox" oder „kwickstückschachtel". Der Phantasie sind auch hier keine (sprachlichen) Grenzen gesetzt. Sollte jemand in der Klasse im Umgang mit der Programmiersprache eines Computers vertraut sein, läge auch eine *homepage* nahe, wäre auch das Internet ein Medium für ein „versammeltes Gedächtnis" der Verschriftlichungen. Als Alternative könnte aber auch eine individuell gestaltete Mappe unter dem Motto „Poetische Kritzel"[52] dienen. Das „Schreibheft- oder Schreibbox-Projekt" wäre zudem eine Einladung an die übergreifende Zusammenarbeit zwischen den Unterrichtsfächern „Deutsch" und „Kunst". Warum nicht auch ins Interdisziplinäre ausscheren? Nicht zu vernachlässigen in Hinblick auf eine eventuelle, abschließende Veröffentlichung der Texte, Verdichtungen und Gedichte, die von den Schülern im Laufe eines Schuljahres geschrieben worden sind. Eine Publikation ist schon deshalb ein fundamentaler Bestandteil des eigenen Schreibens, weil dadurch der potentielle Leser ins Realistische rückt und ganz nebenbei die Orthographie noch einmal eingehend am eigenen Text diskutiert werden kann. Oft ein Korrekturbedürfnis, das die meisten Schüler plötzlich zeigen, wenn es darum geht, ihre Texte einer lesenden Öffentlichkeit zu präsentieren.

Eine vorerst letzte und sehr nachvollziehbare Überlegung, eine anregende Ausführung zum „Poetischen Sprechen" verdanke ich Prof. Dr. Jürgen Trabant und seinem Buch *Was ist Sprache*:

> Solange wir die poetische Rede vom Standpunkt der alltäglichen Rede und der sogenannten normalen Sprachproduktion aus betrachten, gibt es keinen Ausweg: Die poetische Rede wird dann, auf die eine oder andere Weise, wohl als Abweichung beschrieben werden müssen. Auch die klassische Distinktion ist in dieser Hinsicht eine – allerdings vertikale – Abweichung vom Weg der Normalität. Deshalb möchte ich, auch im Hinblick auf die ethischen Implikationen, vorschlagen, die Blickrichtung umzukehren und die alltägliche Rede von der poetischen Rede aus betrachten. Dann werden wir nämlich erkennen, dass das alltägliche Sprechen etwas ist, das unter dem Zwang von Tausenden von Gesetzen steht: Das normale Sprechen hat den grammatischen Regeln einer gegebenen Sprache zu folgen, es muss die der sozialen Situation angemessene Sprachvarietät korrekt auswählen, es muss Wahrheitsbedingungen, Konversationsmaximen, pragmatischen Bedingungen des Glückens der Sprechakte gehorchen, etc. etc. Alle diese Regeln sind Reduktionen der sprachlichen Möglichkeiten des Menschen im Hinblick auf praktische kommunikative Aufgaben, d. h. sie bewirken ein vielfältiges Abweichen der Sprache von der Fülle ihrer Möglichkeiten. Nicht die poetische Rede, das normale Sprechen weicht ab.
>
> (Trabant, 2008, S. 292)

Wäre ein Chat-Gespräch ein derartiges Beispiel? Noch Alltagssprache oder schon an der Grenze zum *Poetischen Sprechen*? Gar Poesie? Verschlüsselt, hermetisch oder *w:ortsbilder*⁵³ eines „Realpoeten"? Wie stellt Professor Trabant fest: „Nicht die poetische Rede, das normale Sprechen weicht ab." Sogar vom „normalen" Sprechen weicht das „normale" Sprechen mittlerweile ab. Massiv. Es geht nicht mehr länger nur um eine Jugendsprache, sondern eine sich verändernde Sprache insgesamt. Das Chatten hat ihre Sprechlandschaften und die Gesprächskultur insofern bereits verändert, als das Gegenüber zwar per Internet wirklichkeitsnah vorhanden scheint – die empfundene Präsenz steigert sich sogar noch über die Kamera-Optionen – aber sie lässt ebenso intensiv die Fluchtverbindungen des Virtuellen als konkrete Aussteige-Vision an jeder Unterhaltung teilhaben. Dabei ist die Anonymität im selbstgewählten Namensmantel, den ich „Du-und-ich-Erkennung" ins Minimale nenne und in Form eines *Pseudos* eine eigene Wirklichkeit erzeugt, nicht das Wesentliche der Kommunikation. Bedeutsam ist die unmittelbare Voraussetzung in den jederzeitigen Abbruch der Unterhaltung ohne direkt zu befürchtende zwischenmenschliche Reaktionen und Konsequenzen. Eine neue Freiheit? Oder ein Sich-Hinausstehlen aus jeglicher Verantwortung? Ohne Erklärung ein Gespräch abzubrechen, gibt es auch bei Telefonaten, das sei eingeräumt, aber in aller Regel gibt sich der Anrufer nicht unter einem Pseudonym zu erkennen. Ob ein Chat-Gespräch als Form und hinsichtlich seines Inhaltes von „poetischer" oder „alltagssprachlicher" Qualität ist, diese Frage mögen Sie sich nun selber stellen und mit den Schülern besprechen:

Chat-Gespräch

InN---^!?:	Jo, Dang! Was geht? Runde Black Ops?
RPG347:	Jo, Kevin. Was geht bei dir erst mal?
InN---^!?:	Joa, gut. Ey, ich fass es nicht! Ich wurde aus 1S Server gebannt, weil ich eine KD von 24,5 hatte -.-
RPG347:	LOL ich dachte du wurdest aus 1S Server gebannt, weil du zu viele Köpfe zerbombt hast?
InN---^!?:	Was?! Egal, kann mich nicht erinnern, ich messer alle einfach Ownage ower FTW1 ^^
RPG347:	Wenn du gerne das Messer benutzt, spiel doch lieber Assasin´s creed
InN---^!?:	Ne, habe schon alle Zeilen durch. Will aber auch mal Battlefield Bad Company spielen, das Add-on kommt ja bald
RPG347:	Stimmt, das Add-on kommt bald, ich hoffe es kommt so schnell wie möglich, will das nämlich zocken!!!
InN---^!?:	Ja, die Deppen sollen schnell machen.
RPG347:	Soll ja bessere Grafik haben, aber auf Crysis habe ich auch Lust
RPG347:	Aja, Crisis, ist da net der Metall Futzie?
InN---^!?:	Joa, Crisis ist ja Metall Futzie, aber Crysis 2 kommt April 2011 heraus, Alter! Das soll die beste Grafik haben, es braucht aber mindestens meinen Schrott-PC

2 Vom Wort. Vom Satz. Vom Text

RPG347:	Bis Crisis rauskommt, dauerts lang, ich will lieber Final Fantasy 14 zocken!
InN---^!?:	Du mit dinen RPGS xD egal jetzt ZOCKEN! :D
RPG347:	Jo, zocken wir Black Ops bis gleich!

(InN---^!? = Kevin; RPG347 = Phuoc Dang)

Schreibaufgabe
Jeweils zwei Schüler sollen ein Chat-Gespräch miteinander führen und aufschreiben. Die Ergebnisse ließen sich als „inszenierte Sprechakte" präsentieren. Ob daraus das eine oder andere „aufführbare Gedicht" im poetischen Sinne Rafael Albertis entsteht? Wie wichtig sind die inhaltlichen Aussagen? Eine wesentliche Frage, wie ich meine und ein guter Erörterungsgrund für die Nachbetrachtung mit den Schülern. Aber lesen Sie sich das Gedicht Albertis selber durch und vergleichen Sie es mit dem Chatgespräch zwischen Kevin und Phuoc Dang.

Five o'clock tea

Bitte, nach Ihnen,
Küss' die Hand,
keinesfalls,
unter gar keinen Umständen.

Comtesse,
Votre cœur ist ein Vogel,
ein zartes Vögelchen, eingesperrt in dem Käfig der Brust,
seufzend vor Liebe zu einem leidenschaftlichen Schnurrbart,
denn, j`aime,
tu aimes,
il aime,
wenn Ihr vergessen habt, dass das Meer gleichsam ein
neutraler Hintergrund für den flirt ist,
wenn es nicht unschicklich wäre, euch gegenüber vom
goldplombierten Pfannkuchen zu reden,
und Euer weinfarbenes Klein
mit einem geschmolzenen Rubin zu vergleichen.

Hocherfreut,
ganz meinerseits,
wir alle sind hocherfreut,
tief gerührt,

2.3 Vom Text in die Poesie

dankeschön,
o bitte.

Glauben Sie im Ernst, dass die Philosophie wie eine
Zigarette ist
Oder ein Paar Golfhosen?

Champignon,
poil de carotte,
pommes de terre.

Die Luft ist zu rein, um Euch die merde zu schicken.
Und ich, Madame, bin zu angeödet.
Adieu.

Rafael Alberti

Anmerkungen

1. Ein Oxymoron (griechisch aus *oxys*: scharf(sinnig) und *moros*: dumm; Mehrzahl: *Oxymora*) ist eine rhetorische Figur, bei der eine Formulierung aus zwei gegensätzlichen, einander (scheinbar) widersprechenden oder sich gegenseitig ausschließenden Begriffen gebildet wird.
2. „Elfchen" sind Gedichte, die aus elf Wörtern bestehen.
3. Heinz Schlaffer, 1939 geboren, lebt in Stuttgart, wo er bis 2004 Professor für Literaturwissenschaft war.
4. Ein paar Anthologien dieser Art sind im Anhang in meiner Empfehlungsliste aufgeführt.
5. Eine Auswahl von Literaturzeitschriften finden Sie in meiner Empfehlungsliste im Anhang des Buches.
6. Zitiert aus dem FAZ-Artikel *Freie Bahn für gute Verse* von Richard Kämmerlings vom 30.04.2007.
7. Joachim Sartorius, Hrsg.; Minima Poetica – Für eine Poetik des zeitgenössischen Gedichtes. Verlag Kiepenheuer & Witsch. Köln 1999
8. Erich Fried (1921–1988). Das Gedicht „Logos" ist entnommen aus: Erich Fried; Befreiung von der Flucht. Gedichte und Gegengedichte. Claasen Verlag, Hamburg 1968.
9. Rose Ausländer, geb. 1901 in Czernowitz/Bukowina, gest. 1988 in Düsseldorf. Das Gedicht ist entnommen aus: Gelberg, Hans-Joachim, Hrsg. Neue Gedichte für Kinder und Erwachsene. Beltz & Gelberg in der Verlagsgruppe Beltz. Weinheim/Basel 2011.
10. Sichtermann Barbara, Joachim Scholl; Hrsg. 50 Klassiker Lyrik. Gerstenberg Verlag Hildesheim, 3. überarbeitete Auflage 2007, S. 226.
11. Entnommen aus: Erich Fried; Lebensschatten. Berlin, Verlag Klaus Wagenbach, Berlin 1981.
12. Peter Rühmkorf widersprach dem Bennschen Standpunkt insofern, als er in einem Interview mit der ZEIT sagte: „Gedichte werden mit Einfällen" gemacht" (DIE ZEIT, 27.03.2008, Nr. 14).
13. Stéphane Mallarmé (1842 – 1898). Der französische Dichter gilt neben Rimbaud, Verlaine und Baudelaire als einer der Wegbereiter der modernen Lyrik.
14. Bichsel, Peter; Zur Stadt Paris. Geschichten. Suhrkamp Verlag. Frankfurt/Main 1995. S. 7
15. Die Vorstellung des Klassenzimmers als *Regel*, die ich schon früher im Buch erwähnt habe, verdanke ich der Erkenntnis Thomas Richhardts, dem Dozenten für „Szenisches Schreiben" am Literaturhaus Stuttgart.
16. Gert Loschütz, geb. 1946 in Genthin, wohnt in Berlin. Veröffentlichte Lyrik, Romane, Hörspiele. Das Gedicht ist entnommen aus: Gelberg, Hans-Joachim, Hrsg. Neue Gedichte für Kinder und Erwachsene. Beltz & Gelberg in der Verlagsgruppe Beltz. Weinheim/Basel 2011.

2 Vom Wort. Vom Satz. Vom Text

17 Jurij Andruchowytsch, geb. 1960 in der Ukraine, ist einer der bedeutenden Schriftsteller seines Landes und wird international übersetzt. Auch ins Deutsche.
18 Ein schönes Beispiel wäre der Lyrikband *mein lieben mein hassen mein mittendrin du* von Christoph W. Bauer oder der Lyrikband *Pontus* von Daniela Danz.
19 Durchgeführt als Einstieg ins *eigene Schreiben* am 22. Dezember 2006 bei einem ganztägigen Schreib-Tag in einem Waldheim in Stuttgart-Ost.
20 „Straßenkinder" und „Arbeitende Kinder und Heranwachsende" subsumiere ich der Einfachheit halber unter „Straßenkinder".
21 Reiner Kunze wurde 1933 in Oelsnitz im Erzgebirge als Bergarbeitersohn geboren und ist ein wegweisender Lyriker seiner Generation.
22 Ein „fertiger" Text im Sinne eines abgeschlossenen Textes ist eine grauenvolle Vorstellung. Offene Texte oder Texte ins Offene sind mir lieber.
23 Jorge Luís Borges, argentinischer Schriftsteller (1899–1986).
24 Zitiert nach José A. Friedl Zapata in: Borges, Jorge Luís; Die Bibliothek von Babel. Philipp Reclam jun. GmbH. Stuttgart 1974. S. 80.
25 Vicente Huidobro, chilenischer Dichter (1893–1948) war mit Apollinaire befreundet und schrieb Gedichte in spanischer und französischer Sprache. Er hatte großen Einfluss auf die neuere spanisch-sprachige Lyrik.
26 Es bietet sich an in diesem Zusammenhang auch auf die großen Anrufungsgesten vieler Gedichte hinzuweisen.
27 Es scheint mir sinnvoll, das Wort „Dialektik" den Schülern vorher zu erklären.
28 Die Schriftstellerin Yoko Tawada begreift das Wasser als Metapher für die Sprache. Eine interessante Anschauung.
29 Rafael Alberti, spanischer Dichter aus Andalusien (1902–1999), der während der Franco-Diktatur im Exil lebte. Ein Vertreter der sogenannten „Generación del 27", zu der auch Federico García Lorca gehörte. Er war auch ein ausgezeichneter Maler.
30 Alberti, Rafael; Ich war ein Dummkopf und was ich gesehen habe, hat mich zu zwei Dummköpfen gemacht. Gedichte. Verlagsgemeinschaft Ernst Klett – J. G. Cotta'sche Buchhandlung Nachfolger GmbH. Stuttgart 1982.
31 Halbvers deshalb, weil es möglich ist, einen ganzen Vers daraus zu machen.
32 „Hebungen" und „Senkungen" sind Fachausdrücke der Metrik. Siehe Anhang: „Auswahl einiger Fachtermini rund um das Gedicht".
33 Gleichzeitig eine Erzählung Borges und der Titel einer von ihm herausgegebenen Buchreihe phantastischer Literatur.
34 Zitat eines Ankündigungstextes des Hanser-Verlages zu den gesammelten Werken Jorge Luís Borges.
35 Ernst Jandl (1925–2000), österreichischer Dichter und Schriftsteller. Bekannt wurde er vor allem durch seine experimentelle Lyrik, seine Lautgedichte und visuelle Poesie. Besondere Wirkung erhielten seine Gedichte durch den Vortrag.
36 Literarischer Anspruch eines Textes.
37 Das schweizerische Deutsch kennt kein „ß". Deshalb handelt es sich hierbei auch nicht um einen Rechtschreibfehler.
38 Formuliert nach Hadumod Bußmann, Lexikon der Sprachwissenschaft. 3. Aufl. Kröner Verlag. Stuttgart 2008.
39 Stil ist immer auch eine Frage der Haltung.
40 Man denke dabei an das Gedicht Vicente Huidobros an die Dichter.
41 Der Begriff lehnt sich an die Charakterisierung Daniil Chams als „Radikalpoeten" an.
42 Das Dreikönigsfest oder auch Epiphanie feiert die „Erscheinung des Herrn", die sichtbare Ankunft Christi als Kind in der Krippe.
43 Metaphern sind sprachliche Bilder, die auf einer Ähnlichkeitsbeziehung zwischen zwei Gegenständen oder zwei Begriffen beruhen. „Der Himmel lacht" = die Sonne scheint.
44 „Moritz" ist ein blindes Pony in Essen-Steele. Der Textausschnitt geht auf eine Schreibwerkstatt an der Erich Kästner-Gesamtschule in Essen-Steele zurück. Die Schüler hatten die Aufgabe, einem blinden Pony eine Geschichte über einen Ort in Essen zu erzählen. Das Schreibprojekt mit den Schülern aus Essen-Steele fand im Rahmen diverser Literaturveranstaltungen anlässlich der kulturellen Aktivitäten als

2.3 Vom Text in die Poesie

Kulturhauptstadt Europas, *Ruhr 2010*, statt und war auf mehrere viertägige Schreibtage hin konzipiert. Das Ergebnis wurde als Buch publiziert. „Hallo, Moritz! Ja, anders in Essen, ja. Der verrückte Stadtführer". Geest-Verlag. Vechta 2011.

45   Unter Konnotationen versteht die Sprachwissenschaft gefühlsmäßige oder wertende Nebenbe-deutungen von Zeichen (Wörtern). Hier meine ich allerdings auch „Nebenbedeutungen, die Orte freisetzen".

46   Jüngere Schüler sollten nicht alleine in der Stadt unterwegs sein, sondern in Gruppen zu zweit, dritt oder viert. Es wäre dann zu entscheiden, ob man aus der Aufgabe eine Gruppenarbeit gestaltet. Die Möglichkeiten dieser Übungen müssen jeweils vor Ort und in Hinblick auf das Alter der Schüler und die gesetzliche Aufsichtspflicht modifiziert, bzw. entworfen werden.

47   Ilya Kutik, geb. 1960 in Lwow (Lemberg / Ukraine). Lyriker und Professor für Russistik.

48   Humberto Ak'Abal, 1952 in Momostenango (Guatemala) geboren, Lyriker, schreibt in der Maya-Sprache Quiché und übersetzt sich selbst ins Spanische.

49   Hans Georg Lichtenberg nannte seine „Notizhefte" demutsvoll „Sudelbücher".

50   Friederike Mayröcker veröffentlichte neben ihren Lyribbänden auch die *Magischen Blätter*.

51   *Zettels Traum* ist eine Fundgrube, geschaffen von Arno Schmidt.

52   „Poetische Kritzel" habe ich die Mappen mit den Publikationen der Schüler der Realschule Ostheim in Stuttgart genannt.

53   Wortspiel Oliver.

3 Verdichtungen

In jeder gelungenen Zeile höre ich den Stock des Blinden klopfen, der anzeigt:
Ich bin auf festem Boden.
Günter Eich

3.1 „Ich verstehe, ein Gedicht hat keine Grenzen, aber Regeln."

Das stimmt. Fast. Jedem einzelnen Gedicht sind Erfahrungen und Erkenntnisse subkutan. Sie werden Sprache. Und die ist ein Chamäleon vor dem Herrn. Richtschnüre sind allenfalls das „Ich" des Schreibenden und die Welt, wie sie von diesem „Ich" erlebt wird. Es wäre mehr als vermessen, ein allgemein gültiges Regelwerk aufzutischen. Die Idee, zum Ausklang des vorangegangen Kapitels die „Schreiben-ist-Sätze" der Schüler in die Nähe einiger, für die zweite Hälfte des 20. Jahrhunderts in ihrer Unterschiedlichkeit durchaus repräsentativen, Bekundungen und Schreibbiographien von Dichtern zu rücken und ihnen gegenüber oder gedanklich anheim zu stellen, kommt aber auch nicht von ungefähr. Ich hoffe, dass sie zumindest eines aufgezeigt hat: wie eine höchstwahrscheinlich für viele unter den Schülern empfundene Nebensache, wenn nicht gar Bedeutungslosigkeit des Schreibens – für eine nicht geringe Anzahl ein unnötiges MUSS – durch die Umkehr der Verhältnisse aufgehoben werden kann. Nicht die Schüler stellen sich in erster Linie dem von Professionellen verfassten, dem literarisch Geschriebenen und Vorgegebenen, sondern das Schreiben wird eine Vorübung und eine gleichzeitige Beschäftigung für ein aufmerksameres, sorgfältigeres Lesen in Texten Anderer. In der Hoffnung, dass „Lyrik nicht nervt!"[1] Die Werkstätten, die ich durchgeführt habe, konnten mir bestätigen, dass das Schreiben bei den Schülern während des gesamten Schreibprozesses allmählich eine auf sich selbst bezogene Substanz erfahren sollte, die mit ihrem Schul- oder Familienalltag und mit ihrer Freizeit in Verbindung gebracht wurde und irgendwann darüber hinausschrieb. Eine sprech- und sprachdifferenzierte, literarisch-ästhetische Schnittmenge zwischen Alltags- und Umgangssprache und der Vorstellung von Poesie war die mich zusehends ermunternde, weil bestätigende Folge. Insofern erschloss sich mir ein Phänomen: Indem Schüler die eigenen Geschichten als (vermeintliche) Abbildung der Realität oder als (scheinbare) Fiktion[2] der Schriftkultur, ihrer Schreibsprache, anvertrauen, ist eine nicht unbedingt glücklich zu bezeichnende Regel gebrochen worden. Nämlich die der im „herkömmlichen" Deutsch-Unterricht verlangten **Interpretation** fremder, oft für die Lebenswirklichkeit von Schülern „uralter" und deshalb für sie auch „grass" unwichtigen Texte. Eine der sprichwörtlich gewordenen Regelfragen laute(te)n: „Was will uns der Dichter sagen?" Lassen Sie mich Walter Höllerer zitieren, weil er so wunderbar *ausweichendtreffend*, d. h. über die notwenigen Umwege des Denkens antwortet: „Die Frage ‚Wie entsteht ein Gedicht?' wird im unakademischen Leben zumeist anders gestellt, nämlich: ‚Was haben Sie sich eigentlich dabei gedacht?' Und das führt wiederum nahe an eine böser klingende Frage heran: ‚Was denken Sie sich eigentlich?' Die Betonung liegt auf denken. – Der Gedichteschreiber könnte antworten: Ich denke zusammen mit meiner Fantasie nach.' Gegenfrage: Wer ist das? Wie denkt die Fantasie?' Über das Denken der Fantasie nachzudenken ist nicht so einfach. Was ist das für ein Vorgang?" (Höllerer, 1983, S. 63)

3.1 „Ich verstehe, ein Gedicht hat keine Grenzen, aber Regeln."

Es ist mir bewusst, dass die Interpretationskultur im Klassenzimmer freilich keine willkürliche Einrichtung ist. Mit dem bis dato letzten Endes doch von den Lehrern abverlangten Blick auf das Ziel von Prüfungen, mangels anderer, zeiträumiger entworfener oder interaktiverer Examina, ergibt sich zumindest eine Erklärung hierfür. Aber was spricht gegen die Erprobung von Gegenmodellen? Wäre ein Regelbruch denkbar? Eine bildungspolitische Notwendigkeit? Prüfungen, die den den Prozess-Charakter des Schreibens adaptieren würden? Diese Gedanken, das ist mir bewusst, natürlich immer vor dem Hintergrund ausgesprochen, dass ein derartiger Auf-Bruch jedoch im gleichen Atemzug, es erklärt sich nahezu von selbst, veränderte Regeln, andere Fragen nach sich zöge, wenn das Gespräch über einen Text erlernt sein möchte:

- Wann habe ich angefangen, meinen Text zu schreiben?
- Weshalb habe ich dieses Thema gewählt und kein anderes?
- Welche Wörter und Sätze kamen mir dabei in den Sinn?
- *Stimmen*[3] die Wörter, die ich verwendet habe?
- Erkläre ich zu viel oder *sage*[4] ich zu wenig?
- Habe ich an jemanden gedacht, als ich den Text geschrieben habe?
- Wie oft habe ich ihn wieder hervorgeholt und an ihm gearbeitet?
- Habe ich über die Form des Textes nachgedacht?
- Für welche Form habe ich mich entschieden?
- Gefällt mir mein Text?
- Wenn ja, weshalb?
- Wenn nein, weshalb nicht?
- Etc. *Undsoweiter*[5].

Wären aus diesen Fragen Regeln abzuleiten oder bleiben sie – was noch genussoffener wäre – Regelfragen im Sinne von Fragen an eine Regel oder an mehrere Regeln? Übersetzt auf die Schreiberfahrungen mit Schülern würde das heißen, dass sie selber an diesen Regelfragen arbeiten müssen, die dann Richtschnüre in ein Gedicht wären. Im günstigsten Falle entwickelt sich im Laufe der Zeit ein vielfältig gemeinsames, in der Klasse erarbeitetes, oder ein auf jeden Einzelnen abgestimmtes, „Fragenregelwerk", ein in der Praxis erlebtes „Schreibsystem", das Leitmotive hätte, das auf den zu definierenden Einsichten beruhte, die jeder für sich erkennt und anerkennt. Im schlechtesten Falle sind es einzelne „trigonometrische Punkte"[6]. Aber auch das wäre schon eine Errungenschaft. Insgesamt, und das ist die entscheidende Vermutung, kämen keine dogmatisch verankerte Regeln einer Gesetzmäßigkeit zutage, sondern ein weitmaschiges Netzwerk aus Überlegungen, die Variablen glichen. Ein Netzwerk, das selbstständige literatur-ästhetische Parameter zu seiner Grundlage machte. Jemand entscheidet sich für einen bestimmten Schreibstil also nicht (nur) aus Gewohnheit – auch das wäre schließlich legitim, wenn man an die „Literaturgeschichte" der Lyrik denkt – vielmehr aus einer reflektierten Argumentationsführung mit sich selber. Dass die Überzeugung, weshalb ein Text aus diesen oder jenen Gründen so „gemacht" wird und nicht anders, meist von der Herkunft, in vielen Fällen auch von der mehrsprachlichen Herkunft, der gesellschaftlichen Stellung oder den Alltagsbedingungen und -wirklichkeiten der Schüler motiviert, eingefärbt oder geprägt ist, brauche ich nicht eingehender zu beleuchten. Der Rap wäre ein sprechend gutes Beispiel. Das Soziale, die gesellschaftlichen Bedingungen und wie diese empfunden und gedanklich und vom Gefühl her künstlerisch aufgegriffen oder sprachlich dargebracht und „analysiert" werden, schreibt mit, wenn denn überhaupt im klassischen Sinne geschrieben wird. *Bloggen, chatten, twittern* bedeutet ja auch Schreiben. Jede *sms* ist Schreiben. Das zur Beruhigung! Ein paar der einfachsten Regeln wären die Groß- und Kleinschreibung beispielsweise, um mit der Orthographie anzufangen. Ich muss, das will ich hier der Deutlichkeit halber einschieben, bei der *verneuerten* Rechtschreibung immer an eine Stelle in Jürgen Trabants Buch *Was ist Sprache* denken, die Aufschluss gibt über die desolaten Hintergründe und manch geistige Haltung der jüngsten Rechtschreibreform: „Die brutal durchgeführte Verwaltungsmaßnahme gegen die Rechtschreibung hat keine demokratische Legitimation und wurde gegen den Rat wirklicher Experten aus der Sprachwissenschaft durchgesetzt, gegen die Schriftsteller und die wichtigsten Presseorgane, kurz gegen die Tradition, die natürlich als solche schon verdächtig ist – irgendwie Nazi. Die Wirkung der Reform ist eine allgemeine Verunsicherung und eine generationelle Spaltung der deutschen Schreibgemeinschaft" (Trabant, 2008, S. 226).

Dann das Ineinanderfließen von Dialektfragmenten, Alltagsslang, Anglizismen (siehe das Chat-Gespräch von Kevin und Phuoc Dang oder denken Sie an das Gedicht Albertis, der ein großer Liebhaber und Verehrer der Helden der Stummfilmzeit war) und der „Hochsprache", jene mittlerweile wieder reformiert gebotenen Bezüge zwischen Sprech- und Schreibsprache – wie viel Umgangssprachliches, „Familiensprachliches" *verkraftet* ein bestimmter Text? – um ein weiteres Merkmal als mögliche Regelfrage aufzuzählen. Oder die Kunde von den Wörtern und der Umgang mit dem Wortmaterial selber. Nimmt ein Schüler die Wörter als reine Bedeutungsträger wahr, die inhaltlich auf eine Kommunikation, sprich Information, auch die einer poetischen, ausgerichtet sind, oder als zu entdeckender Stoff für das Konstruieren, das Machen von (eigenen) Wörtern und Sprachbildern, deren Botschaft eine von der Semantik abweichende oder gar losgelöste zum Ausdruck brächte? Ich glaube, dass der Identität der Unterschiedlichkeit[7] und ihrer Selbstvergewisserung und Selbstgewissheit ins Schöpferisch-Mobile, mit der jemand ins Offene des Lebens einkehren könnte, sonst keinen Erfolg auf Anerkennung beschieden ist. Ein Respektieren, das zunächst immer eine Anerkennung sein muss, die man sich selber schenken sollte. Ein **Ich**, das sich befragt und hinterfragt und mit weiteren Fragen oder den fragenden Antworten Maßstäbe setzt. Der Erfolg des Schreibens, einer sich und ihrer Möglichkeiten wieder bewussteren Vergegenwärtigung der „Transkription"[8], der Übersetzung, von einer zusehends medial beeinflussten Sprechsprache in einen Text, gleichgültig, welcher couleur er auch sei, in eine den neuen Medien *entsprechenden* und deshalb ständig mutierenden Schreibsprache – chat-Gespräche, *play-stations, ego-shooter*, soziale Netzwerke, *Blogs, SMS, Twitter* etc. – ist keinesfalls mehr ausschließlich ein ergebnisorientierter Erfolg, ein vorläufig messbarer Prüfungs- und Reifeschlusspunkt des Wissens, sondern eine kontinuierliche Beweglichkeit und Bewegung der Lernhaltung (und auch der Lehrhaltung). Der „feste Boden unter den Füßen", von dem Günter Eich einst sprach, und den er schreibend wie ein Kind fühlte, ist ein wanderarbeitender Grund geworden: „Ich schreibe Gedichte, um mich in der Wirklichkeit zu orientieren. Ich betrachte sie als trigonometrische Punkte oder als Bojen, die in einer unbekannten Fläche den Kurs markieren. Erst durch das Schreiben erlangen für mich die Dinge Wirklichkeit. Sie ist nicht meine Voraussetzung, sondern mein Ziel. Ich muß sie erst herstellen" (Eich 1991, S.613).

Wanderarbeitende Gründe reißen einen neuen Bildungsstandard der Entwurzelung an, weil „verwurzelt" für den Menschen immer ein falsches (Wort) bild zeichnet, ein flexibel zu handhabendes Maß des Unterwegssein ist gefragt. Mit anderen Worten: Die Bewegung als Ordnung, ein Nomadengrund der Dinge. Das begünstigt die Vorbereitung und die Akzeptanz einer jetztzeitigen, heutigen oder „zeitgenössischen" Dimension von Selbstsicherheit. Auch in Sprache. Die *Verwurzelung* als identitätsstiftendes Potential entpuppt sich immer stärker als ein psychisches und physisches Hindernis angesichts der Menschenbewegungen und deshalb müsste der Begriff der „Entwurzelung" auch virtuell und fiktional betrachtet werden. Als Spiel und Chance in einem. Nicht als Verlust, vielmehr als Lust. Wie lautete der Satz einer Schülerin beim Entstehen des ersten gemeinsamen Textes einer Gruppe von Schülern der Realschule Ostheim doch gleich? „Neuanfang ist eine Chance auf Veränderung!" Erlauben Sie mir ein etwas kühnes Bild im Wort. Das der „Wanderwurzel". Ihre Verzweigung wäre nicht ortsgebunden, sondern ortsentwunden. Sie trüge wahrscheinlich ein nicht minder schönes Angebot an Vergänglichkeit als andere Wurzeln.

Das Klassenzimmer sei eine Regel, war eingangs eine Überlegung. Dieser inspirierenden Einsicht in ein Umdenken, auch wenn eine ortsunabhängigere Antwort darauf utopisch klingt und wahrscheinlich erst einmal eine Utopie bleiben muss, könnte unter Berücksichtigung der zu erarbeitenden Regelfragen ein Alphabet ins Schreiben folgen.

Denkgestöber, alphapoetisch

An den Tischen des Klassenzimmers sitzen Tafel & Kreide wie Zeigefinger.
Bisweilen horcht ein Schulterzucken auf, und Fragen sprechen Wahrheit nach.
Chemie, die stimmt, reimt sich auf Christus Cyberwelt Celan & Chips.
Darf ich das so schreiben? fragt eine Schülerin. Er:läutern Sie mir „so".
Es ist so schön, schweigsagt ihr Mitschüler, als ich ihn um seine Meinung bitte.

Fielleicht muss das Gedicht die Rechtschreibung schütteln. Wo wohnen schön & richtig falsch? Und wo liegt gut, an welchem Fluss?
Gottfried Benn ist meist unbekannter als Bertolt Brecht, asternweise fremd.
Himmel könnte ein w:ort sein. Ebenso das Meer, der Schmerz. Familie Freunde Fußball.
In der Lyrik sei das Mittelmäßige schlechthin unerlaubt und unerträglich (Benn).
Jedermann, der Ackerfiebernde, reißt Seelen und mit ihnen alle Wörter. Ich lese Glücksehligkeit.
Kunst? Hören Sie dem unverhofften Klang nach: Die Niemandsrose Heimat Steingeburt.
Lesen Sie mir Ihre Zeilen doch bitte vor, Moritz, Mira; du, Pascal!
Muss ich?
Nein!
Ohrenzüngeln ist auch eine Art von Aufmerksamkeit. Aber die Taubheitsgesten, kleine Ohrenstöpsel.
Papierversteckt wagt sich ein Textstück vor & blinzelt facebooknackt.
Q wie Q in quergedacht. Die Quintessenz heißt Andersprache.
Richtig ist nicht das Gegenteil von valsch!
Stellen Sie sich vor, Sie wären Sie.
Tod ist auch ein gutes Wort, erklärt mir M.
Unter allen Umständen ist 1 Ich. 1 Alphaomega.
Verlegenheit aus Welt und Welt.
Wohin & woher bleiben wir?
gsi. Gut alemannisch **X**, z. B. Auch die Summe aller Dinge: die Kartoffel.
Ypsilon streckt seine Arme und sagt: „Ich war es nicht!"
Zum Zweifel mit der Sprache!

José F. A. Oliver, unveröffentlicht

Lyrisches Schreiben, ausfransend

Alles in Sprache ist möglicherweise.
Bauchen die Wörter Gefühle und:oder?
Chat-Gespräche sind auch eine Form ins Unwägbare, das Vielleichte.
Durch! Halte durch beim Schreiben & Sch:reiben!
Erfassen ist mehr als ein Griff ins Verstehen. Wie bitte?
Finde und suche die haltlosen w:orte.
Genuss schlürft einsam empfundene Maße. Das „p" wird gestrichen!
Holtertipolter entsteht kein Gedicht. Wiesole denn nicht?
In jeder Geschichte ist Schw:eigen ein Gran.
Jung bedeutet nicht ausschließlich ein Zustand in Sprache.
Konsonanten erfrieren ohne Vokale.
Lyrik? Sprich Laut & Luise? Mein Jandl!
Metrik und Metro erzittern Momente.
Niemand ist auch ein dunkler Verleser.

O, ihr Musen! Ich muss nicht, ich muse.
Poesie? Sie ist. Mehr nicht.
Quellen verheißen nicht immer nur Qualen.
Rette sich, wer kann, in die Ferse.
Sonette entstehen aus darbenden Freuden.
Taugt dieser Gedanke?
Usw. ist auch ein Erkennen.
Vogel und Verse sind Flügel und Flug.
Weshalb nur Gedichte? Lyrik, wozu?
Xmal erklärt und doch bleibt nix haften.
Y, das: Hebt sachlich die Hände. Darf ich's ihm versagen?
Zikaden sind verdichtete Wesen und Lautklangverrichter.
(Da capo)

José F. A. Oliver, unveröffentlicht

Nach diese verspielt-poetischen Alphabetsentwürfen, vertraue ich Ihnen an, was ein Gedicht beschreiben könnte:

„Ich verstehe, ein Gedicht hat keine Grenzen, aber Regeln".
11 Gedanken auf den Weg gebracht:
- Ein Gedicht erklärt nicht, sondern sagt.
- Das Wort im Gedicht ist nicht frei von Überlieferung.
- Sätze klingen, wenn sie den Vers aufsuchen.
- Nicht jeder Satz ist eine Verszeile.
- Verse bedeuten Rhythmus und Maß.
- Strophen sind maßvolle Schnitte.
- Die Länge eines Gedichtes hat nichts mit der Qualität zu tun.
- Nicht alles, was sich reimt ist ein Gedicht.
- Inhalt und Form gehen aufeinander zu.
- Eine Überschrift muss kein guter Titel sein.
- Nicht jedes „Ich" ist ein „Lyrisches Ich"

Schreibaufgabe
Im Laufe des Schuljahres sollen die Schüler Fragen aufschreiben, die sich mit den *Regeln* ihres Textes, ihrer Verdichtung beschäftigen, von denen die Schüler meinen, dass sie den Geheimnissen und Offensichtlichkeiten ihres Gedichtes ein poetologisches Raumgerüst schenken.
Analog zu der Aufgabe „Schreiben ist…" soll die Aufgabe lauten: „Mein Gedicht braucht…" Sowohl das „Denkgestöber, alphapoetisch" als auch „Lyrisches Schreiben, ausfransend" oder die „11 Regeln auf den Weg gebracht" können als Einstieg verwendet werden. Oder es wird ein eigenes „Alphabet der Fragen" entwickelt.

3.2 „Wann schreiben wir nun endlich ein Gedicht?"

Die ungeduldige Frage einer Schülerin, war nicht einfach nur im Vorübergehen gestellt. Sie lag ihr, das hatte ich geahnt, schon seit längerem auf der Zunge. Es muss wohl daran gelegen haben, dass ich zu keiner Zeit in einer Schreibwerkstatt, auch nicht bei ihr, die Aufgabe gestellt hatte: „Schreib oder schreibt ein Gedicht!" Damit wollte und will ich der fast schon tradiert zu betrachtenden, weit verbreiteten Vorstellung, dass alles, was fünf Zeilen habe, ein Gedicht sei, zumindest sprachlich etwas entgegenhalten, indem ich das Wort „Gedicht" nicht verwendete. Das ist meine persönliche Absage an die Annahme, Gedichte schreibe man einfach so – quasi aus dem Bauch heraus. Was immer „Bauch" in diesem Zusammenhang meinen möge, und ich weiß, dass „man" damit nur allzu gern das „Gefühl" in Verbindung bringt. Diese Herangehensweise im Umgang mit Gedichten schlug und schlägt mir – im wahrsten Sinne des Wortes – auf den (übertragenen) Dichtermagen. Ich spreche nach wie vor lieber von *Verdichtungen*, auch um das „Gedicht" vor dem Gestus eines Augenblicksgeniestreichs – ein Gedicht ist Arbeit – zu schützen und las deshalb bisweilen als Einstimmung ein Gedicht von Hans Magnus Enzensberger vor. Nicht als Flucht, sondern als Hörerlebnis in eine vorgezogene Antwort, ohne dass mir die Frage gestellt wurde: „Wann schreiben wir nun endlich ein Gedicht?":

Audiosignal vom 15. Mai 1912
Störpegel > 8 W Störabstand > 22 db

Lispeln Nuscheln Schwafeln Munkeln
Näseln Flöten Säuseln Mümmeln
Tuscheln Jibbern Girren Keuchen

Stottern Flennen Sabbeln Grunzen
Faseln Schnarren Fisteln Knödeln
Gackern Blöken Johlen Grölen

Klingeln Piepsen Schrillen Quietschen
Knistern Klirren Kratzen Zischen
Jaulen Pfeifen Klappern Knirschen

Rumpeln Krachen Scheppern Röhren
Hämmern Wummern Donnern Dröhnen
Blubbern Glucksen Gurgeln Schwappen

3.2 „Wann schreiben wir nun endlich ein Gedicht?"

> Stammeln Wimmern Ächzen Brüllen
> Jammern Zetern Japsen Stöhnen
> Schluchzen Kreischen Winseln Röcheln
>
> Rauschen Rauschen Rauschen Rauschen
> Hans Magnus Enzensberger

Wenngleich sich das Gedicht auf den Untergang der Titanic bezieht, gefällt mir die Anhäufung der Verben so sehr, dass ich es sehr gerne vorlese, um auf die Bewegung (Sie erinnern sich an Andruchowytsch?) der Worte und der Inhalte in einem Gedicht hinzuweisen. Diese Bewegung ist unentbehrlich, wenn ich von einem Gedicht spreche. Selbst dort, wo der Zustand den Stillstandsaugenblick anruft. Die Bewegung, die sich auf den „Verlauf" der Notiz über ein *Notat*, den Erstentwurf eines Textes, bis hin zur Verdichtung erschließen und dadurch überprüfen lassen kann. Nicht etwa, weil es eine allgemein bindende und konziliante Formel, eine definitive Regel, gäbe – ich wiederhole mich gerne – sondern weil sich in der „Stimme" und „Stimmung" des einzelnen Gedichtes, sein „Audiosignal" und seine Botschaft kristallisiert. Noch einmal will ich Joachim Sartorius als Paten und Zeugen dieser Gedanken aufführen: „Das Gedicht ist eine Art sich Welt vorzustellen. Was den Dichter bewegt, wenn er sie sich vorstellt – diese Bewegung ist im Gedicht. Ein gutes Gedicht ist eine absolute Metapher für ein Weltmoment. Weil das Gedicht, wenn es ein Gedicht ist, diesen Augenblick als Epiphanie fasst, setzt es den Fakt, dass die Welt ein Uhrwerk ist, außer Kraft. Das ist der Erfolg des Gedichts" (Sartorius, in: Lyrik. Über Lyrik. Sonderheft Merkur, 1999, S. 386).

Hans Magnus Enzensberger schreibt unter dem Pseudonym Andreas Thalmayr im Vorwort zu seiner exquisiten „Schnitzeljagd" ans Poetische in seinem Buch *Das Wasserzeichen der Poesie*, dass es **die** einzige Art, ein Gedicht zu lesen, nicht gäbe. Sie sei nur ein pädagogisches Phantom. „Soviele Köpfe, soviele Lesarten, eine richtiger als die andere." Damit solle nichts gegen die Arbeit der Philologen gesagt sein und gegen die zuverlässigen „gesicherten" Text, die sie verspreche; ganz im Gegenteil. Aber ihre Treue sei nur eine unter den vielen Möglichkeiten, die wir hätten, einen Autor beim Wort zu nehmen (*Thalmayr*, S. VIIf.).

Genau das meine ich, wenn ich die Schüler beim Wort nehme. Deshalb versuche ich in erster Linie, den Wörtern, den Sätzen, den Versen und ihrer Bewegung gemeinsam mit den Schülern nachzugehen. Irgendwann wird ihnen dabei vielleicht klar, dass sie schon mit der ersten Schreibübung damit angefangen haben, ein Gedicht zu schreiben und die Frage „Wann schreiben wir nun endlich ein Gedicht?" zu spät kommt. Oder wie Walter Höllerer schreibt: „Von einem einzelnen Fall aber, von einer ‚Epiphanie', kann das Gedicht in Bewegung gesetzt werden; das kann ebenso eine Wort-Erfahrung wie eine Ding-Erfahrung wie eine Rhythmus-Erfahrung oder eine zwischen diesem Arsenal auftauchende Geringfügig-

keit, ein Wimpernzucken sein. Deshalb sollte man aus einem Gedicht nicht voreilig biographische Schlüsse ziehen" (Höllerer, 1983, S. 81).
(⬇ Download 13: Essay Oliver: *und wir im bittgebet und*)

All diese Hinweise, das kontinuierliche Beharren auf Fragen, die sich mit dem *w:erden* eines Gedichtes beschäftigen, führen dann vielleicht dazu, dass von einem Gedicht die Rede ist. Das zeigt sich ganz zum Schluss, wenn die Publikationsreife erreicht wird und die *Verdichtungen* lautgesprochen, vor sich selber bestehen. Das kann manchmal, wie Höllerer sagt, an einer einzigen Silbe scheitern. Eine veritable Anzahl an Texten, einige Verdichtungen, konnten auf diesem Verständnis einen Weg, ihren Weg, in die „Poetischen Kritzel" oder ins Gedicht finden.

> **Alexandros, 15 Jahre**
> **Tiere**
> Tiere sind besser als viele Menschen,
> denn sie brauchen nur Essen und etwas Liebe.
> Menschen essen Tiere
> und falls du den Menschen etwas Vertrauen schenkst,
> verraten sie dich hinter deinem Rücken.
> Manchmal,
> wenn mir kalt ist,
> vergrabe ich mich im Laub,
> so wie all die Tiere, die fühlen wie ich auch.
>
> Tiere sind
> Menschenhelfer,
> Menschenführer,
> Menschenfreunde,
> Menschenretter,
> Menschentröster,
> Menschenfreude
> und
> Menschenfutter.

> **Erika, 15 Jahre**
> **Heimat**
> Argentinien
>
> Mein Geburtsort
> Meine Familie
> Meine Freunde

Meine Vergangenheit
Mein Traum

Meine Kultur
Meine Musik
Mein Tanz
Meine Welt
Mein Traum

Meine Erinnerungen
Meine Gedanken
Mein Zuhause
Mein Leben
Mein Traum
Meine Heimat
die ich vermisse
die ich liebe
die ich brauche
die ich nie vergessen werde

Deutschland

Mein Zuhause
Meine Eltern
Meine Schule
Meine Freunde
Mein neues Leben
Meine Zukunft

Dilan, 13 Jahre
Zuhören, was heißt
Zuhören?

Zuhören heißt Anfang
Einer Freundschaft

Daniel, 17 Jahre
Was mein Auto nicht kann
und was mein Auto kann

Mein Auto kann nicht lachen,
aber es spritzt Wasser wie Tränen.

Mein Auto kann nicht Fußball spielen,
aber es kann davon jagen.

Mein Auto kann nicht blinzeln,
aber es blinkt hin und wieder.

Mein Auto kann nicht trinken,
aber es schluckt und schluckt und schluckt.

Rukiye, 14 Jahre
20. August 2001
Ich sehe die trauernden Gesichter,
die mich traurig machen.
Es gibt keinen Ort ohne Trauer.

Vittoria, 14 Jahre
Freunde sind Mut und Vertrauen

Wenn ich Probleme habe, helfen sie mir.
Wenn ich traurig bin, muntern sie mich auf.
Wenn ich nicht reden kann, machen sie mir Mut.
Wenn ich ein Geheimnis habe, darf ich ihnen vertrauen.
Wenn es mir schlecht geht, kümmern sie sich um mich.
Wenn ich keine Liebe spüre, schenken sie mir Liebe.
Wenn ich etwas tun möchte, was ich bereuen würde, halten sie mich auf.

Wenn ich keine Freunde hätte, wäre ich wie ein Rosenblatt im Wind.

3.3 „Ist mein Gedicht gut so?"

Eines meiner Lieblingsgedichte, das in den vergangenen Jahren von einem Schüler geschrieben wurde, könnte auch als Motto am Anfang dieses Buches stehen. Nicht weil ich damit *m:eine*[9] poetische Absichtserklärung postuliert hätte, sondern auf ernsthafte Weise wäre der Ernsthaftigkeit, die immer auch von einem Quäntchen Humor durchstreift werden sollte, selber ein Lächeln zugefallen. Es macht schmunzeln und nachdenklich zugleich. Darin liegt eine kleine Meisterschaft der nachfolgenden Verse. Es heißt:

Kevin, 17 Jahre
Ein linkshändiger Text
Ich kann
mit der linken Hand

3.3 „Ist mein Gedicht gut so?"

> nicht schreiben
> und mache
> links wie rechts
> die gleichen Fehler

Kevin kannte das Gedicht Ernst Jandls sicherlich nicht, das zu dessen Schmankerln zählt:

lichtung

> manche meinen
> lechts und rinks
> kann man nicht velwechsern
> werch ein illtum
>
> Ernst Jandl

Ich denke, beide Texte bestehen. Unabhängig voneinander, aber auch nebeneinander. Im direkten Vergleich. Das zweite aus der Hand des unbestrittenen Dichters aus Wien, der wie kein zweiter dem 20. Jahrhundert die „Lautpoesie" geschenkt hat, der andere, Kevin, hatte sich beim Sport „einfach nur" die rechte Hand gebrochen und meinte deshalb an den Schreibübungen nicht teilnehmen zu können. Da er genauso „einfach nur" dagesessen wäre, habe ich ihn schließlich ermutigt, es doch mit der linken Hand zu versuchen. Wir hätten ja den ganzen Tag Zeit, so mein Argument. Es war an einem jener Schreibtage, die wir im Waldheim *Raichberg* in Stuttgart zugebracht hatten. Ein weiterer Einwand folgte auf den Fuß, indem er meinte, dass er sich überhaupt schwertue, ob mir das noch nicht aufgefallen sei, überhaupt eine Verdichtung aufs Papier zu bringen, weil er, wie er sagte, nur Fehler mache, deshalb wolle er auch nicht schreiben. Es half ihm nichts, sanft, aber bestimmt, ersuchte ich ihn, es einfach auszuprobieren. Was er schließlich auch tat und als Ergebnis wurde dieser großartige, kleine Text mit der linken Hand geschrieben. Was mit einer tatsächlichen „Beschreibung" seiner wirklichen Situation in dem Sechszeiler begann, endete in einer unerwarteten Wende, in einer Pointe, die sich von dem eigentlichen „Problem" löste und ein Gedicht schuf, das einerseits wohl mit dem Adjektiv „gut" zu loben wäre, andererseits aber meiner grundsätzliche Skepsis gegen das „Werturteil" gut ins Wanken brachte. Ich hatte erst ein paar Tage zuvor eine Schreibübung gestellt, die sich den Worten „gut" und „schlecht" stellte. Mehr als eine individuelle Schreibaufgabe, war es eine „Gesprächsübung" – eine Diskussion über „gut" und „schlecht". Zwei Kategorien, die zum Schulalltag gehören wie das Abschlusszeugnis vor den Sommerferien. Nach der eingehenden und lebhaft geführten Debatte stand schließlich ein gemeinschaftlich erarbeiteter Text an der Tafel, mitnotiert, zusammengefasst, einem Aphorismus nahe:

3 Verdichtungen

> **Gemeinschaftsarbeit**
> **Gut. 1 gedicht?**
> Wie komme ich
> Von „gut" nach „gut"?
>
> Wer bestimmt das maß
>
> Wie viel wiegt
> Das wörtchen „schlecht"?

Ein Schüler meinte nach der Diskussion, die sich zunächst nicht um die Qualität der Texte gedreht hatte – es ging um die „gute" oder „schlechte" Vorbereitung der Schüler im Hinblick auf die erhofften Ausbildungsplätze –, die Lösung wäre „guscht". Die Definition von „gut" und „schlecht" fiele uns allen sehr schwer und sei nicht eindeutig zu klären. Damit war die Hausaufgabe für die Schüler klar: „guscht" – was bedeutet „guscht"?

> **Aylin, 14 Jahre**
> **guscht**
> guscht ist das Gute im Bösen, das Böse im Guten. Es gibt immer ein
>
> Gut und ein Schlecht. Eine negative und ein positive Seite. Jeder
>
> kann für sich selbst gut oder schlecht sein. Man kann das Gute und das
>
> Schlechte nur sehr schwer erkennen oder gar nicht.
>
> Vielleicht baut man Freundschaften auf, die einfach schon mit Lügen
>
> anfangen, und es keine Zukunft geben kann. Doch man vertraut dem
>
> Menschen, ist immer für ihn da. Und was am Schluss rauskommt, ist
>
> die (bittere) Wahrheit, die man nicht einsehen, nicht akzeptieren will,
>
> nicht glauben kann. Warum gerade ich fragt man sich. Doch aussuchen,
>
> was gut und falsch ist, geht nicht. Fehler werden gemacht, um sie zu
>
> verbessern, um sie gut zu machen. Schlechte Sachen werden gemacht,

um das Gute zu erkennen. In jedem Guten gibt´s was Schlechtes, und in jedem Schlechten was Gutes (…)

Hatice, 15 Jahre
guscht

Was ist eigentlich guscht? Ein Zusammenhang zwischen dem Guten und dem Schlechten? Wer sind die Guten und wer die Schlechten? Kann man das erkennen? Bin ich die Gute? Oder die Schlechte? Man weiß es nicht …? Ist man nur dann gut, wenn man auch etwas Gutes macht? Oder steckt hinter jedem Guten etwas Schlechtes? Weshalb gibt es Gute und Schlechte? Würde es ein Leben ohne die Guten oder vielleicht ein Leben ohne die Schlechten geben? Ist es guscht, wenn man zwei Gesichter hat? Wenn man über eine Person etwas Gutes erzählt und gleich danach zu derselben Person etwas Schlechtes? Oder ist es guscht, wenn man zu denen gut ist, die auch das Gute verdienen. Und zu denen schlecht, die das Schlechte verdienen? Aber woher weiß man, wer gut und wer schlecht ist? Steht es den Leuten auf die Stirn geschrieben, ob gut oder schlecht? Oder muss man das selber erkennen? Es ist sehr schwer zwischen dem Guten und dem Schlechten heraus zu finden, wer was ist? Sind die Schlechten die Guten oder die Guten die Guten? Kann man sich etwas vortäuschen? Wie wäre es, wenn es verkehrt ist? Würde es immer noch guscht heißen? Die Frage bleibt offen, aber eines ist klar: ohne die Guten würde es die

> Schlechten nicht geben. Die Welt ist dazu erschaffen, das Gute vom
>
> Schlechten unterscheiden zu können, auch wenn es manchmal sehr
>
> schwer ist, dies zu unterscheiden...

Nachdem nun über das Verhältnis von „Verdichtung" und „Gedicht" schon einiges gesagt worden ist und es nicht wirklich objektive Maßstäbe, gibt, die ein Gedicht zu einem Gedicht machen, bliebe dann „nur" noch das Wort „guscht" als Werturteil über einen Text oder eine Verdichtung, von denen nicht klar zu sagen wäre, ob es ein Gedicht ist? Das Urteil, dessen bin ich überzeugt, hängt von den Kriterien ab, die an ein Gedicht, anders formuliert, die für die Beurteilung eines Gedichtes, aufgestellt werden. Es hängt aber auch davon ab, von welcher „Warte" aus das Gedicht gelesen wird. Wer bestimmt, was Qualität zu sein hat? Vor Jahren sagte der Literaturkritiker und Lyriker Karl Corino[10], nach einem intensiven Disput über die damals aus ihren Anfängen aufbrechende und so betitelte „Gastarbeiterliteratur" – vielleicht müssen wir Kritiker lernen, neue, erweiterte Parameter anzunehmen, d. h. zu akzeptieren, weil sich die literarische Landschaft in Deutschland verändert. Bis zu den heutigen Definitionen von „interkultureller Literatur" oder „Chamisso-Literatur" hat die Literatur von Autoren nichtdeutscher Muttersprache oder einer anderen Herkunftskultur manchen „Oberbegriff" für ihr literarisches Schaffen über sich ergehen lassen müssen. Von der „Literatur der Betroffenheit" über „multikulturelle Literatur" zu der jüngsten Diffamierung mit dem verachtenden, abkanzelnden Begriff „Ethnokitsch". Die nichtdeutschen Namen mit ihrer deutschsprachigen Literatur wollen einfach nicht ankommen, beziehungsweise: sie dürfen nicht ankommen. Noch nicht. Davon bin ich (noch) überzeugt. Es gibt zwar einige Auszeichnungen im Bereich der Prosa, in der erzählenden Literatur, aber ein gewichtiger Lyrik- oder Dramatiker-Preis kennt noch keine Namen, die nichtdeutscher Herkunft wären. Es bleibt also dabei. Das Gedicht, die Lyrik (auch das Drama?) betrifft zutiefst in irgendeiner mir nicht zugänglichen Art und Weise die wie immer auch verstandene und überlieferte „deutsche" Seele und darf nicht angetastet werden, von dem, der nicht in der wie auch immer hergeleiteten Tradition steht. Nur welcher? Somit wären wir wieder bei einem sozialen Aspekt angelangt. Wie verhalten sich einige der Vertreter und Wächter des deutschen Bildungsbürgertums – zwei ihrer Lieblingswörter scheinen das Stiefgeschwisterpaar „Genie" und „Epigone" zu sein –, wenn es um die Anerkennung und die Gleichberechtigung von Sprache und Text geht? Was ist „gut" und „was" ist schlecht? Augenscheinlich führen diese Gedanken weg von der Frage „Ist mein Gedicht gut so?", bei näherem Betrachten allerdings treffen sie ins Mark der Beurteilung von Texten. Letzten Endes auch der Bewertung, die in den Schulen als Maßstäbe gelten, die Noten, die gegeben werden für eine gelungene oder misslungene Interpretation. Klar, das Handwerk muss „beherrscht"[11] werden. Das stelle ich nicht in Abrede und folge in einigen Gedanken dem Literaturkritiker Harald Hartung, wenn er Robert Gernhard zitiert, nicht dem Fazit, das Hartung damit ausdrückt: „Und da auch ich Robert Gernhardt schätze, will ich ihn in Sachen Handwerk zum Zeugen anrufen. Er gehört zu den wenigen Autoren, die die alten Formen nicht für verbraucht halten; die strenge, unpersönliche Form macht bestimmte Dinge erst sagbar: „Man kann als Autor persönlich werden, wenn man eine Form findet, die dem Leser das Gefühl nimmt, in ein allzu privates Fühlen und Geschehen hineingezogen zu werden. Solange ich mich innerhalb festgelegter Formen bewege, werde ich gezwungen, präzis zu sein, und je präziser ich Auskunft gebe, desto mehr weiß ich auch über das, was mir da widerfährt oder anderen widerfahren ist: auch über Verfall, Krankheit und das Sterben. Ich versuche mir – im metaphorischen Sinne – einen Reim auf das zu machen, was mir begegnet" (Harald Hartung, 1999. Die Sache der Hände, in: Merkur, Deutsche Zeitschrift für Europäisches Denken, S. 330).

Das allein die „Form" zur präzisen Auskunft zwingt, das bezweifle ich. Was wäre ein „allzu privates Fühlen und Geschehen". Wie privat ist *privat*? Was bedeutet „privates Geschehen"? Ich erinnere an die Zeilen, die Joachim Sartorius formuliert hat: „Und ein viertes gilt – und hier komme ich auf die *Minima Poetica* zurück –, dass das lyrische Subjekt durch rückhaltlose Versenkung ins Eigene, meinetwegen in die eigenen Nichtigkeiten, paradoxerweise das Allgemeine sagt, eine Welt entfaltet, von der es – oft genug – durch ein Pathos der Distanz gerade Abstand zu nehmen sucht. Denn das Gedicht ist eine Art, sich eigensinnig Welt vorzustellen" (Sartorius, 1999, S. 13).

Wahrscheinlich würde ein Dichter wie Pablo Neruda mit vielen Gedichten „durchfallen" hinsichtlich des Rufes nach der „absoluten" Form. Wahrscheinlich könnten viele Gedichte Friederike Mayröckers vor dieser Kritik nicht bestehen und ein Satz wie dieser aus der Feder von Thomas Kling „es tut mir leid: gedicht ist nun einmal: schädelmagie."[12]

Die Konzeptionen auf der Suche „nach einem gültigen Poesiebegriff"[13] sind so mannigfaltig und erfrischend unterschiedlich, dass man dankbar sein sollte. Sie bilden einen „Atlas der neuen Poesie"[14] nicht nur im internationalen Geflecht der *Wahrheiten*, sondern auch im ausfransenden Randgewebe der deutschen Sprache. Insofern will ich mit meinen Skizzen über diese Uneinheitlichkeit, diese Bandbreite an Positionen, mit einem „Atlas der sich verändernden Wahrnehmung und Fragen" auch im Umgang mit der Vermittelbarkeit von Lyrik an Schulen über die Methode des „Lyrische Schreibens" Tür und Tor öffnen und dann doch bisweilen auch von einem „guten" Gedicht sprechen, weil es so viele gutberührende und gutaufwühlende, nicht *gutgemeinte*, Gedichte gibt, die Poetisches sprechen. Auch wenn die Haltbarkeit, will sagen die Dauer, eines Gedichtes in der unmittelbaren Nähe zu dem, was passiert, nicht glaubwürdig vorhergesagt werden kann. Indem ich das Wort „Gedicht" dann doch zulasse, schütze ich und verteidige ich es, erfinde es mehrkulturell und stelle es in eine Tradition der Veränderbarkeit und Erneuerung. Vor allem dort, wo es nicht meiner Definition von „gut" und „schlecht" entspricht. Die Definitionshoheit gehört nicht mehr länger nur einer Elite. Nicht nur politisch hat die multimediale Zeit einer anderen, parallel und vertikal gestreuten Kommunikation, einer Demokratisierung der Bewertungen unverhoffte Fenster geöffnet, auch ästhetisch. So begebe ich mich frohen Mutes und ohne Not auf eine vorläufige Verständigungsebene mit den Schülern, die sich auf einen Schreibweg gemacht haben und für die ihre gelungenen Verdichtungen insgeheim wohl das zum Ausdruck bringen, was der Schriftsteller Ralph Dutli[15] mit den Worten Emily Dickensons[16] seiner Essaysammlung *Nichts als Wunder. Essays über die Poesie* dem Leser als „Regel" überreicht: „True poems flee – Wahre Gedichte fliehen. Ein Gedicht wolle, um noch einmal Dutli zu zitieren „diesen gegenwärtigen, glückhaften Augenblick, dieses selbstgeschaffene Sprache gewordenes Wunder."[17] Dieses Wunderbare ist kein Kollektiv, sondern die Übersetzung einer Einzigartigkeit, die

- um das Wort weiß, das es in sich trägt, nicht „ausrutscht"[18]
- sich aus Satz und Satz entwickelt, selbst wenn die Fühlgedanken und Denkgefühle springen
- *lautet* und tönt, mithin in fremden, nicht exotischen[19] Rhythmen
- das *Ich* glaubwürdig *w:erden* lässt, auch wenn es in sich radikal versunken ist

3.4 „Ich weiß nicht mehr, was ich schreiben soll!"

Ich will zum letzten Punkt dieses Kapitels kommen. „Ich weiß nicht mehr, was ich schreiben soll!" Wie oft hört „man" diesen Satz im Unterricht. Und das ist auch gut so. Stellen Sie sich ihm positiv. Denn er inspiriert möglicherweise die Lehr-Phantasie, indem er sie herausfordert und regt an, sich als Lehrerlektor neue Methoden zu überlegen und auszuprobieren. Der Vorteil einer derartigen Lektüre dieser, einer Hilflosigkeit gleichkommenden, Aussage liegt darin, dass man die Verfahrensweisen unmittelbar in der Praxis überprüfen und gegebenenfalls über Bord werfen kann. Die konstruktive Art der Handhabung – und das wäre eine perspektivische Haltung – würde ebenso einem Lern-Lehr-Lern-Prozess unterworfen, die jedwede Erfahrung im Umgang mit der im allgemeinen zu schnellen Bekundung, dass jemand nicht mehr wisse, was er schreiben solle oder könne, in ihm erweitern, ergänzen, widersprechen dürfte und paradoxerweise im Widerspruch vielleicht erst eins würde mit der Widersprüchlichkeit der Schüler- und sonstigen Welten. Aber der Satz verheißt zunächst auch Folgendes, wenn Sie genau hinhören: „Ich würde gerne weiterschreiben, habe aber keine Idee ..." Lassen Sie mich deshalb auf ein Vorwort zurückgreifen, das ich gemeinsam mit Waldemar Staniczek für eine Ausgabe der Zeitschrift *literaturmachen* verfasst hatte:

3.4 „Ich weiß nicht mehr, was ich schreiben soll!"

Schreiben ist eine Möglichkeit, mit sich und der Welt im Dialog zu stehen. Schreiben bedeutet, sich auf die eigene Fährte zu begeben, selbst auf die Gefahr hin, sich zu verlieren. Wer schreibt, sucht sich auf, kehrt bei sich ein, verlässt sich wieder. Oft schreibt man über sich hinaus, indem man die eigene Lebensrealität in ein allzu wunschbeseeltes Gefüge buchstabiert. Dabei gar wagt, die eigene Wirklichkeit in großen Schritten zu überholen. Manchmal versteckt man sich aber auch nur oder verpasst sich und schreibt sich hinterher. So wie man sich bisweilen hinterherrennt. Die Behauptung wäre verwegen, wir hätten auf diesem Schreib-Weg, der einem Hindernislauf in Wörtern nicht unähnlich ist, alle Schülerinnen und Schüler im selben Umfange eingeholt bzw. erreicht. Zu unterschiedlich warten die einzelnen Textergebnisse auf. Da wir unserem Credo jedoch treugeblieben sind, dass sich in jedem Menschen Poesie schöpft, dürfen wir von einem kleinen Erfolg sprechen. Sich mit dem eigenen Schreiben über die Dauer eines Schuljahres hinweg auseinanderzusetzen, ist ein Maßstab, ist Wortarbeit ins Neue, um Sprache bewusst zu verfeinern. Wenn nach einem Jahr nur noch zwei Schülerinnen und Schüler sagen, dass Schreiben langweilig sei, dann ist eine wie auch immer begründete ablehnende Haltung in Bewegung geraten.

(Oliver, Staniczek, in: literaturmachen).

Wie kann das erreicht werden? Zunächst im Vertrauen auf das Eigene, das *poetisch* Eigene jeder Schülerin, jedes Schülers. Dann, indem das Wort, das gewählt wurde, die Wörter, die den Text verspannen, hinterfragt, die Sätze kritisch besprochen werden. Schließlich die Lage des Tonfalles, der eines sensiblen Ohres bedarf. Und danach die Begegnung mit dem *Ich*, dem „zivilen" und dem „lyrischen", die immer ein *Zwischen-Ich* ausfransen lassen. Ein *Ich* zwischen Wirklichkeit und Fiktion, ein *Ich* zwischen Du und Ich, ein Ich zwischen Vergangenheit und Zukunft, ein *Ich* zwischen Wort und Nicht-Wort[20]. Letzten Endes ist **das Gespräch** die vornehmste Entgegnung auf diesen Satz der vorgeblichen Ernüchterung und ergibt sich in aller Regel aus der Lektüre, die sich Zeit nimmt für die Notiz, das Notat, den Text, die Verdichtung. Walter Höllerer verrät in seinem Essay *Wie ein Gedicht entsteht*, wie er um die Fassung eines Gedichtes gerungen hätte und erwähnt eines, von dem es zum Schluss über 25 Zwischenentwürfe gegeben habe, um daraus einen bemerkenswerten Rückschluss zu ziehen:

> Vom Ende her stellt sich von neuem die Frage nach dem Anfang. Anzufangen, herauszutreten aus der Gewohnheit und etwas neu hinzuzusetzen, die Stimme vom Zivil-Ich an das lyrische Ich abzugeben, den ausprobierten Sprachkreis zu verlassen und einen neuen Kreis zu beginnen, von dem man nie wissen kann, ob er sich schließen wird: das war schon immer etwas Abwegiges; heute ist es besonders haltlos, weil kein vorgegebenes Weltmodell sich als Stütze anbietet.

> Die künstlerische Wirklichkeit speist sich, wie wir sahen[21], aus der erfahrenen Wirklichkeit, und sie vermag, so hoffen wir wenigstens, auf diese zurückwirken. Gleichwohl ist sie von anderer Art. – Was geschieht an dem Rand, wo gelebte Wirklichkeit aufhört und gedichtete beginnt?
>
> (Höllerer, 1983, S. 77f.)

Den „Rand, wo gelebte Wirklichkeit aufhört und *die* gedichtete beginnt" ist ein Türöffner in den Dialog mit den Schülern. Da diese Ränder jedoch äußerst unterschiedlicher Prägung sind – so viele Schüler, so viele Ränder wie Schüler –, bedarf es einer ausgiebigen Zeit der Gespräche, die mit der verfügbaren einer oder mehrerer Unterrichtsstunden nicht ausreichen wird. Da verrate ich Ihnen nichts Neues. Dennoch. Wir hatten an der Realschule Ostheim deshalb „Schreibsprechstunden" eingerichtet und mit den Schülern eine „E-Mail-Korrespondenz" geführt. Das ruft natürlich förmlich nach einer Feinabstimmung mit der Schuladministration, der Klassenlehrerkonferenz, eigentlich der gesamten Schulkonferenz etc. und beträfe nicht nur ein Neuverständnis hinsichtlich der regulären Unterrichtszeit, sondern vor allem ein für die Schüler verpflichtendes Zusatzangebot und eine zu lösende Frage nach der Bereitstellung von Deputats-Stunden. Die Form der Konsultation, die ich Ihnen vorschlage, entspräche dem Charakter von Sprechstunden, sagen wir eines Universitätsprofessors, der mit jedem Studenten die „Hausarbeit" bespricht, sich dabei auf dem Laufenden hält und Text-Perspektiven entwickelt, auf Fragen des Studierenden in der persönlichen Auseinandersetzung reagieren kann und – auch das ist eine nicht zu verachtende Begleiterscheinung – auf weiterführende Lektüren hinweisen könnte. Im Falle des „Lyrischen Schreibens" wären das Gedichte aus der Literatur, die sich auch des Themas, das von den Schülern gewählt worden ist, angenommen haben. Eine Sprechstunde dieser Güte verlangt natürlich ein umfangreiches Wissen und viel, viel eigene Lektüre. Was wiederum einer Utopie gleichkommt. Aber was soll´s. Nein, es soll doch! Erlauben Sie mir deshalb eine Frage: Kann man die deutsche Sprache und ihre Literatur(en) unterrichten, ohne selber zu lesen? Ein Beispiel für die intensivere Schreibberatung, die auf diese Art und Weise geführt wurde, wäre die Verdichtung des Wortes „Stimmen". Geschrieben von der 14jährigen Sara. Dem Text, der in seiner aufzählenden Satzstruktur klare Aussagen miteinander verbindet und mit einem, besser gesagt zwei kleinen Brüchen in der äußeren wie inneren Form einer unverhofften Steigerung, einer Einmaligkeit zusteuert. Ihm könnte man nach einem eingehenden Gespräch ein Gedicht Bertolt Brechts an die Seite stellen, um so der Schülerin die Möglichkeit zu geben, die *Stimmigkeit* ihres eigenen Textes anhand eines Stückes anerkannter Literatur im Vergleich zu begutachten. Dies ist nicht nur eine rein analytische Angelegenheit, sondern auch ein intuitives Erleben eines Gedichtes: Texte anderer mit dem eigenen zu vergleichen. Das machen auch die Dichter. „Wie hat Brecht das gemacht? Wie sieht es bei mir aus?" Die Vorgehensweise ist alles andere als epigonal, da ich davon ausgehe, dass Sara zu dem Zeitpunkt ihres Textentwurfes und ihrer ersten

3.4 „Ich weiß nicht mehr, was ich schreiben soll!"

Schreibklausuren weder Bertolt Brecht noch sein Gedicht kannte. Ihr Text wäre zudem ein schöner Beweis dafür, wie viel Sprache und Literatur (schier) gleichzeitig geschehen, d. h. geschrieben werden, eigenständig verfasst. Oder wie viel einer ästhetischen Geschichte in Sprache schon in uns ist, ohne dass wir uns bewusst darüber wären. Sara, die aus einer italienischen Familie stammt, ist, das möchte ich Ihnen nicht vorenthalten, Tochter einer in der heutigen politischen Sprache sogenannten „bildungsfernen" Familie mit *Migrationshintergrund*. Und doch gelingen ihr mehr als Fragmente einer Sprache der Dichtung. Ein kleiner poetischer Wurf, der auch noch ein Liebesgedicht ist, ohne dass ihr Text einen Titel trüge, der darauf verweise oder von der Liebe spräche. Hier ist ein Transfer vom „zivilen Ich", wie Walter Höllerer sagt, zum „lyrischen Ich" gelungen. Obwohl der Text privat, also persönlich ist, verrät er nicht „all zu Privates."

Sara, 14 Jahre
Stimmen

bei denen der Ton so schön ist wie das Zwitschern der Vögel morgens um 8.

Stimmen

der Angst, so tief wie die Stimme in einem Horrorfilm.

Stimmen

so leise, dass man nur den Atem der Stimme hört.

Stimmen

so laut, dass man alles drum rum überhört.

Stimmen

so kratzig, dass man kaum noch Luft bekommt.

Stimmen

wie das Summen einer Hummel.

Und doch höre ich nur eine Stimme,

seine **Stimmen**

3 Verdichtungen

Lied vom armen Mann

Der Himmel ist grau
Am Rinnstein entlang
Geht ein armer Mann.
Er verdienst fast gar nichts.
Er kann nicht essen
Er hat kein Obdach
Er kann nicht gütig sein
Er friert wie ein Hund
Er ist nicht barmherzig
Er hat keine Freunde
Er hat löchrige Schuhe
Er ist krank
Er ist ein Verbrecher
Er verdient fast gar nichts
Er geht den Rinnstein entlang
Der Himmel ist grau
                    Bertolt Brecht

Einen Text, der in seiner Nüchternheit, seiner prosaischen Aufzählung ebenso klar gegliedert ist und jeweils am Ende der beiden Strophen mit zwei formalen Ausbrüchen eine poetische Kraft entwickelt, schrieb die 13jährige Aylin im Jahr 2006, nachdem sie einen ersten, gereimten Entwurf abgegeben hatte, der sich vom Rhythmus hatte führen lassen und in seiner „metrischen" Anlage an einen Rap-Text erinnerte. Aylin wollte sich nach unserem Gespräch in der „Schreibsprechstunde" an einen neuen Text wagen, der ihre „ganz persönlichen Erlebnisse", wie sie sagte, „ihre Gefühle" ins Allgemeine übersetzen würde. Sich also eine andere, distanziertere Form geben sollte. Zunächst der erste Text. Ohne Titel:

Aylin, 13 Jahre
Es zerfetzt meine Seele zu sehn,
dass sie von mir geh'n.
Ich kann nichts machen als zuzuschauen
und zu steh'n.
Verdammt, warum kann ich die Zeit nicht
Zurückdreh'n.
Ich kann's nicht versteh'n.
Warum kann es nicht so sein wie früher
ohne Problem?
Alles in Ordnung, wird mir gesagt.
Wie es mir geht, wird nicht gefragt.
Musste es soweit kommen?

> Mir wurde alles genommen.
> Es zu ertragen, ist richtig schwer.
> Egal, wo ich hinschaue, keine Bedeutung,
> alles so leer.
> Ich seh' ein blutendes Meer.
> Es ist nicht mehr fair.
> Ich darf nicht fragen.
> Keine Klagen.
> Ich halte es nicht mehr aus.
> Ich muss hier raus.
> Was mit mir passiert, wenn ich älter bin,
> will ich nicht wissen.
> Doch was ich weiß,
> ich werde alle vermissen.

Ihr zweiter Text bedeutete ihr eine geglückte Übersetzung ihrer Empfindungen, der in der ganzen Klasse auf Zustimmung stieß, weil sie ihre „persönliche" Situation so „verpackt" hätte – wie ein Schüler bemerkte –, dass ihre Gedanken in dieser klaren „Form mit den beiden Brüchen", den „beiden Rissen" – wie eine weitere Schülerin beipflichtete, und – so ein dritter – mit diesen „allgemeinen Wörtern", auch übertragbar seien auf ähnliche Familienverhältnisse. Die Realschule Ostheim in Stuttgart, daran will ich auch noch einmal erinnern, ist eine Schule mit einem Anteil von über 90 % an Schülern, die einen „Migrationshintergrund" haben, um eines meiner so gewollt schöndistanziert gehaltenen Lieblingsworte auf der Skala der Bezeichnungen für Menschen zu verwenden, die immer wieder von neuem bezeichnet werden, noch einmal in diesen Buch-Zusammenhang über das „Lyrischem Schreiben im Deutschunterricht" zu stellen:

> **Aylin, 13 Jahre**
> Familie   ist Liebe
> Familie   ist Freundschaft
> Familie   ist Freude
> Familie   ist Zuneigung
> Familie   ist lustig
> Familie   ist fröhlich
> Eine Familie   hält zusammen.
> Familie   ist traurig
> Familie   ist Streit
> Familie   ist Weinen
> Familie   ist Wut
> Familie   ist unverständlich
> Nicht immer hält eine Familie zusammen.

Mit einem paar Sätzen von Nicole, 15 Jahre, die sich Gedanken gemacht hat über das Gedichte-Schreiben möchte ich zur E-Mail-Korrespondenz, meiner zweiten Begleitmethode, überleiten, die den Ausgangssatz und Titel dieses Unterkapitels auffangen kann:

> **Nicole, 15 Jahre**
> Wie man Gedichte schreibt? Ich weiß es nicht. In Gedichten kann man seine Gefühle ausdrücken. Ich weiß es nicht. Wenn ich nicht weiß, was ich schreiben soll? Ach, es hat mir alles gefallen. Ich weiß es nicht!

Auch eine gute Voraussetzung ins Gespräch oder eine „nette Unterhaltung" wie Nestroy sagt. Und das Gefühl? Es rettet sich. Auch eine Beruhigung, wie ich meine.

Die E-Mail-Korrespondenz wurde zur stetigen Einrichtung. Das ganze Schuljahr hinweg. Zum einen war damit ein Medium in die Auseinandersetzung mit einbezogen, das von den Schülern angenommen wurde, zum anderen konnten ganz nebenbei auch noch Umgangsformen im Schriftverkehr abgetastet und thematisiert werden. Einige Beispiele:

Erstes Beispiel
-----Original Message-----
Date: Sun, 02 Mar 2008 10:05:58 +0100
Subject: Gedicht Tier/e -> Waldheim von Alexandros
From: Alexandros
To: <j.f.a.oliver@

Tier/e

Tiere sind besser, als viele Menschen, denn sie brauchen nur Essen und etwas Liebe.
  Menschen essen Tiere und falls du ihnen etwas Vertrauen schenkst, verraten sie dich hinter deinem Rücken.
  Manchmal, wenn mir kalt ist, vergrabe ich mich im Laub, so wie all die Tiere, die fühlen wie ich auch.
  Tiere sind: Menschenhelfer, Menschenführer, Menschenfreunde, Menschenretter, Menschentröster, Menschenfreude und Menschenfutter.

3.4 „Ich weiß nicht mehr, was ich schreiben soll!"

Lieber Alexandros,
danke für diesen Text. Er berührt mich, weil er so nackt daherkommt und sagt, was Sache ist. Dennoch würde ich es liebend gerne sehen, wenn du an diesem Text weiterarbeitest. Vielleicht wäre die Aufzählung zum Schluss des Textes eine Möglichkeit in eine deutlichere Struktur, die du mit deinen Worten fügen könntest. So zum Beispiel:

Menschenhelfer –
Menschenführer –
Menschenfreunde –
Menschenretter –
Menschentröster –
Menschenfreude –

indem du bildhafte Beispiele im Anschluss an das jeweilige, sehr treffende Wort formulierst. Danke.
    Ich habe ein paar kleine Fehler korrigiert. Schau sie dir bitte an, indem du den unten korrigierten Text mit deiner Vorlage vergleichst.
Herzliche Grüße aus England
José F. A. Oliver

Zweites Beispiel
-----Original Message-----
Date: Mon, 03 Mar 2008 14:36:38 +0100
Subject: Gedicht
From: Anisa
To: j.f.a.oliver@

Hallo Hr Oliver ich konnte erst heute die e-mail schreiben, weil ich am Wochenende keinen Internetzugang hatte. Hier ist mein verbesserter Text.

Izabela
Meine beste Freundin. Izabela ist immer für mich da. Sie hilft mir immer, egal, was für ein Problem ich habe. Immer, wenn es mir schlecht geht, merkt sie es als erste und hat immer ein offenes Ohr für mich. Immer wenn wir zusammen sind, spielen wir verrückt. Mit ihr kann es nie langweilig werden, weil sie immer etwas lustiges sagt oder macht. Wenn wir einmal anfangen, zu lachen oder zu reden, fällt es uns schwer, wieder aufzuhören. Ich wüsste nicht, was ich ohne sie machen würde.

Sie hilft mir einfach immer und dafür bin ich ihr sehr dankbar. Ich bin froh, sie als beste Freundin zu haben.

Das war mein Text. Ich hoffe, dass er besser ist als der alte.

Liebe Anisa,
ich danke Dir für den Text. Mir fällt auf, dass Du das Wort „immer" häufig verwendest. Die Wiederholung dieses Wortes ist mir nicht ganz nachvollziehbar. Lass es dir durch den Kopf gehen.
    Nun wäre es schön, wenn Du einfach einen Text schreiben würdest, in dem diese Freundschaft mit einem konkreten Beispiel lebendig wird. Gibt es eine Situation z. B., in der dir das „offene Ohr" deiner Freundin gut getan oder gar geholfen hat. Du umgehst die „Gefahr", dass der Text dann zu persönlich oder gar zu „intim" wird, wenn du andere Namen für dich und deine Freundin wählst, vielleicht sogar einen anderen Ort, um die Geschichte zu erzählen. Versuch's einfach und erzähl eine Geschichte, in der diese Freundschaft zum Ausdruck kommt, so dass die Leserin oder der Leser sagen würden: „Ja, das ist Freundschaft!"
Herzliche Grüße aus England
José F. A. Oliver

Drittes Beispiel
[[Erika]](RSO-8a)

guten tag herr jose f.a. oliver

Tiergedicht

Ich die Biene
mit der Ziege
gehen Kriege.
Über Wiese (n)
gegen den Riese
der dicke, fette fieße
der uns den tag vermiese... und

Den rest hab ich noch nicht ich komm nicht weiter..

Liebe Erika,
ich habe mir ein paar Gedanken gemacht:
Ich, die Biene,
mit der Ziege

geh (es bezieht sich auf „ich", deshalb „geh" und nicht gehen) Kriege.
Über Wiese (n) (mhm... über die Wiesen? oder auf den Wiesen? Überlege dir bitte noch ein paar Varianten)
gegen den Riese (es muss grammatikalisch heißen „gegen den Riesen", aber dann reimt es sich nicht auf „Wiese")
der fette (dicke, fette ist zu viel, da ja „fett" das „dicke" schon beinhaltet. es wäre also doppelt gesagt) fiese
der uns den tag vermiese... (Weshalb „vermiese"? Das verstehe ich nicht. Es muss heißen: „der uns den tag vermiest", aber dann stimmt die Aussage nicht mehr)
und: wo bleibt die Ziege??? Du solltest sie zum Schluss nochmals im Text erwähnen)

Vielleicht überlegst Du Dir erst einmal eine kleine Geschichte mit einem Riesen, der über die Wiese geht... Wäre das ein Weg? Oder eine Geschichte, die von einer Biene und einer Ziege handelt...
Liebe Grüße
José F. A. Oliver

Viertes Beispiel
Mit herzlichen Grüßen Marvin
Kl. 8a
Stuttgart, 25.10.2007

Die verträumte Ameise

Es war einmal eine A-meise
die brauchte ein paar B-weise,
denn sie hatte den Verdacht
ihr Freund Ameise 8,
wurde von „A-meise-sacht"
umgebracht,
doch plötzlich wurde sie wach
dachte nach
und sprach: „Lebt er noch?!
Hoffentlich sitzt er noch
in seinem Loch."

Lieber Marvin,
vielen Dank, die Idee von den B-M̶Weisen gefällt mir ausgesprochen gut. Ein toller Einfall.
Gruß
José F. A. Oliver

Nach ein paar weiteren E-Mails, hatte Marvin mir eine neue, überarbeitete Version geschickt, auf die ich ebenfalls reagierte und meine Anmerkungen in den Text integrierte:

Lieber Marvin,
hier meine Anmerkungen:

Die Ameise
Es war einmal eine A-meise
die brauchte ein paar B-weise
denn sie hatte den Verdacht
ihr Nachbar mit seiner Macht. (Hier scheint mir das Wort „Macht" zu wenig. Welche Macht? Könnte man die „Macht" näher beschreiben? und vor allem: welcher Nachbar? Auch eine Ameise? Könnte man „C-Meise" schreiben? Wäre doch witzig... und dann könnte man sich überlegen, ob der Text einen anderen Titel tragen könnte. Z. B.: ABC? Was meinst du, Marvin?? Versuch einfach, den kleinen Text noch etwas überraschender zu gestalten ...)
habe ihren Freund um die Ecke gebracht,
doch plötzlich wurde sie wach.
(Es war nur ein Traum) Lach! lach! (das dritte „lach" würde ich dann weglassen, damit der Rhythmus wieder stimmt)
und sprach: (diese Zeile scheint mir nun zu kurz)
„Was hab ich mir da denn ausgedacht?"

Herzliche Grüße
José F. A. Oliver

Diese Kurzkorrespondenzen, so hoffe ich, vermitteln einen kleinen Eindruck über das „Wie" der Bemerkungen, die lediglich Fragen und Anregungen, hie und da auch inhaltliche Beispiele geben. Rechtschreib- und Grammatikfehler waren zunächst zweit- und drittrangig, wurden aber anhand der Texte im Deutschunterricht aufgegriffen. Unabhängig davon lief der „übliche" Schreibunterricht, wie Sie ihn bis jetzt kennengelernt haben, in den Deutschstunden weiter. Wenn wir festgestellt hatten, dass sich Schüler im Rahmen der „Schreibeinheiten" während des Unterrichtes nicht mit dem Schreiben beschäftigen wollten, gingen wir mit ihnen gemeinsam die bis dato aufs Blatt gebrachten Sätze durch und versuchen im „stillen Zwiegespräch", dessen Inhalte aus Fragen an den Text, Orientierungshilfen und Wortschatzübungen bestand, Möglichkeiten ins Weiterschreiben zu erörtern. Dabei war eine kreativ-phantasievolle Blickrichtung in den zukünftigen Text von ausschlaggebender Bedeutung.

Ein Beispiel auch hierfür:
Ein Schüler beschäftigt sich im Text mit seinen Lieblingsthemen: „Gitarrenmusik und Komposition". Er hatte sich beim ganztägigen Schreibtag für das Wort „Gitarre" entschieden:

> **Panagiotis, 15 Jahre**
> Die Gitarre // Mit meiner Gitarre versuche ich meine Stimmung auszudrücken. / Ich verwandle meine Stimmung in eine Melodie. / Eine Melodie, die von der Nostalgie der Dinge geprägt ist, die zurückgelassen wurden und diese Erinnerungen wieder belebt. / Eine Melodie, die sich am besten anhört, wenn du selber gut drauf bist. / Oder, wenn es dir schlecht geht. / Wird sie sich fröhlich oder traurig anhören? / Das entscheide ich, während die ersten Töne den Raum füllen.

Im Einzelgespräch mit dem Schüler konnte darauf hingewiesen werden, dass diese „theoretisch-beschreibende" Annäherung an die persönliche Bedeutungsvielfalt des Wortes „Gitarre" bereits sehr gelungen, jedoch vom Anspruch einer poetischen Annäherung oder Verdichtung noch weit entfernt sei.

Mögliche Ansätze seines Weiterschreibens waren:
▶ Drücke deine Stimmung in Bildern aus, die sich durch die Musik ergeben, auch wenn sie nichts mit der Musik zu tun haben.
▶ Beschreibe die Nostalgie der Dinge.
▶ Was vermag ein Gitarren-Ton, der den Raum füllt, auszulösen?
▶ Was empfindest du, wenn du die Saiten zum Klingen bringst?

Die Fragen, bzw. Impulse ins Weiterschreiben sind natürlich – wie übrigens alle Anregungen, die sich durch das Einzelgespräch eröffnen – durch andere ersetzbar oder können je nach Text gezielt ergänzt werden. Entscheidend scheint mir allein der Ansporn, der dem Schüler mit den Fragen ins Weiterdenken zuteil wird. Eine „Richtung" oder „Bewegung" in eine Verdichtung, die sich aus dem von ihm bisher verfassten Text selber ergeben. Das wäre ein sinnvoller Stimulus seitens des Lehrers. Eine mögliche Inspirationsquelle bestünde in der Zusammenstellung einer Auswahl von Gedichten, die sich schon mit der „Gitarre" als Thema befasst haben. Zum Beispiel das Gedicht Federico García Lorcas[22], in dem der andalusische Dichter „seine" Gitarre sprachlich zum Klingen bringt.

Die Gitarre[23]

Die Klage erhebt sich,
das Weh[24] der Gitarre.
Es brechen die Becher
des grauenden Morgens.

> Die Klage erhebt sich,
> das Weh der Gitarre.
> Sie zu schwichten ist unnütz.
> Sie zu schwichten –
> unmöglich.
> So eintönig weint sie,
> wie weinendes Wasser,
> wie weinender Wind
> über den Schneewahn.
> Sie zu schwichten –
> unmöglich.
> Dinge beweint sie,
> die fern sind.
> Des Südwindes Sand, der heiß ist
> und weiße Kamelien fordert.
> Beweint den Pfeil ohne Ziel,
> den Abend ohne Morgen,
> den ersten gestorbenen Vogel
> auf dem Gezweige.
> O Gitarre!
> Du Herz, das von fünf Schwertern
> zu Tode verwundet.
>
> Federico García Lorca

Diese „Einzelbetreuung" findet jedoch nicht nur während der Schreibphasen im Unterricht statt, sondern wird auch zur gemeinsamen Übung während des *Klassenzimmer-Plenums*, das heißt, wenn die gesamte Klasse nach einer „Schreibklausur" wieder zusammenkommt, und kann an einzelnen Texten exemplarisch praktiziert werden. Damit hätten dann alle Schüler Anteil an der Auseinandersetzung um eine Verdichtung, können Rückschlüsse ziehen oder Parallelgedanken entwickeln und an einer Wortschatzübung teilnehmen, die über ihren eigenen Text hinausgeht. Sicherlich wissen heute die wenigstens, was eine „Kamelie" ist oder hören das Wort „schwichten" zum ersten Mal.

Es sind also drei Kommunikations- und Gesprächsformen, die ins „persönliche" Lektorat münden und dem Satz „Ich weiß nicht mehr, was ich schreiben soll!" entgegenwirken. Ich fasse zusammen:

- ▶ Die Einzel- und Gruppengespräche im Klassenzimmer
- ▶ Die „Schreibsprechstunde" oder „Das lyrische Sprechzimmer"
- ▶ Die E-Mail-Korrespondenz

... zu den jeweiligen Texten. Letztere bedeutet jedoch einen enormen Zeitaufwand und kommt in manchen Fällen nur sehr schleppend voran. Wir hatten zu Beginn der Einführung dieser „Methode" gedacht, dass sie den Schülern insofern entgegenkäme, als sie mit dem Medium „Internet" spielerisch vertraut seien. Dem war nicht ganz so, wie wir das wollten. Es musste „nachgeholfen" werden. Kontinuität und Zähigkeit im Einfordern der Korrespondenz erwiesen jedoch ihre Stärke und schufen mit der Zeit kleine Erfolge auch hinsichtlich einer beständigen Kommunikation. Vor dem Hintergrund dieser Intensivierung der Textarbeit, die über den „normalen" Zeitrahmen hinausgeht, der durch die Deutschstunden vorgegeben ist, spreche ich vom „universitären Charakter" der Einzelarbeit. Im Laufe eines Schuljahres konnte die zusätzliche Betreuung insofern auf zwei weitere Standbeine gestellt werden, als wir neben der „E-Mail-Korrespondenz" auch die „Schreibsprechstunde" oder das „lyrische Sprechzimmer" angeboten und als feste, kontinuierlich agierende, Institution eingerichtet hatten. Die Schüler wurden auf diese Art und Weise allmählich in die Eigenverantwortung des zu Schaffenden geführt. Besonders im persönlichen Vier-Augen-Gespräch wurde ihnen eine gute Portion Selbstvertrauen vermittelt und die Notwendigkeit betont, wie wichtig es ist, „am Ball zu bleiben". Mit anderen Worten: eine „Schreib-Erziehung" in die Selbstständigkeit. Die Sprechzeiten haben wir nicht während des Regelunterrichtes abgehalten. Das ist natürlich eine Hürde, die von Schule zu Schule anders genommen werden muss. Aber was spricht dagegen? Wenn zu Hause Klassenarbeiten korrigiert werden, muss auch Zeit eingeplant werden, die außerhalb der Schulstunden der Beschäftigung mit den Schülern nachgeht. Wäre eine Sprechstunde nicht eine Option?

Schreibaufgabe: Verdichtung eines Schülertextes
Gemeinsame Lektüre des Gedichtes *Lied von armen Mann* von Bertolt Brecht. Als Beispiel. Danach die Lektüre des Schülertextes *Der innere Schweinehund*. Die Aufgabe besteht nun darin, analog zum Gedicht Bertolt Brechts, eine Verdichtung zu schreiben. Sie kann sich an die Form des Brecht-Gedichtes anlehnen, muss aber nicht. Geben Sie diese Verdichtung als Hausarbeit auf und lassen Sie sich die Ergebnisse als angehängte Textdatei per E-Mail schicken. Legen Sie die Arbeit an dieser Verdichtung über mehrere Wochen an. Das ist realistisch. Spannend wird dann die Schlussbesprechung der einzelnen Arbeitsphasen in der Klasse. Die Ergebnisse sollen zum Abschluss dieser E-Mail-Betreuung von den Schülern in einer Mappe präsentiert und jeweils kommentiert werden.

3 Verdichtungen

Rafael, 13 Jahre
Der innere Schweinehund

In der Hoffnung, etwas Essbares zu finden, wühlt die ältere Frau wie jeden Tag in einem Müllbehälter, während ich mir einen schönen warmen Kaffee aus dem Automaten gönne. Ich überlege mir, ob ich der alten Dame einen Kaffee bringen soll, habe aber Angst, mir etwas einzufangen. Sie findet einen Apfel. Er ist auf einer Seite angebissen. Für sie ist er offenbar noch essbar. Sie packt den Apfel in einen geflochtenen Korb. Wahrscheinlich es ihr peinlich, ihn vor meinen Augen zu essen. Sie steckt noch eine halbleere Flasche weg und geht zum nächsten Abfalleimer. Ich kann einen Blick in den Korb werfen, als sie vorbeiläuft. Dort sind ein angeknabbertes Brötchen, eine halbe Mandarine und ein zerquetschtes Stückchen Kuchen. Wahrscheinlich hat es jemand zuvor fallen gelassen und ließ es dann einfach liegen. Die Frau ist immer noch in Sichtweite. Sie sucht jetzt im Mülleimer neben der Rolltreppe. Sie stellt sich so hin, dass man nicht sehen kann, was sie einpackt. Anschließend greift sie in ihre schon völlig dreckige, nach Bier stinkende, schwarze Weste und nimmt eine rostige Schale heraus. Ich kann mir denken, was sie jetzt macht. Sie setzt sich auf den kalten Boden, mit dem Rücken an eine Säule gelehnt, und stellt die Schale vor sich hin. Auf einmal kommt hinter der Säule ein Mann hervor, greif in sein Portemonnaie und wirft einen Fünfer in die Schale. Die Frau lächelt und sagt ein deutliches „Danke!"

Ich werfe einen Blick auf die Uhr. Mein Zug muss jeden Augenblick eintreffen. Plötzlich bemerke ich, dass ich vor lauter Beobachten vergessen habe, meinen Kaffee zu trinken und höre aber schon das Quietschen des bremsenden Zuges. Kurz entschlossen gehe ich noch schnell auf die Frau zu, überreiche ihr meinen schon fast kalten Kaffee. Sie sieht mich mit großen Augen an – wahrscheinlich war sie darauf nicht vorbereitet – und steige in den hinter mir stehenden Zug.

(Download 14: *Der innere Schweinehund*, Schülertext Rafael, 13 Jahre)

Didaktisch-methodische Schluss-Anekdote. Zum Schmunzeln.
Rückblende: Im Plenar-Gespräch mit der Gesamtklasse entwickeln sich folgende Sätze, als es um die logische Reihenfolge der Gedanken und Bilder geht:

> Sie kauft im Meer ein.
> Die Herkunft macht dort Urlaub.

Zum Thema Logik sagt Waldemar Staniczek: „Logik ist die Lehre der Schlussfolgerung". José F. A. Oliver schreibt an die Tafel: „Logik ist die Leere der Schlussfolgerung".

Es kommt buchstäblich zu einer Diskussion ums Hören und Lesen. Kann man sich allein auf das Hören verlassen?

Anmerkungen

1. Anspielung auf das Buch *Lyrik nervt!* von Hans Magnus Enzensberger.
2. „Ich bin mir nicht mehr sicher, ob die Fiktion Realität oder die Realität Fiktion ist." So könnten manche Schüler die Wirklichkeitsebenen durchaus beschreiben.
3. *Stimmen* ist ein streitbares Verb. Wann ist etwas „stimmig" und wann nicht? Dennoch ist es ein Wort, das ins Gespräch einlädt.
4. *Sagen* im Sinne Hilde Domins „sich selbst zu sein".
5. Die Fragen können, müssen, sollen ergänzt werden.
6. Siehe Günter Eich.
7. *Unterschiedlichkeit* deshalb, weil die Abgrenzung des Einzelnen notwendig ist, um die Übergänge zum anderen selbstbewusst zu gestalten. Die Differenz anzuerkennen, ist eine Voraussetzung in ein gleichberechtigtes Gespräch.
8. Anspielung auf Novalis.
9. Wortspiel Oliver.
10. Karl Corino, geboren 1942 in Ehingen (Mittelfranken) ist ein deutscher Rundfunkjournalist, Literaturkritiker und Schriftsteller.
11. Zum Wort „beherrschen" sagte Elisabeth Borchers im Rahmen ihrer Frankfurter Poetikvorlesung in ihrem Kapitel *Das Amt des Übersetzers*: „Der Übersetzer hat seine Fremdsprache zu beherrschen. Nur insofern dürfen wir allerdings von beherrschen sprechen, als wir wissen, dass es sich dabei um eine Redensart handelt. Da wir nicht einmal die eigene Sprache beherrschen, wie sollte dies mit einer Fremdsprache geschehen können. Wir haben davon auszugehen, dass selbst die einfachsten, die geläufigsten Wörter mit größter Aufmerksamkeit, ja mit Misstrauen zu betrachten sind" (Borchers, 2003, S. 89).
12. Thomas Kling: Der Schwarzwald 1932 in: das.; Gesammelte Gedichte, Hrsg von M. Beyer und C. Döring. DuMont Verlag. Köln 2006, S. 685.
13. Norbert Hummelt im Nachwort zu Thomas Kling. schädelmagie. Ausgewählte Gedichte, S. 69.
14. Konsequenter Titel der Lyrik-Anthologie von Joachim Sartorius als Antwort auf Enzensberger „Museum der modernen Poesie". Ein Atlas ist veränderlich, ein Museum birgt „tote Materie".
15. Ralph Dutli, Schweizer Schriftsteller, Lyriker und Übersetzer, geb. 1954 in Schaffhausen.
16. Emily Dickenson, US-amerikanische Lyrikerin (1830–1886).
17. Ralph Dutli; in: Nichts als Wunder. Essays über Poesie.
18. Ein Wort „Enzensbergers" für ein nicht gelungenes Gedicht.
19. Der italienischstämmige Lyriker Gino Chiellino hat einmal gesagt „Zwischen Exotik und Erotik liege nur ein x und ein r." Das ist zu wenig, um ein anderes Sprechverhalten, möglicherweise eine andere Sprache, anzuerkennen. Wie empfahl Goethe: „Toleranz sollte nur eine vorübergehende Einstellung sein, was folgen müsse sei Akzeptanz!" (inhaltlich zitiert)
20. Hilde Domin konstatierte einst, dass das Geheimnis eines Gedichtes ausgespannt sei zwischen Wort und Nicht-Wort.
21. Walter Höllerer bezieht sich auf ein eigenes Kriegserlebnis in Griechenland im März 1943, das Anlass bot für ein Gedicht.
22. Federico García Lorca, spanischer Dichter (1898–1936)
23. Übersetzt von Enrique Beck.
24. Span. *el llanto*: „Das Weinen", „das Jammern", „die Klage".

4 Gedichte als Dialog

Ebenso wie man den Duft des Veilchens oder den Geschmack des Tees, wobei der eine oder der andere offenbar etwas Besonderes haben, so unnachahmlich, so unaussprechlich sind, in einige Elemente zerlegt, deren subtile Verbindung die ganze Identität der Substanz herstellt, ebenso erriet er, dass die Identität eines jeden Freundes, die liebenswürdig machte, von einer fein dosierten, und damit absolut originalen Kombinierung abhing, von winzigen Merkmalen, die in flüchtigen Szenen Tag für Tag vereinigt sind. Jeder entfaltete so vor ihm die funkelnde Inszenierung seiner Eigenheit.
Roland Barthes

4 Gedichte als Dialog

Wie komme ich auf den Begriff „Dialoggedichte"? Eine gute Frage. Der Begriff könnte verwirren. Dennoch: Die Antwort fällt mir nicht schwer und sie ist in ihrer Direktheit verwegen einfach. Ich hatte es zu Beginn dieses Buches bereits angedeutet und hoffe, dass sie nun nachvollziehbarer ist: Jeder, der schreibt, steht im Dialog. Mit sich selber, mit der Welt. Mit der Welt im Dialog zu stehen, heißt aber auch, mit denjenigen ins Gespräch zu kommen, die uns Gedichte hinterlassen haben, die „gestern" oder „vorgestern" geschrieben haben oder mit denen zu kommunizieren, die sich heute versuchen. Ich darf in die Texte anderer einkehren, so wie ich eingeladen bin, an den Gedanken und Gefühlen von Freunden teilzuhaben. Die strenge Kraft der Freundschaft, ihr zärtliches Vertrauen. Auch das können Gedichte sein, wenn man den Zugang zu ihnen findet. Die Komplizenschaft der Zeitlosigkeit, wo sich Zuneigung fügt. Kein Verdacht, sondern Vertrautheit. Ins Selbstverständliche, aber auch ins Rätselhafte, ins Unverständliche der Begegnungen. Gedichte sind Freunde, die ihr *Behaustsein* nicht verbergen und uns nicht nur ihre *w:orte*, sondern auch ihre Stille zutrauen. Stille, aus der das Gesagte wird, in der das Gesagte ist. Es gibt kein Wort ohne Vergangenheit, und es gibt kein Gedicht ohne *w:orte*. Orte der *w:orte*, die aus dieser Vergangenheit Erlebtes sind. Wenn man lernt, zuzuhören und in die Texte und ihre Kontexte hineinhorcht, schenken diese *w:orte* dem Präteritum und dem Perfekt einen Präsens. Ich glaube, dass es den meisten Menschen ein Anliegen ist, den Anderen begreifen zu wollen, gerade auch dort, wo das Nicht-Begreifen eine Verstörtheit nährt. Diese „Neugier" ist eine schützende Qualität der Existenz und verheißt eine der motivierenden Voraussetzungen ins Gespräch. Auch ins Schreiben.

In die Innenseiten der Schutzumschläge setzen Verlage oft eine schmale Lebensverdichtung, die Kurzbiographie des Dichters oder der Dichterin, damit der Leser sich auf die Schnelle vorinformieren kann. Die Vita wird zudem mit einer ins Absolute reichenden Pressestimme versehen. Häufig funkelt dort auch der Satz eines anerkannten und weithin berühmten Literaten, der sich in zumeist griffigen Bildern auf das Buch oder das bis dahin veröffentlichte Werk des Schriftstellers bezieht. Am liebsten aber gefallen sich „vergleichende" Hinweise.

In Rezensionen und Kritiken tummeln sie sich ebenso, die Verweise auf vorangehende Dichter und Dichtergenerationen. Eine beliebte „rhetorische Figur" lautet dann „erinnert an…" oder „lässt X oder Y mithören". Einerseits betonen sie natürlich die Kontinuität von Dichtung, andererseits sind derartige Floskeln durchaus irreführend oder zumindest fragwürdig. Weshalb ist das so und wem dienen die Verweise und Vergleiche? Sind sie hilfreich? Sagen sie etwas über die Originalität der Dichter aus? Ich denke, dass damit beides angesprochen wird. Vergangenheit und Gegenwart. Davon die Schnittmenge. Diese zu benennen, fällt erfahrungsgemäß schwer und ist von vielen Faktoren abhängig. Roland Barthes[1] bemerkt an einer Stelle seiner *sprachw:erdenden* „Autobiographie" zum Verfahren seines Schreibens: „Wie läuft das, wenn ich schreibe? – Sicherlich durch Sprachbewegungen, die genügend formal sind und oft genug auftreten, sodass ich sie ‚Figuren' nennen kann: ich denke mir, dass es Figuren der Produktion sind, Textoperatoren. Unter anderem sind es: die Wertungsweise, die Benennung, die Amphibologie[2], die Etymologie, das Paradox, die Überbietung, die Aufzählung, das Drehmoment" (Barthes, 2010, S. 107).

Das Verfahren, einen Text durch Figuren in Bewegung zu bringen, führt er weiter aus, sei historisch und ideologisch markiert: „Ich befinde mich auf Seiten der Struktur, des Satzes, des phrasierten Textes: ich produziere, um zu reproduzieren, als hätte ich einen Gedanken und würde ihn mit Hilfe von Materialien und Regeln zur Darstellung bringen: *Ich schreibe klassisch.*" (Barthes, S. 108). Er vergleicht sich mit niemandem und schreibt dennoch das Wort „klassisch" – zwischen beiden Extremen liegt wohl der Sinn einer Antwort.

Es ist viele Jahre her, dass Joachim Sartorius mich bat, einen Kurzessay ins Spanische zu übersetzen. Ein Text, den er im Auftrag einer spanischen Literaturzeitschrift schreiben würde. Er sollte überschaubar und das Wesentliche über die deutschsprachige Lyrik im 20. Jahrhundert zusammenfassen. Ich war gespannt, wie er das zu tun gedachte. Das Ergebnis war ebenso verblüffend wie einleuchtend. Sartorius zeigte drei große „Linien" auf, die er mit jeweils einem Dichternamen versah. Drei Persönlichkeiten, die seines Erachtens für die Dichtung in deutscher Sprache stilprägend waren und ordnete diesen die nachfolgenden Dichtergenerationen zu, indem er sagte, sie, die Jüngeren, die Heutigen, hätten jeweils ein Erbe davon angetreten. Ein schönes Bild. Die Vermächtnisse, die hinterlassen wurden und die nachfolgenden Dichter, die sich ihrer annahmen. Diese durch und durch fassliche Sichtweise hat mich seither nicht mehr losgelassen hat.

Die drei Namen waren Bertolt Brecht, Gottfried Benn und Paul Celan. Jahre später dachte ich mir, dass diese Einteilung der deutschsprachigen Lyrik im 20. Jahrhundert in seiner überzeugenden Einfachheit auch für ein Schülerwissen geeignet wäre. Differenzierungen oder Ausnahmen seiner Einschätzung, all die Nebenlinien und wundersamen Eskapaden oder Eigenwilligkeiten zahlloser Solisten, die weder dem einen noch dem anderen Erbe eindeutig zugewiesen werden können, schien mir für ein erstes Kennenlernen nicht von vorrangiger Bedeutung. Sie sollten denjenigen vorbehalten bleiben, die sich intensiver mit der Dichtung beschäftigen würden. Denjenigen, die sich in ihrem Leben eingehender für die deutschsprachige Lyrik im 20. Jahrhundert und darüber hinaus interessieren. Hinzu kommt noch ein Vorteil, wenn man in diesem Bild bleibt: Ein Erbe anzutreten, ist weder ein Plagiat, noch hat es etwas von einem Kopisten und beschreibt auch nichts Epigonales, wenn daraus etwas Eigenes entwickelt wird. Das ist das respektvoll Schöne an diesem Vergleich. Dialoggedichte, wie ich sie verstehe, versuchen deshalb nicht, die „Vorlagen" nachzuahmen, sind auch nicht an sie gebunden, sondern nehmen sie zum Anlass für eigene Texte. Was sie allenfalls tun, ist die Übernahme einer Form. Die Form des Sonettes oder die „Mayröcker-Form" beispielsweise.

4 Gedichte als Dialog

Das Sonett ist eine feste, überlieferte Form, die Art und Weise des „Wortflusses" einer Friederike Mayröcker ist zwar stilprägend, kann jedoch nur schwer mit dem Namen einer bestimmten Form versehen werden. Deshalb einfach „Mayröcker-Form". Einige Formen, die sie geprägt hat, können durchaus vorbildlich sein: Form ohne Anfang, Form ohne Ende oder alles ist Anfang und alles ist Ende oder alles ist ein „Dazwischen", eine Gleichzeitigkeit: ein kontinuierlicher Dialog. Die Lektüre anderer Texte wird über das Schreiben und seine Prozesse eine heutige und kann, hiervon ausgehend, in die Vergangenheit zurückblicken. In Zeiten, die für uns Geschichte verkörpern. Ohne die wir aber nicht wären, was wir sind. Eine Vergangenheit, die immer wieder neu übersetzt sein will, weil es neue Augen, nachfolgende Augen gibt. Dieses Zurückschauen, das sei noch hinzugefügt, ist aber auch eine Frage des jeweiligen Ausblickes. Wo stehe ich, wenn ich zurückblicke? Was weiß ich, wenn ich zurückblicke? Ich bleibe in der aufwühlend verdichteten Einteilung, die Joachim Sartorius vorgenommen hat und interpretiere sie als Türen und Fenster in ein Haus, das einfach Dichtung heißt.

Es gibt aus der Sicht heutiger sozialer Umwälzungen kein engagierteres Gedicht, das in die Einseitigkeit der Geschichtsschreibung blickte, als die Versezeilen Bertolt Brechts in den „Fragen eines Lesenden Arbeiters". Es gibt angesichts der *Banalität des Bösen*[3] kein Sprach-Los, das in seiner Entschiedenheit und Radikalität wort- und sprachschöpfend bedingungsloser wäre als Paul Celans lyrisches Werk. Es gibt keine nüchtern-distanziertere, die „hohe Form" und in ihr das „absolute" Gedicht erwartende und deshalb oft in der „Ironie", um nicht zu sagen im Sarkasmus Halt suchende Behandlungsweise von Lyrik als das jenes Jahrhundert-Konstrukteurs der Poesie, dessen Arbeitswelt die „kühlnackten" Räume eines Arztes waren: Gottfried Benn. Alle drei sollte man kennen. Alle drei haben im 20. Jahrhundert deutschsprachige Literaturgeschichte geschrieben. Bertolt Brecht, der „Revolutionär" aber leider auch „Parteisoldat" ohne jemals Mitglied in einer kommunistischen Partei gewesen zu sein, und nicht „nur" Dichter gegen den Faschismus, als er ein Gedicht auf Stalin verfasste: seine Größe und seine Art zu irren; Gottfried Benn, der sich den Nazihierarchien zunächst unkritisch und selbstgefällig anempfahl, dessen Gedichte aber bald als „Ferkelei" und „widerliche Schweinereien" denunziert wurden[4]; schließlich Paul Celan, der im Sprach-Los Schreibende angesichts des Churbans[5], dem er nur in der reimabwehrenden *Frei*heit einer Bewegung in die *w:orte* und in sein Weiterleben begegnen konnte, um selber nicht sprachlos zu werden, bis ihm der *Frei*tod im Sprung in die Seine, der einzige Ausweg erschien, und er doch verstummte.

In diesen drei Dichtern von Weltrang kristallisiert und individualisiert sich exemplarisch der finstere Abgrund in der ersten Hälfte des 20. Jahrhunderts. Brecht stelle ich den Schülern auf eine spielerische Art und Weise vor, Gottfried Benn, indem zu Beginn der zu schreibenden Texte Schere und Zeitung verwendet werden und bei Paul Celans Gedichte soll das Wort *w:ort* werden.

Gedichte von Bertolt Brecht, Gottfried Benn und Paul Celan

Fragen eines lesenden Arbeiters

Wer baute das siebentorige Theben?
In den Büchern stehen die Namen von Königen.
Haben die Könige die Felsbrocken herbeigeschleppt?
Und das mehrmals zerstörte Babylon
Wer baute es so viele Male auf? In welchen Häusern
Des goldstrahlenden Lima wohnten die Bauleute?
Wohin gingen an dem Abend, wo die chinesische Mauer fertig war,
Die Maurer? Das große Rom
Ist voll von Triumphbögen. Über wen
Triumphierten die Cäsaren? Hatte das vielbesungene Byzanz
Nur Paläste für seine Bewohner? Selbst in dem sagenhaften Atlantis
Brüllten in der Nacht, wo das Meer es verschlang,
Die Ersaufenden nach ihren Sklaven.
Der junge Alexander eroberte Indien.
Er allein?
Cäsar schlug die Gallier.
Hatte er nicht wenigstens einen Koch bei sich?

Philipp von Spanien weinte, als seine Flotte
Untergegangen war. Weinte sonst niemand?
Friedrich der Zweite siegte im Siebenjährigen Krieg. Wer
Siegte außer ihm?

Jede Seite ein Sieg.
Wer kochte den Siegesschmaus?
Alle zehn Jahre ein großer Mann.
Wer bezahlte die Spesen?

So viele Berichte
So viele Fragen.

Bertolt Brecht

Mann und Frau gehn durch die Krebsbaracke

Der Mann:
Hier diese Reihe sind zerfallene Schöße
und diese Reihe ist zerfallene Brust.

4 Gedichte als Dialog

Bett stinkt bei Bett. Die Schwestern wechseln stündlich.
Komm, hebe ruhig diese Decke auf.
Sieh, dieser Klumpen Fett und faule Säfte,
das war einst irgendeinem Mann groß
und hieß auch Rausch und Heimat.–

Komm, sieh auf diese Narbe an der Brust.
Fühlst du den Rosenkranz von weichen Knoten?
Fühl ruhig hin. Das Fleisch ist weich und schmerzt nicht.–

Hier diese blutet wie aus dreißig Leibern.
Kein Mensch hat soviel Blut.–
Hier dieser schnitt man
erst noch ein Kind aus dem verkrebsten Schoß.–

Man läßt sie schlafen. Tag und Nacht. – Den Neuen
sagt man: hier schläft man sich gesund. – Nur Sonntags
für den Besuch läßt man sie etwas wacher.–

Nahrung wird wenig noch verzehrt. Die Rücken
sind wund. Du siehst die Fliegen. Manchmal
wäscht sie die Schwester. Wie man Bänke wäscht.–

Hier schwillt der Acker schon um jedes Bett.
Fleisch ebnet sich zu Land. Glut gibt sich fort,
Saft schickt sich an zu rinnen. Erde ruft.–
Gottfried Benn

EINMAL, der Tod hatte Zulauf
Verbargst du dich in mir.
Paul Celan

SCHWIMMhäute zwischen den Worten,

ihr Zeithof –
ein Tümpel,

Graugrätiges hinter
Dem Leuchtschopf Bedeutung.
Paul Celan

DIE NACHZUSTOTTERNDE WELT,
bei der ich zu Gast
gewesen sein werde, ein Name,
herabgeschwitzt von der Mauer,
an der eine Wunde hochleckt.

Paul Celan

EIN BLATT, baumlos,
für Bertolt Brecht:

Was sind das für Zeiten,
wo ein Gespräch
beinah ein Verbrechen ist,
weil es soviel Gesagtes
mit einschließt?

Paul Celan

UND KRAFT UND SCHMERZ
Und was mich stieß
Und trieb und hielt:

Hall-Schalt-
Jahre,

Fichtenrausch, einmal,

die wildernde Überzeugung,
dass dies anders zu sagen sei als
so.

Paul Celan

4.1 Dialoggedichte am Beispiel Bertolt Brecht

Von den drei erwähnten Dichtern dürfte der Name Brechts wohl der bekannteste sein. Das liegt nicht nur daran, weil er Theaterstücke geschrieben hat, die seinen Weltruhm begründet haben, und die Bühne weit mehr Zuschauer anlockt als die Gedichte Leser zu begeistern vermag. Er war auch ein begnadeter Dichter, dem wir Verse verdanken wie diese: „Die Nacht hat zwölf Stunden, dann kommt schon der Tag" – Gibt es Hoffnung? fragte, wenn Sie sich erinnern, ein Schüler bei einer der vorbereitenden Übungen zu einer Schreibaufgabe (siehe S. 60). Brecht gibt mit seinem Gedicht eine „überwältigend einfache" Antwort darauf. Eine Vision, die „wie ein Wiegenlied anhebt. Einfach, still, behutsam. Es fließt, es bewegt sich (…). Beides, das Fließen und Bleiben des Wassers und der Steine, die die Strömung fortbewegt, ist ohne Ende und Ziel und ohne Bedeutung für die abertausendjährige Geschichte eines Flusses. (…) Wie kein anderer in der Geschichte des Gedichts – es sei denn man hörte auf die Sprache, die das Volk dichtete und sang – erfasst Brecht Vorgänge mit einem kaum wahrnehmbaren Aufwand an Sprache" (Borchers, 2003, S. 74f.).

Das Lied von der Moldau

Am Grunde der Moldau wandern die Steine
Es liegen drei Kaiser begraben in Prag.
Das Große bleibt groß nicht und klein nicht das Kleine.
Die Nacht hat zwölf Stunden, dann kommt schon der Tag.

Es wechseln die Zeiten. Die riesigen Pläne
Der Mächtigen kommen am Ende zum Halt.
Und gehen sie einher auch wie blutige Hähne
Es wechseln die Zeiten, da hilft kein Gewalt.

Am Grunde der Moldau wandern die Steine
Es liegen drei Kaiser begraben in Prag.
Das Große bleibt groß nicht und klein nicht das Kleine.
Die Nacht hat zwölf Stunden, dann kommt schon der Tag.

Bertolt Brecht

Bertolt Brecht, der das Exil wählen musste und dort in den USA litt, nicht nur als jemand, der gezwungen war, seine Heimat aufzugeben, sondern weil er – das behaupten „böse Zungen" – nicht wie Thomas Mann ins Weiße Haus an den Tisch des Präsidenten geladen wurde; er, der als „deutscher Emigrant"[6] nach dem Zweiten Weltkrieg in die Schweiz weiteremigrieren wollte und wohl aus selbigem Grund, überzeugter Kommunist, der er war, keine Aufenthaltserlaubnis bekam, der sich dann in Berlin niederließ, in Ost-Berlin, und ein eigenes Theater[7] gründete. Ein Dichter, mit dem man sowohl den Begriff des „epischen Theaters", die unvergleichlichen Texte der *Dreigroschen-Oper* verbindet als auch die Verszeile „Das arglose Wort ist töricht" aus seinem flammenden Aufruf *An die Nachgeborenen*; ein Dichter, der einige der schönsten Liebesgedichte in deutscher Sprache verfasst hat und dessen Tiergedichte aus den 30er Jahren des 20. Jahrhunderts von der ersten Grundschulklasse aufwärts, bis hin zu den Abiturienten, Schüler ins eigene Schreiben zu inspirieren vermögen.

4.1 Dialoggedichte am Beispiel Bertolt Brecht

Drei Gedichte aus seinem Zyklus *Kleine Lieder für Steff* (1934) als Beispiel:

> Es war einmal ein Elefant
> Der hatte keinen Verstand
> Drum schleppte er einmal auf Befehl
> Zwanzig Bäume statt zwei
> Und brach ein Bein dabei.
> Ein Dummkopf, meiner Seel!
>
> Es war einmal eine Ziege
> Die sagte: an meiner Wiege
> Sang man mir, ein starker Mann
> Wird kommen und mich frein.
> Der Ochse sah sie komisch an
> Und sagte zu dem Schwein:
> Das wird der Metzger sein.
>
> Es war einmal eine Kellerassel
> Die geriet in ein Schlamassel.
> Der Keller, in dem sie asselte
> Brach eines schönen Tages ein
> Sodass das ganze Haus aus Stein
> Ihr auf das Köpfchen prasselte.
> Sie soll religiös geworden sein.
>
> Bertolt Brecht

Schreibaufgabe
Die 15 kleinen Lieder für Steff werden in der Klasse vorgestellt.
(⬇ Download 15: *Kleine Lieder für Steff*, Bertolt Brecht)
Diese Lieder eigenen sich nicht nur inhaltlich, um von Bertolt Brecht zu erzählen, sondern setzen vor allem auch ein Gefühl für Rhythmus und Reim frei. Ein Vorschlag wäre zunächst, über Tiere zu sprechen und dann einige von ihnen auszusuchen, die nicht in den Gedichten Brechts vorkommen und ein gemeinsames Gedicht an die Tafel zu schreiben. Der Textimpuls begänne mit einer Liste von Wörtern, die sich auf das ausgewählte Tier reimen. Das wäre die einfachste Übung. Die Anfangszeile für das Gedicht lautet wie in Brechts Gedichten und wird vorgegeben: „Es war einmal ein(e) …" Dann darf die Phantasie mitschreiben. Selbst die ungewöhnlichsten Tiernamen machen Spaß und die verrücktesten Einfälle münden oft in ungewöhnliche „Geschichten". Das hat der Reim ja auch an sich: Er setzt völlig neue Gedanken und Denkrichtungen frei, schafft ungewöhnliche Verszeilen, an die man niemals gedacht hätte. So wird aus der gemeinsamen Aufgabe eine intensive Wortschatz- und Syntaxübung, die bisweilen zu völlig unerwarteten Wendungen und Aussagen führt, Sinn

4 Gedicht als Dialog

> und Logik des Gedichtes erst nach und nach aufbauen und nicht nur eine Herausforderung für das rhythmische Gestalten einer Verszeile darstellen, sondern auch eine inhaltlich Konzentration für den Verlauf und besonders für den Schluss des Textes bedeuten.

Häufig entstehen dabei auch ungeahnte Wortschöpfungen und skurril-schöne Kürzestgeschichten auf dem Weg zu einer Ballade:

> **Gemeinschaftstext, Schüler der 7. Klasse an der**
> **Gerhard-Hauptmann-Realschule in Leonberg**
> Es war einmal eine Bartagame,
> die war eine hübsche Wüstendame.
> Sie buddelte im Sand so vor sich hin
> und dachte:
> „Wie schön, dass ich eine Bartagame bin!"
> Da kam ein männlicher Bartagam
> und sagte:
> „O, du schöne Wüstendam, mhm!
> hast du eigentlich einen Nam?
> Nun, ich nenn dich einfach Florian!"
>
> Da zischte die erzürnte Wüstendame:
> „Du spinnst! Das ist doch ein Männername!"
> „Tja, wenn du dir dein Bärtchen rasiertest
> und obendrein dein Haar frisiertest,
> dann wärst du, liebe Frau Agame,
> eine echte Wüstendame!
> Ganz weiblich, eine flotte Biene…
> und nicht mehr Florian, sondern Florentine!

> **Schreibaufgabe**
> Jeder Schüler erhält den Auftrag, sich ein Tier auszusuchen und ein sechs- bis zehnzeiliges Gedicht zu verfassen. Es können sich auch zwei Schüler gemeinsam an einen Text wagen. Als Schreibzeit schlage ich zunächst eine Unterrichtsstunde vor – im Klassenzimmer oder außerhalb. Je nach Möglichkeiten des Schulgebäudes. Das Gedicht soll als Hausaufgabe fertiggeschrieben und abgetippt werden. Die Texte werden dann in der darauffolgenden Deutschstunde vorgestellt, gelesen und besprochen. Danach wäre eine erneute Lektüre der Tiergedichte Brechts und eine genauere Betrachtung der Inhalte eine sinnvolle Ergänzung. Einen Anlass ins Gespräch böte zunächst der Vergleich der „Geschichten" in den Tiergedichten der Schüler untereinander und anschließend ein Vergleich mit den Inhalten in den Texten

Brechts. Hintergrundinformationen zur politischen Wirklichkeit im Jahre 1934 können den Schülern nun intensiver und anhand der *Kleinen Lieder für Steff* deutlich interessanter vermittelt werden.

Beispiele einiger Tiergedichte von Schülern der Realschule Ostheim

Canan, 14 Jahre
Tiger und Maus
Es war einmal ein Tiger,
der war nicht wirklich klüger
als die freche Maus.
Das stellte sich heraus.
Es stritten Tiger sich und Maus
um Intelligenz – in Tigers Haus.
Im Einmaleins war die Maus sehr gut,
deshalb geriet der Tiger in Wut.
Sie kannte das Einmaleins einfach besser,
da drohte er mit einem Messer.
Es war einmal ein Tiger,
der war nicht wirklich klüger.

Natascha, 14 Jahre
Löwe und Möwe
Es war einmal ein Löwe,
der liebte eine Möwe.
Sie waren zusammen: immer.
Es wurde immer schlimmer.
Sie hatten viel gemeinsam,
doch waren beide einsam.
Die Möwe begann zu laufen,
und der Löwe konnte fliegen.
(Dann hatten sie keine Lust mehr
und warfen alles über den Haufen).
Eines Nachts hat der Löwe sich vergessen
und seine liebe Möwe gefressen.

Marvin, 14 Jahre
Die Ameise
Es war einmal eine A-meise
die brauchte ein paar B-weise,
denn sie hatte den Verdacht

4 Gedicht als Dialog

ihr Freund A-meise 8,
wurde von „A-meise-sacht"
umgebracht.
Doch plötzlich wurde sie wach,
dachte nach -
und sprach:
„Lebt er noch?!
Hoffentlich
in seinem Loch."

Joanna, 15 Jahre
Der Hund

Es war einmal ein bunter Hund,
der war sich selber viel zu bunt.
Er dachte sich, jetzt färb ich mich,
doch dann war er ganz strübelich.
Denn er nahm für seinen Kittel
irgendwie das falsche Mittel:
Auf einmal war er grau und blau
und wurde daraus nicht mehr schlau.

Kevin, 16 Jahre
Der Kater

Es war einmal ein Kater,
dem verstarb der Vater.
Da gab es nichts zu erben,
drum wollt` er nur noch sterben.
Traurig strich er durch das Land
und suchte eifrig Flaschenpfand.
Er dachte, er müsste etwas werden,
damit seine Kinder erben.

Jan, 15 Jahre
Der Gorilla

Der Gorilla ist sehr selbstbewusst,
ein Manager mit breiter Brust.
Die Firma zahlt ihm viel Gehalt,
Erfolg erzielt er mit Gewalt.
Mit schickem Anzug, strengen Blick
zeigt er im Management Geschick.
Wenn es gut läuft, liegt es an ihm,
wenn es schief geht, liegt es am Team!

(Download 16: Biographisches und Poetologisches zu Bertolt Brecht)

4.2 Dialoggedichte am Beispiel Gottfried Benn

Ein *abgedunkeltes* Zimmer stelle ich mir vor. Bei jedem Benn-Gedicht das ich lese. Der Arzt, der sich zu Hause an den Schreibtisch setzte und jene „Stimmung" am heimischen Pult brauchte, um das im Grunde Undurchdringliche, die vanitas, unterm messerscharfen Licht, welches ihn im Obduktions- oder Operationssaal der Berliner *Charité* Körper auf- und auseinanderschneiden, um nicht zu sagen Hüllen, vergängliche Hüllen, zeitliche Formen betrachten und studieren ließ. Nicht umsonst bezeichnet ihn Steffen Jacobs[8] in seinem *Lyrik-TÜV*[9] als größten *Baumeister* der deutschen Lyrik im 20. Jahrhundert: „Der Einsame entwickelt in seiner Isolation eine schöne Wahrnehmungssensibilität und Gelassenheit im Umgang mit der Welt. Das Gedicht ist insofern Zeugnis seiner eigenen Auflösung – einerseits. Es ist, andererseits, aber auch ein etwas inzestuöses Dokument der Selbstbefruchtung, das sich am Ende sozusagen selbst in den Schwanz beißt: Seht her, sagt es, ich bin die ‚formstille Vollendung', entstanden aus weltabgewandten Stunden der Isolation. Ich bin meine eigene Rechtfertigung, meine eigene Thematik, ich bin ein Gedicht über das Dichten in Abwesenheit der Welt" (Jacobs, 2007, S. 176).

Virtuos kann man in diesem Metier allerdings erst werden, wenn man die einzelnen Bauteile kennt. Er, der sich zunächst vom Nationalsozialismus „anstecken" ließ, um im Bild zu bleiben, und sich danach enttäuscht abkehrte, dessen Bücher ebenso verboten wurden wie die Schriften Brechts, konnte 1912 mit einem einzigen Lyrikband für den größten Aufruhr sorgen, den man sich vorzustellen im Stande ist. Ich dachte bis zur Veröffentlichung des Grass-Gedichts im Jahr 2012[10], dass das für viele heute nicht mehr nachvollziehbar sei, aber der Aufstand, den es nach der Publikation der Verszeilen des Nobelpreisträgers in der Welt gab, anhand eines einzigen Gedichtes, das vehement interpretierte und Stellung bezog und das viele nicht einmal als Gedicht bezeichnen wollten, hat mich eines besseren belehrt. Auch heute vermag ein Gedicht zu provozieren. Wenn auch aus anderen Gründen. Die Provokation aber bleibt – eine Konstante.

So auch beim Dichter Dr. Gottfried Benn, dem Facharzt für Haut- und Geschlechtskrankheiten, der 1933 in einer Rundfunkrede sein Bekenntnis zu Hitlerdeutschland ablegte und später mit diesen Worten seine „Fehldiagnose" begründete:

> 3. Das Parteiprogramm. Ich hatte es nie bis zu Ende studiert, war auf keiner der NS-Versammlungen gewesen, hatte weder vor noch nach 1933 eine NS-Zeitung oder -Zeitschrift abonniert, aber ich wusste natürlich, es enthielt unter seinen zahlreichen Punkten einen

4 Gedichte als Dialog

üblen antisemitischen, aber wer nahm politische Parteiprogramme ernst? Es gab, so glaube ich 22 Parteien, also ebensoviel Parteiprogramme, alle beschimpften sich untereinander und gegeneinander, sehr fein war keines, und wie sich dann später zeigte, das Senecasche qui potest mori, non potest cogi – galt für keins. Daß die Parteiprogramme verwirklicht würden, das konnte man nach den Erfahrungen mit den politischen Verhältnissen überhaupt auf keinen Fall erwarten. Z. B. enthielt das NS-Parteiprogramm auch jenen Punkt: „Brechung der Zinsknechtschaft" – und die Zinsen spielten dann doch eine größere Rolle als je und die Kapitalien und Investitionen wurden reichlich verteilt und ausgenutzt und durch Schlösser und Brillanten ergänzt und was gebrochen wurde, war etwas ganz anderes, aber nicht der Zins – also wörtlich konnte man diese Parteiproklamation doch wirklich zunächst nicht Ernst nehmen, zunächst – dann allerdings, als sie ihre Rassentheorien praktizierten, schauerten einem die Knochen, aber das war noch nicht 1933. (Benn, 2006, S. 315 f.)

Ich habe angekündigt, dass die *Gedichte im Dialog* mit Gottfried Benn, mit einer Schere ihren Anfang nähmen. Das war „nur" die halbe Wahrheit. Es sind zwei Übungen, die ich Ihnen vorstellen möchte, um Schülern eine erste Begegnung mit dem „Dichterarzt" zu ermöglichen. Die eine betrifft das Gedicht *Kleine Aster* aus seinem bereits erwähnten Skandalbuch *Morgue*[11] und lässt die Schüler mit ihren Anmerkungen mit ihren Gedanken und Worten auf das Gedicht zugehen. Jeder Schüler sucht sich ein Wort oder eine Verszeile aus, die ihn „berührt" – positiv oder negativ –, zum anderen soll das selbe Gedicht eine Inspirationsquelle sein, um aus der Distanz heraus eine Verdichtung zu schreiben, die das Gedicht zur Vorlage hat. Da Gottfried Benn der verschlossene, in sich eingeschlossene und nicht reisende Einzelgänger wurde, scheint mir diese Übung angemessen. Doch zunächst das Gedicht:

Kleine Aster
Ein ersoffener Bierfahrer wurde auf den Tisch gestemmt.
Irgendeiner hatte ihm eine dunkelhellila Aster
zwischen die Zähne geklemmt.
Als ich von der Brust aus
unter der Haut
mit einem langen Messer
Zunge und Gaumen herausschnitt,
muß ich sie angestoßen haben, denn sie glitt
in das nebenliegende Gehirn.
Ich packte sie ihm in die Brusthöhle
zwischen die Holzwolle,
als man zunähte.
Trinke dich satt in deiner Vase!
Ruhe sanft,
kleine Aster!

Gottfried Benn

Schreibaufgabe

Nachdem das Gedicht Kleine Aster vorgelesen und möglicherweise die den Schülern heute nicht mehr geläufigen Wörter geklärt worden sind – diese sind in aller Regel die Wörter „Bierfahrer", „Aster" und „Holzwolle" – wobei es aufschlussreich sein dürfte, nachzufragen, was das Wort „Holzwolle" an Assoziationen freisetzt, erhalten die Schüler den Auftrag, sich ein Wort oder eine Verszeile auszusuchen und eine Bemerkung an Herrn Benn zu richten. Diese Gedanken bilden anschließend die Grundlage für das Gespräch über das Gedicht. Schreibzeit ca. 15 Minuten. Vorgabe ist die Eingangszeile „Auf ein Wort, Herr Benn…"

Beispiele einiger Anmerkungen der Schüler

Panagiotis, 17 Jahre
Auf ein Wort Herr Benn…
Irgendeiner hatte ihm eine dunkelhellila Aster
zwischen die Zähne geklemmt.
Ohne die Aster wäre das Gedicht nichts Besonderes. Die Blume schafft einen deutlichen Gegensatz zur Atmosphäre, die im Gedicht vorherrscht.

Alexandros, 16 Jahre
Auf ein Wort, Herr Benn…
unter der Haut
Weil der Text wortwörtlich unter die Haut geht.

Sara, 15 Jahre
Auf ein Wort, Herr Benn…
Mit einem langen Messer
Zunge und Gaumen herausschnitt
Ich habe mir diesen Satz ausgesucht, weil man so etwas in der Regel nur in Filmen sieht, wie ein toter Mensch aufgeschnitten wird. Und da mich so etwas interessiert, gefällt mir die Zeile sehr gut.

Gojart, 16 Jahre
Auf ein Wort, Herr Benn…
mit einem langen Messer / Zunge und Gaumen herausschnitt
Ich habe mir diesen Satz ausgesucht, weil in ihm das Wort „Messer" vorkommt. Das Wort wirkt gefährlich. „Zungen und Gaumen herausschnitt" habe ich gewählt, weil es eklig klingt. Besonders das Wort „herausschnitt" lässt den Satz widerlich klingen. Diese Kombination aus „Gefahr" und „Ekel" lässt die Zeilen dann doch besonders wirken.

4 Gedichte als Dialog

Eray, 17 Jahre
Auf ein Wort, Herr Benn …
in das nebenliegende Gehirn
Mir gefällt die Zeile, weil es nicht alltäglich vorkommt, dass etwas ins „nebenliegende Gehirn" gleitet. Gleichzeitig finde ich die Vorstellung abstoßend, dennoch interessant. Wie groß ist das Gehirn? Welche Farbe hat es? Ist es in Blut getränkt oder bewegt sich vielleicht etwas in ihm? Kann es irgendwann, wenn es der Fortschritt erlaubt, in einen anderen Körper hineingepflanzt werden? Was wird das Gehirn bis dahin geleistet haben?

Matthias, 16 Jahre
Auf ein Wort, Herr Benn …
Ruhe sanft
Weil es wie ein Todesurteil klingt.

Dilara, 16 Jahre
Auf ein Wort, Herr Benn …
Ruhe sanft,
kleine Aster
… es ist komisch, dass der Dichter nicht zu dem Mann sagt: „Ruhe sanft!", sondern zu der kleinen Aster. Da überlegt man sich schon, warum dem Dichter die Aster wichtiger ist, als der Mensch, der gestorben ist. Man könnte fast glauben, dass der Dichter kein Mitleid mit dem Verstorbenen hat …

Yonca, 16 Jahre
Auf ein Wort, Herr Benn …
Ruhe sanft,
kleine Aster!
Die Ruhe gehört den Menschen und der Natur. Man sollte den Toten Ruhe gönnen, denn jeder Mensch hat gelitten. In ein paar Zeilen wird gezeigt, dass die kleine Aster auch so viel wert ist wie ein verstorbener Mensch.

Izabela, 16 Jahre
Auf ein Wort, Herr Benn …
Ruhe sanft,
kleine Aster!
Für den Mann hat er keine Gefühle. Nur die kleine Aster tut ihm leid.

In aller Regel werden durch diese Schreibübung große Teile des Gedichtes angesprochen. Eine gute Grundlage, in die Wirkungsgeschichte des berühmten Benn-Buches *Morgue* einzutauchen.
Die zweite Schreibübung beschäftigt sich mit dem Aufbau des Gedichtes.

4.2 Dialoggedichte am Beispiel Gottfried Benn

Schreibaufgabe

Für diese Aufgabe sind einige zusätzliche Materialien notwendig: Scheren, Klebstoff, Tageszeitungen und Zeitschriften. Es sollte darauf geachtet werden, dass die Schüler unterschiedliche Tageszeitungen und Zeitschriften in den Unterricht mitbringen. Zunächst werden die Zeitungen nach Meldungen oder Artikeln durchgeschaut, die von einem Unfall oder einer Katastrophe mit Todesfolge handeln. Es gilt, nun einen verdichteten Text zu schreiben, der die Position eines Beteiligten einnimmt. Der Text kann sich am Gedicht Benns orientieren. Als erste Schreibzeit sollte mindestens eine Doppelstunde angesetzt werden.

Für die meisten der Schüler wird bei der Vorbereitung der Aufgabe schon allein das Aussuchen und Besorgen einer Tageszeitung eine Herausforderung sein. Keine Selbstverständlichkeit mehr. Auch deshalb ist die Übung sinnvoll. Hilfreich wäre es, über verschiedene Tageszeitungen zu sprechen, gar welche im Unterricht vorzustellen, bevor es dann den Schülern überlassen wird, sich für eine zu entscheiden und sie in den Unterricht mitzubringen.

Textbeispiele von Schülern, erste Entwürfe

Friederike, 14 Jahre
gun control
Blinkende Anzeige des Radioweckers
3:12 Uhr
Der Lauf ist gereinigt
Das rote Tuch
Auf 1000 Stahlpatronen abgelegt
Mustere die Einzelteile
Hochkonzentriert und die Schönheit bewundernd
Was für Welten doch das Internet eröffnet!
Vor mich hinsummend
Fülle ich meine Tasche
Folge der Treppe zum Hinterausgang
Schließe die Tür nicht, wozu auch
Komme nicht wieder
Bin auf dem Weg zum Kino
Gespannt auf den Film

Textquelle: Warum spricht Amerika nicht über Waffenkontrolle; in: DIE ZEIT, 26.07.2012

4 Gedichte als Dialog

Rose, 15 Jahre
No. 65/66
Ein Leutnant, sechs Generäle,
erst entführt, dann ermordet.
Kein konkreter Hinweis,
aber Suharto weiß
mit selbstlosen Giganten
im Bund der Brüderlichkeit
– es waren die Kommunisten.

Getötete Kinder, Mütter, Väter
schaffen doch Platz im Land
für Neues das schon bald
ausgebeutet werden kann.

47 Jahre später: Entschuldigungen und Skepsis.
Aber wer, außer den Kommis konnte es denn gewesen sein?
Was sagst du? Rechte, gar Aufständische?

So herzhaft hab ich noch nie gelacht.

Textquelle: Ein monströses Verbrechen; in: taz, 26.07.2012

Kristina, 16 Jahre
James Holmes[16]
weiche rote Sitze
weicher Samt
rotes Theater
nostalgisches Licht

weiche rote Sitze
stöhnend unter erdrückender Last

Dunkelheit

weiche rote Sitze
übergossen
beschmutzt
erstickt.
Sorgt euch nicht. Ich bin das Chaos!

> weiche ROTE Sitze
> in der Nacht der Fledermaus
>
> Textquelle: Batman-Premiere in Deutschland. Mit welchen Gefühlen gehen Sie heute Abend ins Kino?; in: BILD, 26.07.2012

Mit diesen Übungen sind zwei Einstiegsmöglichkeiten geschaffen, sich noch einmal intensiver dem Gedicht Benns zuzuwenden, und die *Kleine Aster* mit der eigenen Schreiberfahrung im Rücken zu betrachten, über die Perspektive des Autors zu reden, die Stilmittel zu erkunden und auf weitere Gedichte Gottfried Benns zu verweisen.
(Download 17: Biographisches und Poetologisches zu Gottfried Benn)

4.3 Dialoggedichte am Beispiel Paul Celans

Auf den Besuch der Stadt Czernowitz hatte ich mich gefreut wie ein kleines Kind. Nicht nur, dass ich mir die Reise in ein Land, das ich niemals zuvor besucht hatte, alle Vorstellungen zugleich bescherte, ich wollte endlich dort ankommen, wo einer der Dichter, die mich in meinem schriftstellerischen Werdegang am meisten beeinflusst, prägend inspiriert und bestätigt hat, geboren wurde und seine Kinder- und Jugendjahre verbracht hatte. Ein ähnliches Gefühl wie vor meinem ersten Besuch in Alexandria, um den Liebesgedichten Konstantinos Kavafis näher zu kommen. In einer Stadt zu sein, die einst verschiedene Kulturen und Sprachen in sich vereinte, schien mir eine Verheißung. Dort ein paar Tage zu verweilen, wo ein Dichterleben seinen Anfang nahm, um danach erneut in die Verse eintauchen zu können, die sich der Vernichtung entgegenstemmten. Ich habe mich immer gefragt, weshalb vor allem die späten Gedichte Celans eine derart große Faszination auf mich ausgeübt hatten. Erich Frieds Äußerung konnte mir eine erste Antwort darauf geben: „Celan ist kein ‚politischer Mensch'. Er legt auch keinen Wert darauf, ‚zeitnah' oder ‚zeitverbunden' zu sein. Aber vielleicht gerade deshalb sind seine Gedichte besonders tief von dieser Zeit geprägt. Nicht wie aktuelle Leitartikel, nicht wie philosophische und politische Analysen der Zeit, sondern diese Gedichte sind der reinste Ausdruck, den ich kenne, für den Zusammenstoß zwischen den großen uralten Bildern der menschlichen Seele, der menschlichen Phantasie, und den Katastrophen der Gegenwart" (Emmerich, 1999, S. 179).

Dies mag eine der Deutungen sein, weshalb Celans Gedichte mich berührten, auch dort, wo ich sie nicht verstanden habe: „die großen uralten Bilder der Seele", ihnen eine Sprache zu geben, die nicht mir fremd wäre, gleichzeitig mich aber auch nicht entfremdenden würde, allenfalls befremden. Das Nicht-Verstehen zulassen, immer tiefer hineinhören in die *w:orte*[14], um gehört zu werden angesichts all der Erklärungsmuster, die immer auch Ausgrenzung bedeuten. AUSWEISung[15], Ablehnung, „aus den angeln gehobene nähe"[16] dennoch, wie ich einst in einem Gedicht schrieb. Fremdgemacht zu werden, ist eines der „uralten Bilder" der Menschheit. Sprachwirksamkeit und Wortwirksamkeit, die zerstören: vernichten. Wie diese – nur so kann ich mir Celans Sprache gegen das Verstummen nach Auschwitz ahnbar machen – zur Shoa geführt haben. Nicht führten. Kein Präteritum des Wortes „führen", denn die Tat ist vergangen, nicht die Zeit, mit ihr zu leben. Für mich erhellender noch in meinem Begehren die leise Verbindung zu Celan zu begreifen als dies schon die Gedanken Frieds vermochten, wurden mir Jahre später nachfolgende Äußerung Thomas Kirchhoffs zu seinem Werk, wenn er von einer Sprache spricht, die bis dahin unerhört gewesen sei und „nicht verdorben vom Geschehen."

„Nicht verdorben vom Geschehen". Das bleibt. Das ist keine Parallel-Konstruktion im Umgang mit Sprache „heute" und kein – auf ein ästhetisches Vergnügen hin – verknapptes Schreiben à la Celan, es ist ein Urmotiv der Fremderfahrung Sprache, denen selbstverständlich eine Biographie zu Grunde liegt, aber es ist eben mehr als „nur" die Vita, es ist die Sehnsucht für das Unbegreifliche, das Unfassbare *w:orte* zu finden. Es ist ein Urmotiv ins Schreiben, um zu (über)leben. Ich denke, dass ich aus diesem Grund meinem Lyrikband *fahrtenschreiber*, den ich 2010 publiziert habe ein erkennendes und orientierungsbewusstes Gedicht als Auftakt gewählt habe:

Czernowitz

vom silber der dächer
kraucht lärm / ein laut-

fall der spatzen & verse
die sind

biographische lotsen
mediterrane matrosen

mein vogelaug streift
1 meer übers land & fasst

einen lufttisch dem gast
mit heimweh gedeckt / das

sammelt sich fort
& trägt

4.3 Dialoggedichte am Beispiel Paul Celans

ein paar schuhe
im hals / mein geburtsort

ein paar schuhe
im hals / mein geburtsort

ein atlas
der bleibendes ist

& flickwerk der straßen &
heimatlos nah / ein

paar Tage C.
verschluckt meine haut

buchenverbrämt
julidaheim

José F. A. Oliver

In dem von Barbara Sichtermann und Joachim Scholl herausgegebenen Buch *50 Klassiker Lyrik* lese ich folgende Zeilen über Paul Celan:

> Den unauslöschlichen Brennpunkt seines Schreibens bildet die Erfahrung von Nationalsozialismus und Holocaust. Jedem Gedicht, so sagt er in Der Meridian (1960, Rede zur Verleihung des Büchnerpreises) sei der „20. Jänner eingeschrieben" das Datum der Berliner Wannsee-Konferenz, auf der 1942 die „Endlösung" der Judenfrage beschlossen wurde. In jedem Gedicht erneut ist der Kampf gegen jede gesellschaftliche Instrumentalisierung der Kunst anzufechten: durch permanente Umwendung, Verknappung und Neugruppierung der gebräuchlichen Sprache; zugleich ist es das Medium, über das er „zuhält" auf ein Dasein in der Sprache, das unentfremdet wäre. Mehrdeutigkeit ist ihm Utopie: „Mach den Ort aus, machs Wort aus. / Lösch. Miß". Im „Auslöschen" herkömmlicher Bedeutungen erkundet er neue Möglichkeiten des Sprechens.   (Sichtermann, Scholl, 2007, S. 223)

Ob dieses „Auslöschen" jemals „verstanden" wurde und ob in unserer Zeit, von heutigen Schülern sprechend, dieses Wort „Auslöschen" „verstanden" werden kann, ist zu bezweifeln. Ich glaube nicht. Oder vielleicht doch? Vielleicht nur im Celanschen Sinne. Vielleicht kann unabhängig von der bloßen, sich auf die Worte einlassende Lektüre eines Celan-Gedichtes, die eine assoziative Wort-Auseinandersetzung wäre, vor der Begegnung mit Celan-Gedichten der Besuch eines ehemaligen Konzentrationslagers jene Sprachlosigkeit und ihr Sprach-Los dennoch intensiver *wirkend* werden und auch heute noch Leser finden, die sich die Sprache Celans zutrauen, ohne abwehrend das Damoklesschwert des Adjektives „hermetisch" zu verwenden. Celan selber hat seine Gedichte auch nicht als „hermetische" Gebilde begriffen und wollte sie auch nicht so verstanden wissen. Dagegen hat er sich gewehrt. Es war sein Erschreiben s:einer Wirklichkeit. Der Besuch einer KZ-Gedenkstätte könnte zumindest eine Brücke in jene Zeit bauen. Nicht aus einer oberflächlichen Betroffenheit heraus motiviert, sondern aus der Distanz des Unfassbaren, die mehr wissen will und sich Zeit nimmt, wie es uns mit den Schülern der 8. Klasse an der Realschule Ostheim gelungen ist. Zuerst wurde im Unterricht gemeinsam die *Todesfuge* gelesen, außer ein paar grundlegenden historischen Fakten und der Erklärung der Wörter, die die Schüler nicht kannten, unkommentiert. Danach unternahmen wir eine Klassenfahrt ins benachbarte Elsass, um das Arbeits- und Vernichtungslager „Struthof" – die Stätte des ehemaligen Konzentrationslagers Natzweiler zu besuchen – Geschichte in erreichbarer Nähe. In unserem Fall in der Nähe von Stuttgart.

Was die Schüler beim Besuch der Gedenkstätte hat still werden lassen, war die „stumme" Asche. Sie bedurfte keiner erklärenden Worte. Sie war plötzlich ein Ort des gemachten Todes. Schon auf der Rückfahrt im Bus wollten die Schüler die *Todesfuge* noch einmal lesen. Jeder für sich.

Sollten Sie die Gelegenheit wahrnehmen können, eine KZ-Gedenkstätte zu besuchen, was ich Ihnen empfehle, wäre dies mein Vorschlag für die Vor- und Nachbereitung des Besuches:

- Lektüre der *Todesfuge*
- Klassenfahrt in eine Gedenkstätte (in Ihrer Nähe)
- Nachbesprechung des Besuches
- Erneute Lektüre der *Todesfuge*
- Schreibaufgaben

Lektüre der *Todesfuge*
Zunächst sollte das Gedicht einfach nur gelesen werden, selbst auf die Gefahr hin, dass „nur" wenig von den Schülern nachvollzogen oder „verstanden" wird. Der Rhythmus und der Gesamteindruck des Gedichtes wirken. Sie können das Gedicht vorlesen, aber auch eine Originalaufnahme von Paul Celan einspielen, die sich etwa auf *youtube* finden lässt. Unter *youtube* finden Sie auch Visualisierungen und Musikstücke, die sich mit der *Todesfuge* auseinandersetzen. Den Schülern unbekannte Wörter können abgefragt und von Ihnen geklärt werden oder aber Sie projizieren das Gedicht an die Wand und decken die einzelnen Wörter ab und lassen die Schüler zu den einzelnen Wörtern assoziativ etwas sagen. Diese Methode hat ein mir befreundeter Dichter und Lehrer mit Erfolg angewendet und mich auf sie aufmerksam gemacht.[17] Dabei kann schon mit der Betrachtung des Namens Paul Celan begonnen werden, also mit Assoziationen zum Vornamen „Paul" und zum Nachnamen „Celan". Sie erzählen jeweils die Bedeutung, die Sie kennen, zu „Celan" beispielsweise, dass der Geburtsname des Dichters

Antschel war (rumänisch Ancel) und dass Celan ein Anagramm[18] seines Namens darstellt. Danach nehmen Sie sich das Wort „Todesfuge" vor. Sollte es einen Musiker in Ihrer Klasse geben, wird das Wort „Fuge" vielleicht sogar von einem der Schüler erklärt. Bereiten Sie sich gut vor, sodass Sie sich der Herkunft und der Bedeutung der Wörter in der *Todesfuge* gewiss sind. „Todesfuge" war beispielsweise erst der zweite Titel. Zunächst hieß das Gedicht „Todestango". Sehr hilfreich ist auch der bereits mehrfach erwähnte Internetauftritt von Prof. Thomas-Friedrich Kirchhoff: www.orte-paul-celans.de. Sollten Sie daran denken, die *Todesfuge* zu einem bestimmten Zeitpunkt zu visualisieren oder einen Dialog mit der Musik zu gestalten, ist eine Kooperation mit den entsprechenden Fächern „Kunst" und „Musik" eine gute Gelegenheit.

Klassenfahrt in eine KZ-Gedenkstätte (in Ihrer Nähe)
Der Besuch einer KZ-Gedenkstätte sollte meines Erachtens zu den Inhalten schulischer und außerschulischer Bildung gehören. Ein Gedanke, der die Klassenfahrt begleiten könnte, ist der Satz des französischen Dichtes Paul Éluard[19]: „Wenn das Echo ihrer Stimmen schwächer wird, werden wir untergehn." In aller Regel haben die Gedenkstätten pädagogisches Material, das diese speziell für die Vor- und Nachbereitung des Besuches von Schülern zur Verfügung stellen. Es bietet sich an, auch bei einem Besuchsprojekt wie diesem fächerübergreifend vorzugehen und beispielsweise mit einem Geschichtslehrer zusammenzuarbeiten.

Nachbesprechung des Besuches
Die Nachbesprechung kann auf sehr unterschiedliche Art und Weise stattfinden. Es erscheint mir sinnvoll, auf das jeweilige pädagogische Dossier der Gedenkstätte zurückzugreifen und daraus eine Unterrichtseinheit zu gestalten. Damit vermitteln Sie den Schülern *w:orte* und „Zeitpunkte" der Vernichtungsmaschinerie der Nazis im Dritten Reich.

Erneute Lektüre der *Todesfuge*
Nach den vorangegangenen Arbeitsschritten wird das „Verstehen" der Schüler, wenn sie die *Todesfuge* lesen, ein anderes sein. Ich habe mehrfach den Beitrag von Thomas-Friedrich Kirchhoff erwähnt. Er spricht von drei Komponenten, um dem Werk Celans näherzukommen:

> Prägend für Celans Gedichte – über fünfhundert in acht von ihm selbst konzipierten Bänden und weitere fünfhundert („Das Frühwerk" und „Gedichte aus dem Nachlass") – sind vor allem drei Komponenten:
> 1) die dichterische Tradition der Werke Hölderlins, Rilkes, Trakls, Kafkas und Novalis.
> 2) die jüdische Tradition, hier speziell die kabbalistisch-jiddische (also die jüdische Mystik) und die „Ich-Du"-Mystik des Philosophen und Übersetzers Martin Buber (1878–1965).

3) das Historisch-Biographische mit den unauslöschlichen Erinnerungen an den Churban, dem seine Eltern zum Opfer fielen und der schließlich auch ihn das Leben kostet. (www.orte-paul-celans.de von Thomas-Friedrich Kirchhoff, 2010)

Auf Hölderlin werde ich noch in einem späteren Kapitel zu sprechen kommen. Rilke, Trakl, Kafka und Novalis sind Dichter, die während eines Schülerlebens auf jeden Fall auch einmal vorgestellt oder wenigstens erwähnt sein sollten. Hier darauf näher einzugehen, ginge zu weit. Ich empfehle Ihnen jedoch einen Blick in die auch schon mehrfach erwähnte Publikation *50 Klassiker Lyrik* – Sie treffen dort auf jeden Fall neben Hölderlin auch auf Novalis, Rilke und Trakl. Franz Kafka bietet sich als weiterführende Lektüre ebenso an. Allerdings nicht in diesem Band. Vor allem seine beiden Bücher *Die Verwandlung* und *Der Landarzt* seien Ihnen ans Herz gelegt. Schwieriger wird es mit dem Studium der Schriften Martin Bubers[20]. Hier ein Zitat auf den Weg, den Sie, Martin Buber lesend, gerne weitergehen dürfen: „Es gibt kein Ich an sich, sondern nur das Ich des Grundworts Ich-Du und das Ich des Grundworts Ich-Es. Wenn der Mensch Ich spricht, meint er eins von beiden (…) Ich sein und Ich sprechen sind eins" (Martin Buber, 2008, S. 4).

Die Orte der Biographie, die Biographie als Ort – eine erste Begegnung mit jener Zeit kann durch den Besuch einer KZ-Gedenkstätte geschaffen werden. Ebenso eine „zeitgebundenere" Möglichkeit, um auch über die Biographie Paul Celans zu sprechen. Auch so, wie es Rose Ausländer sagte: „Wir zum Tode verurteilten Juden waren unsagbar trostbedürftig. Und während wir den Tod erwarteten, wohnten manche von uns in Traumworten – unser traumatisches Heim in der Heimatlosigkeit. Schreiben war Leben. Überleben" (Rose Ausländer in ihrem Essay *Alles kann Motiv sein* von 1971; zit. nach: Sichtermann/Scholl, 2007, S. 224).

Schreibaufgabe: w:orte, Assoziationen und *Ich-Du-Wir*-Verdichtungen
Es bieten sich verschiedene Schreibaufgaben an, die direkt oder indirekt den Dialog mit Gedichten von Paul Celan öffnen könnten. Die Dauer der Schreibübungen sollten von Ihnen festgelegt werden. Ich kann hier nur schwer eine Zeitvorgabe empfehlen, da ich nicht weiß, wie lange Sie die Unterrichtseinheit(en) insgesamt planen. Das Schreiben an den vorgeschlagenen Texten kann durchaus über einen längeren Zeitraum angelegt werden. Auch im Wechsel zwischen Schreibübung im Unterricht und Hausaufgabe(n).

4.3 Dialoggedichte am Beispiel Paul Celans

1. *w:orte*, Assoziationen
Jeder Schüler soll sich ein Wort aus einem Celan-Gedicht aussuchen und darüber assoziativ schreiben. Oder aber – sollten Sie einen Besuch in einer Gedenkstätte organisiert haben – einen Text schreiben, der den Aufenthalt und die Gefühle und Gedanken, die er vorort oder im Nachhinein hatte, zum Schreibanlass nimmt. Aus den Texten können sich einzelne Verdichtungen im Sinne einer eigenen Annäherung an die *w:orte* ergeben.

Schülertexte, Beispiele:

Selma, 15 Jahre
Zwei Notate ohne Titel
blind so ganz ohne
Sonne

tunnelwandvertrautheit
geSTAUBfangen
auf schienenblutrost /
schienenrostblut

Andrea, 16 Jahre
Der Wind lachte sich heraus
und auf dem strahlenden Kieselpflaster
geißelte der Sommertag
die Wahllosen bis

„Der ist in den Draht gegangen"
Nach dem Nachtgebet
fuhr die Eisenbahn
und schon am nächsten Tag

ist die Nacht
ausgesternt

da helfen keine Tränen mehr
und die Sonne
lässt sich im Regen stehen

4 Gedichte als Dialog

kein Gras wächst darüber
nur Gänseblümchen
rotgespränkelt
Sterne
liegen im Boden
auf der Suche nach Versöhnung
Dachau, 18. Juli 2005

Marianne, 16 Jahre
Asche ist der Himmel
Asche ist der Himmel
Asche was vom Abend blieb
Von den weißen Nachmittagen
Weißen Tüchern leicht im Wind
Asche ist was blieb

Fernverschlossen alles
Segelschiff in einer Flasche
Aufgestürzte Bäume stehen
Hart am Rand ganz Kohle blind
In die nahe Nacht

Die im Panthersprung
Einen neuen Stern entfacht
Über all den grauen Dächern
Aus der Asche – noch ein Kind
Des verletzten Tags

Marco, 17 Jahre
Drei kurze Texte zur Vergänglichkeit
(inspiriert durch Paul Celan)

1. Träumer können fliegen (Celans Traum)
In der grauschwarzen Ödnis
Sitzt ein
    – Träumer –
Und scharrt mit den Fingernägeln
An den Gebeinen seines toten Bruders
Die Knochensplitterflocken

Lässt er
      – fliegen –
Wie Kirschblüten
      – im Wind –
Und singt ein Lied über Hoffnung
Und über Schnee im Mai

2. Oberfläche aus Fischen
Im Unterwasserlabyrinth
Sucht sie die
      – Oberfläche –
Denn bald geht ihr
Die Lebensluft
      – aus –
Ihr lebloser Leib
Wird dann den
      – Fischen –
zur Herrschaftsresidenz

3. Spuren im Sand

Spuren	der verstorbenen Fauna
	Des letzten Jahres
	Finden sich
Im	Garten meines Hauses
	Denn dort
	Begraben von
Sand	und Lehm
	Wachsen Blumen
	Aus ihren Köpfen

2. *Ich-Du-Wir*-Verdichtungen

Die Auseinandersetzung mit einem *Ich*, einem *Ich* oder *Du*, einem *Ich* und *Du*, auch in ein *Wir* gelegt oder ein *Wir* betrachtend, kann in sehr unterschiedlichen Schreibübungen zum Ausdruck kommen. Den Schülern sollte keine Vorgabe gemacht werden, wen sie sich als „Text" aussuchen, das *Ich*, ein *Du* oder ein *Wir*. Zu einem späteren, „wortgefestigteren" Zeitpunkt können die Schülertexte dann dem „Ich" Celans gegenübergestellt werden und sein Verhältnis zum „Du" thematisiert werden. Welches *Ich* trifft auf welches *Du*? Was sage ich, wenn *Ich* mich einem *Du* zuwende? Was verstehe „Ich" vom „Du"? Was versteht das „Du" vom „Ich"? Von mir? Es fügt sich, was der Literaturkritiker Michael Braun[21] bei der Besprechung eines Gedichtes (von Mara Genschel[22]) sagte und lässt sich auf nahezu jedes Gedicht übertragen: „Das Ich ist für den Dichter immer eine unverlässliche, unberechenbare Kategorie; das Ich ist stets ein anderer; das Ich ist persona, Maske, das Ich ist nicht Individuum, sondern fragiles Dividuum" (Braun, 2012, S. 18f.).

Schülertexte, Beispiele:

Martin, 16 Jahre
(Ohne Titel)
du kannst jetzt kommen
der durch die Augen eingetretene Weiner
verlässt mich durch den Mund
und verglüht in einer hellen Fahne

bald blüht der Jasmin
da wird das alte Weiß zum neuen Laken
da liegen wir gut wenn es Nacht wird

Andrea, 16 Jahre
Regenflug
seinen Blick
zurück wünsch ich uns
wo Brücken schaukelten
und wo Regentropfen
mit uns fielen

das Tau in den Händen
und wir in unseren Köpfen
weinten die Schuhe
und wir verstanden
und trösteten

> wir sprachen uns
> über Sprung und Schlucht
> weg zu uns

Celans dichterischem Werk näher zu kommen, ist im Grunde eine Aufgabe ohne Anfang und ohne Ende. Es ist, als bräuchte man „Schwimmhäute", um nicht unterzugehen, es ist, als „stotterte" man *nach* und „vor" und ständig „dazwischen", es ist als „wilderte" man in den „Bedeutungen". Vielleicht müsste man sich den Blick Yoko Tawadas[23] aneignen, die von ihrer japanischen Muttersprache *in* die Gedichte Celans *übersetzt*: „Außerdem wäre es nicht ausreichend, wenn ich sagen würde, Celans Gedichte seien übersetzbar. Vielmehr hatte ich das Gefühl, daß sie ins Japanische hineinblicken" (Tawada, 1996, S. 122). Das ist eine neue, eine andere Lektüre der Gedichte Celans. Die Bedeutung ist nicht mehr „nur" in den Worten Celans, sondern auch in den Worten des Lesers, nicht nur desjenigen, der aus einer „Fremdsprache" kommt. Das wäre eine Einladung an jeden Leser, die eigene Sprache aus der Sprache Celans zu entziffern, wenn ich das richtig verstehe[24]. Das wäre eine Perspektive in das, was ich als „w:andersprache" bezeichne. Deshalb möchte ich dieses Kapitel mit einer Anekdote abschließen, die eigentlich mehr als ein „Histörchen" oder die „Pointe" einer Reise, meiner Reise, nach Czernowitz ist. Sie kommt einer Metapher gleich. Einer Metapher der guten Irritation.

Ich hatte das Glück, dass ich während meines Aufenthaltes an einem Morgen an einer fachkundigen Stadtführung teilnehmen konnte, die auch einen kurzen Zwischenstopp am Geburtshaus Paul Celans beinhaltete. Als wir endlich vor dem frisch renovierten Haus standen, die Gedenktafel gelesen und ein paar Details zur Vita des Dichters gesagt waren und ich bereits das eine oder andere Zimmer des Hauses, das ich mir ja nur von außen vorstellen konnte, meiner Phantasie übergeben hatte und gerade begann, mir auszumalen, ob und wie Paul Celan an diesem oder jenem Fenster ... hörte ich wie von weither die Worte „Alles falsch!" Der Professor, der an jenem Vormittag unser Cicerone war, unterbrach seine Ausführungen urplötzlich und sagte: „Alles falsch, es ist das falsche Haus! Man hat das falsche Haus renoviert!" Zur feierlichen Enthüllung der Gedenktafel auf dem mit Mühe und Liebe hergerichteten Haus sei nämlich eine Cousine Celans aus den USA angereist, die vor versammelter Prominenz und Musik ebenso urplötzlich kundtat, dass dieses renovierte Haus nicht das Wohnhaus Celans sei: „Wenn wir zu Besuch waren und wir uns langweilten, sind wir als Kinder immer aus dem Fenster in den Hof gesprungen und haben unter dem Kastanienbaum gespielt!" Da war weit und breit kein Kastanienbaum, da war kein Fenster, aus dem man „als Kind" hätte springen können, ohne sich sämtliche Knochen zu brechen. Celan hatte nicht im Vorderhaus gewohnt, sondern das Hinterhaus war sein Zuhause. So unfassbar mir die Geschichte schien, so sehr gefiel sie mir auch. Als müsste es so sein. Selbst das Haus das falsche! Wie gesagt, eine Metapher gegen die

Eindeutigkeit. Insofern möchte ich mit einem Gedicht schließen, das an jenem Morgen vor den Fenstern am Hinterhaus seinen Anfang nahm und das ich 2010 publiziert habe:

Celans geburtshaus, kein irrtum

hier sei er aus dem fenster gesprungen
vom falschen
ins richtige haus
in den hinterhof sei
er später gesprungen ins wasser
aus dem fenster
geklettert aus den kinderspielen
in die toten
fenster des Libanon

wo liegt Czernowitz? Wo

in ukrainischen briefkästen
die antwort die frage

man hat das falsche haus renoviert

José F. A. Oliver, 2010

(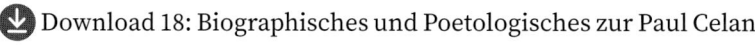 Download 18: Biographisches und Poetologisches zur Paul Celan-Übung)

Anmerkungen

1 Roland Barthes, franz. Philosoph, Schriftsteller und Literaturkritiker (1915–1980)
2 Doppelsinnigkeit.
3 Hannah Arendt gab dem Buch über den Eichmann-Prozess in Jerusalem den Untertitel *Bericht von der Banalität des Bösen*: 1961 nahm Arendt von April bis Juni als Reporterin der Zeitschrift *The New Yorker* am Prozess gegen Adolf Eichmann in Jerusalem teil. Daraus gingen zunächst Reportagen hervor und schließlich eines ihrer bekanntesten und damals bis heute sehr umstrittenen Bücher *Eichmann in Jerusalem* mit dem Untertitel *Ein Bericht von der Banalität des Bösen*. Es wurde 1963 zunächst in den USA und kurz darauf in der Bundesrepublik veröffentlicht. Der israelische Geheimdienst hatte Adolf Eichmann 1960 in Argentinien gefasst und nach Jerusalem entführt. Ihre vieldiskutierte Wendung im Hinblick auf Eichmann – „Banalität des Bösen" – wurde zu einem geflügelten Wort. Um das Werk gab es heftige Kontroversen. Insbesondere der Ausdruck Banalität in Bezug auf einen Massenmörder wurde von verschiedenen Seiten angegriffen.
4 „Viele Bürger vernahmen 1933 aus den Parolen und Versprechungen der Regierung etwas, an das sie glaubten, sei es sozialer, nationaler oder philosophischer Art. Auch Benn meinte sich in einigen Momenten in seiner Haltung bestätigt zu sehen (…)" schreibt Nadine Kinne in ihrer Studienarbeit. Siehe Literaturliste im Anhang.
5 *Churban*, hebräisch = Verwüstung, menschengemachte Vernichtung

4.3 Dialoggedichte am Beispiel Paul Celans

6   Informieren Sie sich über die Bedeutungsvielfalt von „Emigrantenliteratur", „äußeres" und „inneres Exil".
7   Das „Berliner Ensemble".
8   Steffen Jacobs, deutscher Schriftsteller und Lyriker, geb. 1968.
9   Steffen Jacobs; Der Lyrik-TÜV. Ein Jahrhundert deutscher Dichtung wird geprüft. Eichborn Verlag, Frankfurt/Main 2007.
10   Günter Grass: Was gesagt werden muss! Erstpublikation in der Süddeutschen Zeitung im April 2012.
11   Leichenschauhaus.
12   James Holmes hatte als Batman verkleidet in einem US-amerikanischen Kino bei der Filmpremiere des gleichnamigen Filmes ein Massaker angerichtet.
13   Konstantinos Kavafis, einer der bedeutendsten griechischen Lyriker der Neuzeit (1863–1933), lebte in Alexandria (Ägypten).
14   Ich werde die poetische Variante „w:orte" häufiger verwenden. Worte sind für mich mit Orten verbunden, tragen diese in sich, werden von diesen mitgesprochen: Ort der Kindheit, Ort der Liebe, Ort des Todes, um nur einige zu nennen. Den Doppelpunkt habe ich poetisch-philosophisch für meine Gedichte entdeckt, deshalb auch Wörter wie „w:erden", „m:eine", „s:eine" oder „d:ich". Sei es aus bedeutungsergänzenden oder sich widersprechenden oder dialektischen Gründen – es hängt immer vom jeweiligen Text und Kontext ab, in denen ich diese Schreibweise benutze.
15   Ich erlaube mir diese Schreibung, um die frappierende Nähe des Wortes „Ausweisung" zum „Ausweis" zu verdeutlichen.
16   Selbstzitat in Anlehnung an mein Gedicht „fremdw:ort".
17   Markus Manfred Jung, Deutsch-Lehrer, Lyriker und Verleger, geborgen 1954 in Zell im Wiesental und aufgewachsen in Lörrach. Einer der herausragenden Dichter in alemannischer Sprache.
18   Der Begriff *Anagramm* (von griechisch *anagraphein* ‚umschreiben') bezeichnet ein Wort, das aus einem anderen Wort durch Umstellung der einzelnen Buchstaben oder Silben gebildet wurde.
19   Paul Éluard, französischer Dichter des Surrealismus (1895–1952).
20   Martin Buber, österreichisch-israelischer jüdischer Religionsphilosoph. (geb. 1878 in Wien, gest. 1965 in Jerusalem). In seinen philosophischen Werken kommt bei Buber vor allem das Thema des Dialogs als anthropologisches Prinzip des Menschen zum Ausdruck. Sein Hauptwerk trägt den Titel *Ich und Du* und behandelt das Verhältnis des Menschen zu Gott und zum Mitmenschen als existentielle, dialogische und religiöse Prinzipien.
21   Michael Braun, deutscher Literaturkritiker, geb. 1958 in Hauenstein (Pfalz), lebt in Heidelberg.
22   Mara Genschel, deutsche Lyrikerin, geb. 1982 in Bonn.
23   Yoko Tawada, japanische Schriftstellerin, Lyrikerin und Essayisten, geb. 1960 in Nakano, Tokio. Sie schreibt in japanischer und deutscher Sprache und lebt in Berlin.
24   Bernhard Kopf sagt hierzu in seiner Studienarbeit: „Es wird also davon ausgegangen, dass die andere Sprache schon im Originaltext steckt." In: Kopf, Bernhard; Wortinterne literarische Mehrsprachigkeit. Studienarbeit. Dokument Nr. V172359. www.grin.com, S. 9.

5 Vom *über:setzen* in Deutschland

> In der Muttersprache sind die Worte den Menschen angeheftet, so daß man selten spielerische Freude an der Sprache empfinden kann. Dort klammern sich die Gedanken so fest an die Worte, daß weder die ersteren noch die letzteren frei fliegen können. In einer Fremdsprache hat man aber so etwas wie einen Heftklammerentferner: Er entfernt alles, was sich aneinanderheftet und sich festklammert.
>
> Yoko Tawada

5.1 Heimat, verdichtete *Heimatt*

„Heimat" als facettenreiches Thema hätte sich auch in den vorangegangenen Kapiteln immer wieder angeboten, insbesondere als Option nach den Schreibübungen zu einzelnen Gedichten von Bertolt Brecht, Gottfried Benn oder Paul Celan. Brecht, der nach dem *Reichstagsbrand* 1933 zunächst über Wien nach Prag floh, dessen Bücher auf dem *Scheiterhaufen* landeten und dem 1935 die deutsche Staatsbürgerschaft aberkannt wurde, der über die Schweiz und Frankreich nach Dänemark gelangte, von dort aus 1939 erneut vor den Nazis flüchtete und über Schweden, Finnland in den USA ein glückliches und unglückliches Exil zugleich fand, bis er 1947 nach Europa zurückkehren konnte und nach zermürbendem Hin und Her 1948 in Ost-Berlin seinen Wohnsitz nahm; dann Gottfried Benn, der 1933 zunächst mit einigen Gedanken der NS-Ideologie sympathisierte, weil er seine Visionen im neuen Gesellschafts- und Menschentypus *aufgehoben* sah, bis er sich sehr bald von seinem eigenen Irrglauben angewidert abwandte, 1935 in Berlin seine Praxis schloss und als Arzt den Heeresdienst antrat, was er als „aristokratische Form der Emigration" bezeichnete, den 1938 endgültig ein Publikationsverbot ereilte und der mehr und mehr zum Einzelgänger wurde; schließlich Paul Celan, der Sohn einer deutsch-jüdischen Familie, dessen Eltern im Konzentrationslager Michailowka[1] ermordet wurden, während er aus seiner „interkulturellen" Geburtsstadt Czernowitz fliehen konnte, in den Jahren 1942–1944 Zwangsarbeit in einem Arbeitslager leisten musste, befreit wurde, dann für vorübergehend in Bukarest lebte und von dort aus über Wien 1948 Frankreich erreichte und in Paris *s:einen* Flucht-Sprachort fand. Biographien, die einst Heimat – Schollen- und Menschen- und Sprachheimat – waren, und nun Verlust, Exil und Tod bedeuten. Wie viel davon reicht in unsere Zeit herüber? Die Fremderfahrung „Heimatt"? Sie ist auch heutig, nicht gleichzusetzen, aber doch eine Wirklichkeit ins Mehrseitige: „fremd gemacht zu werden". Die existentielle Erfahrung der Fremde als mögliche *w:orte* als Los der gemachten Katastrophe und Sprach-Los.

Ich möchte Ihnen im Folgenden vier Schreibübungen vorstellen. Indem sie dem Begriffspaar „Heimat / *Heimatt*" begegnen, greifen sie ineinander.

- ▶ „Heimat ist..."
- ▶ „Gestern traf ich meine Heimat..."
- ▶ „Und niemand weiß" oder *Hölderlin weiterschreiben*
- ▶ *Hälfte des Lebens* – Begegnung mit Hölderlin

Vorbemerkung zu den Schreibaufgaben zur Heimat
In den vergangenen Jahren ist der „Heimat-Begriff" in vielfältiger Weise immer wieder zur Sprache gekommen. „Heimat ist eher ein Gefühl" – lautet weitverbreitet ein Satz, den man in diesem Zusammenhang häufiger vernimmt. In den letz-

ten Jahren wurde – zumindest in den Schulen, an denen ich war – „Heimat" und mit ihr auch der Begriff der „Identität" in erster Linie angesichts der *inter-* oder, ich sage lieber und perspektivischer: mehrkulturellen[2] Wirklichkeit in Deutschland reflektiert. Es war mir deshalb ein Anliegen, dem Begriff und der Vorstellung von „Heimat" sowohl im Schreibgespräch mit Jugendlichen deutscher Herkunft als auch mit Schülern nichtdeutscher Herkunft näher zu kommen. In einer über mehrere Wochen geplanten Unterrichtseinheit mit Schülern an der Hauptschule in Hofstetten im Schwarzwald konnte ich einen Teil meines Vorhabens einlösen, da ich auf eine Klasse traf, in der es keine Jugendlichen nichtdeutscher Herkunft und Muttersprache gab. An der Realschule Ostheim hingegen sind über 90 % Kinder aus Einwandererfamilien. An beiden Orten wurden sowohl „Schollen- als auch Menschenheimat" in einzelnen kreativen Arbeitsschritten zu einer Blickrichtung der Schreibprozesse.

Schreibaufgabe: „Heimat ist ..."
Ausgehend vom *Buch der Fragen* des chilenischen Dichters und Nobelpreisträgers Pablo Neruda[3] entwickeln die Schüler eigene Fragen an die *Erde*. Diese größere, aber auch *ab-strakter* anmutende „Heimat *Erde*" wird in einer zweiten Einheit mit der vertrauteren und überschaubareren Vorstellung einer „Schollenheimat", der Schwarzwälder Heimat, in Beziehung gebracht. So entsteht ein Heimat-Panorama, das gleich mehrere Sichtweisen und Blickwinkel in sich vereint. Die globale und die regionale Wirklichkeit aus der Betrachtung deutscher Hauptschüler, die im Schwarzwald zu Hause sind.
Als letzter Schritt sollen die erarbeiteten Texte in Bilder und Skulpturen übersetzt werden. Mit den Schülern wird ein „Heimat-Pfad" entworfen, den sie selber anlegen dürfen. Damit wird „Erde" auch im doppelten Sinne *Erde*. Sprache, die zurückfindet ins Ursprüngliche der Bedeutungen und in ihrer Metaphorik visionär ist. Das Kleine im Großen, das Ganze als innewohnender Teil.

Arbeitsschritte und Verfahrensweisen
a) Fragen an die Heimat *Erde*:
Inspiriert durch ein paar Fragen Nerudas erhalten die Schüler die Aufgabe, eigene Fragen an die Erde zu stellen. Die Fragen werden mit allen gemeinsam entwickelt, indem die ganze Klasse daran beteiligt wird. Die originellsten, witzigsten, verrücktesten, aber auch sehr ernsthaft gemeinten, etc. – die Schüler dürfen spontan abstimmen – werden auf ein Blatt Papier geschrieben. Im Gegensatz zum poetischen Werk des chilenischen Dichters werden in der Klasse aber auch Antworten auf die Fragen „gesucht". Zunächst in Einzelarbeit. Danach trifft die Klasse im gemeinsamen Gespräch sowohl eine Auswahl an Fragen als auch eine an poetischen Antworten. Ein Wechselspiel zwischen Spaß, Heiterkeit und spielerischem Ernst.

5 Vom über:setzen in Deutschland

10 Beispiele aus dem „Buch der Fragen" von Pablo Neruda

1 Wohin gehen die geträumten Dinge?
2 Sag mir, die Rose, ist sie nackt oder hat sie nur diese Kleidung?
3 Wer singt vom Grund des Wassers des verlassenen Sees?
4 Geht das Gelb eines Tages zur Neige, woraus machen wir dann das Brot?
5 Wer alles schrie vor Freude als das Blau geboren wurde?
6 Wenn all die Flüsse doch süß sind, woher hat das Meer soviel Salz?
7 Warum lehrt man nicht die Hubschrauber aus der Sonne Honig zu saugen?
8 Weshalb nur verbergen die Bäume all die Herrlichkeit ihrer Wurzeln?
9 Warum wollen die Blätter sterben, wenn sie sich gelb fühlen?
10 Wen kann ich fragen, wozu bin ich auf die Welt gekommen?

Pablo Neruda
(Auswahl der Fragen in: Marty Brito, 1997)

Fragen der Schüler an die Erde und ihre Antworten:

1
Wann hast Du Geburtstag?
Ich habe jeden Tag Geburtstag!

2
Wie viele Länder hast Du?
Das weiß ich nicht genau, aber schau doch mal im Lexikon oder im Internet nach.

3
Wie lange kannst Du noch durchhalten?
Ich versuche, so lange wie möglich durchzuhalten. Auf jeden Fall länger als der Mensch. Wenn die Menschen sich weiter so bekämpfen, werden sie bald aussterben.

4
Hast Du Kinder?
Nein, leider nicht. Aber ich habe sehr nette Nachbarn. Oder doch? Vielleicht habe ich ja doch Kinder, denn die Menschen sind für mich wie Kinder. Manche nennen mich „Mutter Natur".

5
Wie groß bist Du?
Mein Gürtel ist 42000 km lang, aber ich habe mich seit meiner Kindheit nicht mehr gemessen und außerdem: ein Maßband, das so lang wäre, gibt es nicht.

6
Gibt es irgendwo auf der Welt „aliens"?
Ja, im Traum. Dort habe ich sie schon gesehen. Und in Deutschland gibt es außerdem Fastnacht. Dann verkleiden sich die Menschen komisch. Die Menschen verkleiden sich wie Außerirdische ...

7
Wie viel wiegst Du?
Oh je, ich bin schon lange nicht mehr auf die Waage gestanden. Ich will es auch gar nicht wissen.

8
Wie viele Menschen leben auf Dir?
Es leben sehr viele Menschen auf mir, aber ich habe es geschafft, sie zu zählen. Es sind ungefähr 7 Milliarden.

9
Hat der Urknall weh getan?
Ja, ich habe heute noch furchtbare Rückenschmerzen und mir tun noch alle Knochen weh. So ist die Hölle entstanden.

10
Wie viel Wasser ist auf Dir?
Auf mir sind ca. 71 % Wasser. Es sind so viele Liter, dass man eine riesige Badewanne füllen könnte, in der alle Menschen Platz hätten, um darin zu baden.

11
Frierst Du an Kopf und Füßen?
Ja, ich habe schon Eiszapfen. Ich friere immer unten und oben, aber in der Mitte ist es heiß.

12
Hast Du Hände?
Nein, leider nicht, sonst könnte ich Streit schlichten. Ich bin so rund, dass man meine Hände nicht mehr sehen kann.

13
Lebst Du wie wir?
Nein, ich bin Euer Leben!

14
Wie heiß ist der Erdkern?
Er ist sehr heiß. Besonders im Sommer. Er ist mein Lebensvorrat wie bei Euch das Herz und wenn ich ihn nicht hätte, wäre ich schon längst gestorben. Mein Kern ist 6700 Grad heiß und damit 900 Grad heißer als die Sonne.

15
Welchen Planeten liebst Du?
Ich liebe keinen Planeten, nur die Sonne, aber sie haut immer vor mir ab.

16
Bist Du eine Frau oder ein Mann?
Eigentlich bin ich eine Frau, aber ich fühle mich wie ein Mann.

17
Wie fühlt es sich an zu schweben?
Man kann nicht auf die Nase fliegen.

18
Wie weit bist Du von der Sonne entfernt?
Wenn Du mir einen Meterstab gibst, kann ich es Dir sagen.

19
Wie sehen die Sterne von Nahem aus?
Eckig.

20
Wo liegt Mozart begraben?
Es gibt einfach so viele Gräber in mir, dass ich es nicht weiß.

21
Hat Jesus wirklich gelebt?
Ja, bis er ans Kreuz genagelt wurde. Hätte ich eine Zeitmaschine, dann wüsste ich es genau.

22
Wie kommt es zu Deinem Namen?
Vor langer Zeit kamen vier Astronauten auf mich und gaben mir den Namen Erde. E steht für Erich; R für Rudolf; D steht für Dieter und E für Edgar.

23
Gibt es Dich für immer?
Da bin ich mir nicht sicher, aber ich wäre gerne für immer da. Für Euch bleibe ich auf jeden Fall noch am Leben.

(Die Schüler waren zwischen 11 und 14 Jahre alt)

b) Über das „Gefühl" und die Vorstellung von „Heimat" schreiben:
Die Schüler schreiben jeweils halbseitige Texte über Ihre Vorstellung von Heimat. Diese werden vorgelesen und gemeinsam besprochen. Aus den Texten werden nun einzelne, markante Sätze herausgesucht.
Als nachfolgende Aufgabe entwerfen die Schüler ein „Heimat-Panorama" in Sprache, indem sie diese Sätze auf ein DIN-A-4-Blatt übertragen.

Hausaufgabe
Jeder Schüler darf zur nächsten Unterrichtsstunde einen Gegenstand mitbringen, der dieses Gefühl und / oder die Vorstellung von „Heimat" versinnbildlicht.

c) Ich erzähle, was „Heimat" mir bedeutet:
Die Gegenstände sind Auslöser für Geschichten. Indem die Schüler ihre Geschichte zu den mitgebrachten Objekten erzählen, kommen alle in den Genuss, sehr unterschiedliche Wahrnehmungswirklichkeiten und Vorstellungen des Heimatbegriffes kennen zu lernen. Diese Art der „persönlichen Präsentation" setzt wieder neue, andere, „Heimat-Sätze" frei.

d) Wie ich mir vorstelle, was ich erzähle:
Nun werden die mitgebrachten Gegenstände gezeichnet. Einmal aus der Erinnerung heraus. Hierzu wird eine Bleistiftzeichnung angefertigt, ohne dass die Gegenstände auf dem Tisch liegen. In einer zweiten „Studie" dürfen die Gegenstände dann wieder hervorgeholt und abgezeichnet werden. Die sehr unterschiedlichen Zeichnungen bilden danach erneut eine gute Gesprächsgrundlage, um dem Phänomen der Wahrnehmungsunterschiede von Wirklichkeit bei jedem einzelnen näher zu kommen. Im gleichen Atemzug wird dabei das abstrakte Denken gefördert. Ein Dialog zwischen Vorstellung und Wirklichkeit. Tatsächlich sind dann die Zeichnungen, aber worauf beruht diese Tatsächlichkeit?

Hausaufgabe
Die Schüler werden gebeten, Geschwister, Eltern und Großeltern nach deren Vorstellung von Heimat zu befragen und dies zu Hause zu notieren. Dies kann auch in Form eines kleinen Interviews geschehen. Die „Familien-Sätze" werden in der darauffolgenden Unterrichtsstunde gesammelt und ebenso auf lose Blätter aufgeschrieben. Der Dialog „Sprache und Vorstellung / Gefühl / Gedanken" wird nach

den Gesprächen zwischen den Schülern und dem Lehrer und den Schüler, in eine Auseinandersetzung mit der Familie erweitert, so dass ein Trialog[4] entsteht: Die Schüler tauschen sich untereinander aus, dann mit der „Schule", vertreten durch den Lehrer, und drittens mit der Familie. Nun werden die Ergebnisse der einzelnen Arbeitsschritte und Gespräche über „Heimat" erneut zusammengetragen. Vor allem Sätze, die Aspekte aufzeigen, die bisher noch nicht zur Sprache gekommen sind. Danach werden die Blätter auf dem Boden des Klassenzimmers ausgelegt. So entsteht ein erster „Heimatpfad" aus Sätzen, den man nun entlanggehen kann: An der Sprache entlanggehen, sie betrachten, sich gleichzeitig von ihr zu lösen, indem sie einen eigenen Zusammenhang herstellt: ein Pfad.

Heimat-Sätze der Schüler nach den Überlegungen und Gesprächen im Unterricht und zu Hause in den Familien:

Heimat ist
dort, wo meine Eltern, Geschwister und Freunde leben.

(Jonas, 12 Jahre)

Heimat ist
dort, wo man zur Schule, in den Kindergarten und in die Krabbelgruppe gegangen ist.

(Heike, 13 Jahre)

Heimat ist
für mich die Erde, weil wir hier leben.

(Jan, 12 Jahre)

Heimat ist
wenn ich mich zuhause fühle.

(Lena, 14 Jahre)

Heimat ist
dort, wo ich mich wohl fühle.

(Pascal, 13 Jahre)

Heimat ist
dort, wo ich gut behandelt werde.

(Timo, 13 Jahre)

Heimat ist
... auch das Land Deutschland.

(Jennifer, 13 Jahre)

Heimat ist
dort, wo ich Menschen vertrauen kann.

(Lena, 11 Jahre)

Heimat ist
dort, wo man willkommen ist.

(Tobias, 14 Jahre)

Heimat ist
wenn ich nicht alleine bin.

(Celine, 12 Jahre)

Heimat ist
meine Zukunft.

(Christian, 13 Jahre)

Es ist aber auch möglich, dass man
die **Heimat** verliert.

(Adrian, 13 Jahre)

e) Publikation als Performance:
- die Bleistiftzeichnungen werden als Gesamtbild dargestellt: Eine großflächige Collage, bestehend aus allen Blättern mit dem Titel „Erd-Blätter / Heimat-Blätter."
- Unter dem Titel „geh funden"[5] wird mit Materialien, die der Gegend eigen sind, ein „Heimatpfad in Sätzen" entworfen und von den Schülern gestaltet. Ein Pfad, der begehbar ist. Das Material könnte „Ziegelstein" sein. Das ließe sich im Kunstunterricht realisieren und wäre wiederum eine Gelegenheit einer fächerübergreifenden Zusammenarbeit. Ein Titel für den „Heimatpfad" wäre „Erdziegelweg" und könnte im Schulhof oder in der „Öffentlichkeit", in einer Fußgängerzone oder in einem Park, ausgelegt werden.

Schreibaufgabe: „Gestern traf ich meine Heimat..."
In der Realschule Ostheim nehme ich zwei Gedichte zum Anlass, um über das „Bild" der *Heimat* zu schreiben. Zum einen ein Gedicht von Friedrich Hölderlin, das dieser nicht zu Ende geschrieben hat, zum anderen ein Gedicht von Aras Ören[6]. Im Gedicht von Aras Ören werde ich nach der gemeinsamen Lektüre des Textes die erste Verszeile ändern. Die einzelnen Arbeitsschritte ähneln denen, die ich auch bei den Hauptschülern in Hofstetten[7] durchgeführt habe. Dementsprechend werde ich sie nicht nochmals en detail beschreiben und überlasse Ihnen eine mögliche „Mischung" oder Abwandlung der Übungen.

Waldspaziergang

Als ich am Morgen im Wald spazieren ging
begegnete ich meiner Kindheit
sie sah betrübt aus
ich erkundigte mich nach dem Befinden
sie machte mir Vorwürfe und sagte:
wir sehen uns nie[8]

Aras Ören

Nach der gemeinsamen Lektüre des Gedichtes erhalten die Schüler die Aufgaben, eine analoge Verdichtung zu schreiben. Für den ersten Entwurf reichen 20 Minuten aus. Als Auftaktsatz erhalten sie die Zeile: „Gestern traf ich meine Heimat…"

Schülertexte, Beispiele:

Loris, 18 Jahre
Gestern traf ich meine Heimat… Sie sah so schön aus. Sie war traurig, aber wunderschön. Ich wollte sie fragen, weshalb sie traurig sei. Die Zeit gab sie mir jedoch nicht. Sie sagte nur, sie sei enttäuscht, weil ich sie verlassen hätte und ging weiter. Ich wusste nicht, was ich noch sagen sollte.

Vito, 15 Jahre
Gestern traf ich meine Heimat… Sie sagte mir, dass ich bald Ferien hätte und ich im Urlaub zu ihr ginge… Meine Herkunft ist meine Heimat.

Emelie, 16 Jahre
Gestern traf ich meine Heimat… Sie sagte zu mir: Geborgenheit, Sicherheit und Zuhause. In meinem Zuhause sah ich dann meine Familie und meine Freunde wieder. Die Heimat war mir vertraut…

Dina, 15 Jahre
Gestern traf ich meine Heimat… Sie sagte zu mir: Wieso bist du nicht dort, wo du dich wohlfühlst?

Kevin, 15 Jahre
Gestern traf ich meine Heimat… Sie sagte zu mir, dass sie sehr glücklich sei. Ich fragte sie, weshalb. Sie lächelte mich an und sprach: Weil deine Heimat dort ist, wo dein Herz schlägt und du zufrieden bist. Wo dich deine Familie erwartet und du mit offenen Armen willkommen bist.
Geboren bin ich in Kirchheim unter Teck, aber in Thailand fühle ich mich wohl

5.1 Heimat, verdichtete *Heimatt*

Wassiliki, 15 Jahre
Gestern traf ich meine Heimat ... sie fragte mich, wieso ich sie nicht besuchen würde. Ich sagte, dass ich so wenig Zeit dafür hätte.

Tobias, 16 Jahre
Gestern traf ich meine Heimat ... in einer düsteren Gegend. Es war Nacht und meine Heimat stand einfach kräftig da. Ich fragte sie: Was machst du hier? Meine Heimat lächelte mich an und sagte ganz trocken: Egal wo du bist, ich werde immer ein Schutz für dich sein. Erst dann begriff ich, in welch sicherer Heimat ich lebe.

Christian, 16 Jahre
Gestern traf ich meine Heimat ... beim Fußball-Training. Sie sah glücklich aus. Ich fragte sie, warum es ihr so gut ginge. Sie antwortete: Weil du das tust, was Heimat für dich ist und deshalb kann ich sehr glücklich sein.

Anja, 16 Jahre
Gestern traf ich meine Heimat ... Ptuj. Slowenien. Sie war mir ganz fremd. Doch in mir spürte ich immer noch die Wärme und Geborgenheit, die ganzen Erlebnisse und Erfahrungen, die sie mir gab, beziehungsweise gibt, wenn ich in den Ferien bei ihr bin.

Schreibaufgabe „Und niemand weiß" oder Hölderlin weiterschreiben
Die Aufgabe besteht darin, ein Gedicht Friedrich Hölderlins „weiterzuspinnen", das dieser nie zu Ende schrieb. Diese Schreibübung ist gleichzeitig auch eine Möglichkeit, den Bezug zu einem der „Klassiker" der deutschen Lyrik herzustellen. Eine Schreibaufgabe, die vom „Heimath-Gedicht" Hölderlins zu einem der schönsten Gedichte in deutscher Sprache führt: *Hälfte des Lebens*. Auch die Vita und Zeit Hölderlins können in einer Schreibaufgabe zur „Materialsammlung" gehören. Dies wäre dann der letzte Schritt der Schreibprozesse in dieser Unterrichtseinheit. Die Schüler sollen beim Schreiben die äußere Form und den Rhythmus der Hölderlin-Verse aufnehmen und als Vorlage benutzen, um in den Schreibfluss zu kommen. Dies ein Vorschlag, der aber nicht so durchgeführt werden muss.

5 Vom *über:setzen* in Deutschland

Zunächst das Gedicht Hölderlins:

Heimath

Und niemand weiß

Indessen laß mich wandeln
Und wilde Beeren pflücken
Zu löschen die Liebe zu dir,
An deinen Pfaden, o Erd
Hier wo – – –

Friedrich Hölderlin

Beispiele, Schülertexte:

Gojart, 15 Jahre
Heimath
Und niemand weiß
Indessen lass mich wandeln
Und wilde Beeren pflüken
Zu löschen die Liebe zu dir
An deinen Pfaden, o Erd
Hier wo …

Ich rieche, sehe, höre, fühle und schmecke
Ich lebe auf und mit dir
Sterbe auf und mit dir
Ich bin eins mit der Natur
Hier wo …
Ich zu Hause bin.

Luca Josepha, 14 Jahre
Heimath
Und niemand weiß

Indessen lass mich wandeln
Und wilde Beeren pflüken
Zu löschen die Liebe zu dir
An deinen Pfaden, o Erd
Hier wo …

Ich lebe, wo ich wohne.
Wo ich lache, wo ich weine.
Wo ich gehe, wo ich schlafe.
Hier bei dir bin ich daheim.

Aylin, 13 Jahre
Heimat?
Ist für mich der Sinn des Lebens.
Ohne Heimat gäbe es keine Kultur.
Ich habe keine bestimmte Heimat,
Ich habe viele Heimatten.

Eray, 16 Jahre
Heimat
wenn ich von der Schule nach Hause komme.

Sinan, 15 Jahre
Ein Tag in der Türkei
Wir saßen an der Spitze Europas
Und sahen Asien an.
Ich war glücklich,
weil beide mir zeigten,
wie glücklich man sein kann
an einem traurigen Ort.

Mit diesem Text Sinans möchte ich in diesem Buch überleiten und die Gelegenheit nutzen, da Friedrich Hölderlin zumindest vom Namen und den Lebensdaten her eingeführt worden ist, eine Unterrichtseinheit zu einem weiteren Gedicht zu schildern, einem der schönsten, wie ich glaube, von Friedrich Hölderlin: *Hälfte des Lebens*. (⬇ Download 19: Gedichte von Aras Ören und Friedrich Hölderlin)

5.2 *Hälfte des Schreibens*, ein Hölderlinruf

Ausgehend von den Schreibübungen zu den Wort- und Satzverdichtungen unter Kapitel 2 und 3 und in Anlehnung an die dort beschriebenen Verfahrensweisen, sind die nachfolgenden Seiten der möglichen Lektüre eines klassischen Gedichtes gewidmet. Sich in dieses Hölderlingedicht hineinzuschreiben, bedeutet *s:eine* andere Sprache herauszulesen. *Hälfte des Lebens* von Friedrich Hölderlin ist eines meiner Lieblingsgedichte. Über 200 Jahre überleben diese Verse nun schon. Das mag seine Gründe haben. Sind es die Bilder? Ist es der Rhythmus dieser großartigen Zeilen? Oder liegt das Geheimnis seiner Fortdauer in der poetischen Kraft aus beidem? Allein die Verszeilen „Die Mauern stehn / sprachlos und kalt / im Winde klirren die Fahnen" strotzen geradezu vor unglaublicher Aktualität und bringen eine poetische Präsenz in den Raum, die schaudern macht. Ein Gedicht aus der klassischen Literatur im Unterricht vorzustellen, ist eine faszinierende Herausforderung. Über das *Eigene Schreiben* in die Lektüre anderer. Jedes Wort, jedes Bild und jeder Rhythmus werden in aller Regel aus eigener, in diesem Falle heutiger Sicht wahrgenommen, deshalb lag die Herangehensweise auf der Hand: Was stellen sich eine Schülerin oder ein Schüler heute unter einem „holden Schwan" vor? Was unter „wilden Rosen" oder unter dem „heilig-nüchternen Wasser"?

Hälfte des Lebens

Mit gelben Birnen hänget
Und voll mit wilden Rosen
Das Land in den See,
Ihr holden Schwäne,
Und trunken von Küssen
Tunkt ihr das Haupt
Ins heilignüchterne Wasser.

Weh mir, wo nehm ich, wenn
Es Winter ist, die Blumen, und wo
Den Sonnenschein,
Und Schatten der Erde?
Die Mauern stehn
Sprachlos und kalt, im Winde
Klirren die Fahnen

      Friedrich Hölderlin

Schreibaufgabe „Hälfte des Schreibens" – ein Hölderlinruf!

Die Schüler haben, nachdem das Gedicht laut vorgelesen wurde, die Aufgabe, sich ein Wort oder eine Verszeile auszusuchen. Die Entscheidung sollte sie „berühren". Positiv oder negativ. Beides wäre gleichgültig. Solle jemand sagen, dass ihn nichts berühre, dann möge er genau über dieses *Nicht-Berührtsein* seine Gedanken zu Papier bringen. Auch das ist eine Annäherung. Nach einer etwa halbstündigen „Schreibklausur" trifft man sich wieder im Klassenzimmer. Es scheint mir auch bei dieser Übung sinnvoll, den Schülern die Wahl des Raumes, wo sie gerne schreiben wollen, selbst zu überlassen. „Schreibklausuren" sollten, wie ich das bereits mehrfach empfohlen habe, nicht nur im Klassenzimmer selber stattfinden, sondern dort, wo sich die einzelnen Schüler zurückziehen und wohlfühlen „können". Sei es irgendwo im Schulgebäude selber oder im Freien. Schreiben ist immer auch ein „einsamer" Akt. Dies sei berücksichtigt. Jede Schule, so glaube ich, bietet dafür eigene, manchmal oft ungenützte Möglichkeiten.

Es ist verblüffend, dass durch diese Aufgabe, sich für ein Wort oder eine Verszeile zu entscheiden, fast das ganze Gedicht zusammengetragen wird. Jeder nimmt Sprache und damit die Wörter, aus der sie gefügt wird, anders, d.h. *eigenwahr*. In einer ersten Gesprächsrunde werden die Schüler dann aufgefordert, einfach nur zu erzählen – nicht zu erklären – weshalb sie sich für dieses oder jenes Wort, für diese oder jene Zeile interessieren. Sollten einzelne Wörter unbekannt sein, klärt man sie miteinander. Das sollte nicht allzu viel Zeit in Anspruch nehmen, kann aber durchaus mit einer „Wortschatzübung" kombiniert werden. Der Vorteil dieser Annäherung an das Gedicht besteht darin, dass sich eigendynamisch unverhoffte Interpretationen ergeben, da die Aussagen zum Gedicht von den Schülern (zunächst) selbst getroffen werden. Sie werden die Erfahrung machen, dass sie sich nach anfänglichem Zögern immer lebhafter untereinander verständigen, selber Fragen an die Texte haben und sich gegenseitig, wenn auch oft unkonventionelle und unerwartete Antworten geben.

So klärt sich das Gedicht in seinen wesentlichen Bestandteilen fürs Erste selber, in ihrer heutigen Sprache. Damit ist erneut der Augenblick einer Schreibklausur erreicht. Was mündlich „vorgestellt" wurde, wird nun in einer zweiten Schreibphase umgesetzt. Danach trifft man sich wieder in der Klasse, um auch über die veränderten oder neuen Texte zu sprechen.

Für alle Schreibphasen sind die Hausaufgaben identisch: Die handgeschriebenen Texte werden getippt und ausgedruckt. Schon das Schriftbild ändert die Wahrnehmung eines Textes. Werden die Texte dann in einer späteren Unterrichtsstunde erneut vorgelesen und reflektiert, wäre es von großem Vorteil, wenn alle Schüler jeweils eine Kopie vor sich liegen hätten.

Gedanken, Fragmente, Verdichtungen von Schülern einer 8. Hauptschulklasse:

Katarina, 14 Jahre
Das Leben
Es ist schwer zu glauben,
dass es irgendwann vorbeigeht.
Aber immer,
wenn ich mit diesem Gedanken zusammenstoße,
denke ich, dass man das Leben
jeden Augenblick genießen soll.
Die schönen wie auch die schlechten Augenblicke
darf man nicht vergessen.
Sie sind ein Teil des Lebens.
Für mich ist es die Zeit,
die ich mit Nichts auf der Welt tauschen würde.

5 Vom über:setzen in Deutschland

Es ist das Schönste,
was einem je passieren konnte:
Geboren zu werden und leben zu dürfen.
Ob reich oder arm,
es gibt nichts Wertvolleres als ein Menschenleben.

Mehtap, 14 Jahre
Mit gelben Birnen hänget
Ein Leben, das der Frühling uns gibt,
und der Herbst uns nimmt.

Sabrina, 14 Jahre
Und voll mit wilden Rosen
... meine Lieblingsrose ist die rote Rose,
weil ich viel für sie empfinde.
Eine rote Rose bedeutet Liebe.
Für viele Menschen ist Liebe Vertrauen.

Melisa, 13 Jahre
Und voll mit wilden Rosen?
... vielleicht ist die Liebe zweier Menschen
wie eine Landschaft voller wilder Rosen.

Patrick, 14 Jahre
Ihr holden Schwäne ...
Mit euren weißen Federkleidern
schwimmt ihr über den See.
Ich schaue euch zu, wie ihr
euer eigenes Leben führt.
Ein weißer See.
Ihr seid frei in der Natur und habt
keine Aufgaben zu erledigen.

Melanie, 14 Jahre
Der Sonnenschein
... erinnert mich an Licht, Wärme, Strand und Ferien.
Licht bedeutet Erfolg im Leben.
Wärme im Leben bedeutet Geborgenheit.
Strand bedeutet Entspannen.
Ferien bedeuten eine Auszeit haben.

(⬇ Download 20: Gedicht *Hälfte des Lebens* von Friedrich Hölderlin)

5.3 Andersprache(n), w:andersprache(n)

Mehrfach habe ich bisher das Wort Andersprache verwendet. Das kommt nicht von ungefähr. Ich bin davon überzeugt, dass jeder Mensch nicht nur Poesie in sich trägt, sondern auch seine ganz eigene, originäre Sprache in sich weiß. Diese Sprache schaut nicht nur als ein bewusstes oder unbewusstes Original auf die Welt, die Welt schaut auch in ihrer vielfältigen Originalität in die jeweilige Sprache des Einzelnen hinein. Es ist ein Wechselspiel voller Wandlungen. Vielleicht, wenn ich auf die Annahme Yoko Tawadas zurückkommen darf, weil diese Welt(en) durch das Ich, das in einem stetigen Übersetzungsprozess zu begreifen sucht, in der Sprache sind. Daraus ergibt sich der Blick auf die Sprache selber, vielleicht gar, die Sprache, die auf die Sprache blickt, indem sie hineinschaut: Ein gegenseitiges Betrachten, ohne nach Etwas zu trachten. Wörter können entstehen wie „w:orte", „w:erden", „m:eine", „s:eine". Wörter in den Wörtern; *w:orte* in den Wörtern, im Wort. Was sehe ich, wenn ich „träumend" schreibe? Erkenne ich das, was ich mir unter „träumend" vorstelle oder wäre auch der „Raum" möglich im „Traum", also „t:raum", beispielsweise? Was aber wenn aus „träumend" *t:räumend* wird? Wer räumt was wohin, weshalb und wie? Über das „Ich" im „ged:**ich**t" wurde im Fortgang der Lektüre und der Arbeit mit diesem Buch schon mehrfach und vielseitig nachgedacht. Ich frage mich oft, ob die „Andersprache" nicht auch immer in der eigenen in einer Vollkommenheit existiert, die „nur" entdeckt werden muss, auch wenn diese „defizitär", scheinbar „ungenügend" daherkommt, „mangelhaft" wie manch PISA-Aufgeschreckte konstatieren würden. Vor diesem Hintergrund möchte ich einer eindrücklichen Bemerkung zu den Gedichten in *anderer* Sprache, die Yoko Tawada, mit ihrem Blick aus dem Japanischen und über ihre *Umwegsprache*, dem Russischen – sie erreichte Deutschland mit der Transsibirischen Eisenbahn, hatte Russisch studiert und war deshalb schon mehrfach sprachlich und mit „Übersetzungen" ausgestattet – auf die deutsche Sprache richtet, ergänzen. Die „Andersprache" ist mindestens in zweifacher Hinsicht eine „Korrespondenz" mit der Wirklichkeit des Alltäglichen. Der „innere" Blick, der der Blick auf die Muttersprache selber ist und der „äußere" Blick, der der Blick aus einer anderen Muttersprache auf die „Fremdsprache" ist. Es ließe sich dabei wunderbar darüber streiten, wie viel „Fremdheit" ein Dialekt in sich trägt oder die Sprachprägung eines Schülers, der Stunden vor dem Computer mit Ego-Shootern verbringt. Mit der Zeit, das scheint mir gewiss, treffen sich diese Blicke und schauen gegenseitig in sich hinein und von sich fort, über sich hinaus. Das wären zusätzliche Perspektiven, die ich aus den Überlegungen Tawadas ziehe: „Vielleicht gibt es auch deutsche Gedichte, die aus der deutschen Erde gemacht sind. Mich interessieren aber eher die Gedichte, die mit Konstellationen fremder Sprachen und Denkweisen korrespondieren, denen sie bei ihrer Entstehung noch nicht begegnet waren. Ich bezeichne hier die fremden Denksysteme deshalb als Konstellationen, weil jedes Zeichen aus ihnen wie ein Stern ein Licht auf das Original wirft" (Tawada, 1996, S. 127 ff.).

Oder wie es Erika in einer Verdichtung schreibt, das „Äußere" wie ein Buch, das noch nicht ins „Innere" gelesen wurde:

> **Erika, 15 Jahre**
> **Blick aus dem Fenster, Landhausstr. 116**
> Menschen, nur von außen.
> Ich weiß nicht woran sie denken
> oder wie sie sind.
> Ich sehe nur ihr Äußeres, wie ein Buch,
> das ich noch nicht gelesen habe.
> Kinder – sie spielen. Sieht so Spaß aus?
> Die Schule, ein Riese,
> der nachts
> still auf dem Schulhof steht.

Ein erster Schritt, diese fremden „Denksysteme" oder „Konstellationen" zunächst inhaltlich zu thematisieren, wäre ein Schreibprozess in das „ureigenste" Wort, das wir haben können: den Namen und seine Erzählungen, die „Namensgeschichten". Danach wäre vielleicht ein Text möglich wie dieser, der das Gedicht anstelle eines „Albtraumes" setzt. Damit wäre ein Halt gewonnen, der nicht verzweifeln lässt, sondern Antworten sucht in Sprache.

> **Eray, 16 Jahre**
> **Nacht**
> Manchmal wache ich nachts auf
> Mit einem Gedicht im Kopf.
> Ich mache dann das Licht an
> Und kritzle es auf ein Blatt Papier.
> Dann schlafe ich weiter.
> Am Morgen, wenn ich fit und ausgeruht bin,
> schaue ich, ob es schlecht oder gut geworden ist.
> Aber was soll's.
> Manche Menschen haben nachts anstatt Gedichte
> Albträume im Kopf.

Der andalusische Lyriker und Nobelpreisträger Vicente Alexeindre[9] schreibt in einem Gedicht: „Du hast einen Namen // Dein Name, / nun, du hast ihn. Mein ganzes Leben war das: / ein Name. Weil ich es weiß, bin ich nicht." Und Günter Grass sagt: „Das Gedicht ist immer noch das genaueste Instrument, mich neu kennen zu lernen." Dies gilt ebenso, das zeigt die Herangehensweise, mit der Hölderlins „Hälfte des Lebens" erfahren wurde, für die Lektüre von Gedichten. Insofern bedeutet ein Kennenlernen der „Andersprache", die in mir selber *w:ort* wird, eine

Perspektive in eine kontinuierliche Verdichtung. Immer noch ausgehend von der Annahme, wenn nicht gar von der These, dass Gedichte nur dort entstehen, wo in der Begegnung mit Sprache das Eigene berührt und hergeschrieben wird, kann die Erkundung der Namen immer neue Geschichten und Erzählungen entstehen und literarisch werden lassen. Wenn dies als kontinuierliche Schreibübung und in regelmäßigen Abständen Motiv und Motivation wird, könnten einzelne Abschnitte oder ereignisreiche Begebenheiten des Erzählten wiederum zu Sätzen werden, die das Gesagte bündeln und dabei überraschen. Aus den Sätzen können dann ebenso einzelne w:orte neue, bisher ungeahnte Dimensionen andeuten, so dass „das lyrische Subjekt durch rückhaltlose Versenkung ins Eigene paradoxerweise das Allgemeine sagt, eine Welt entfaltet, von der es durch ein Pathos der Distanz auch wieder Abstand"[10] nimmt.

Schreibaufgabe: „Namensgeschichten"
Die Schüler erhalten die Aufgabe, der Geschichte ihres Namens nachzugehen. Es ist faszinierend, wie viele Geschichten sich allmorgendlich im Klassenzimmer treffen, ohne vonei-nander zu wissen. Diese „Wissensbrache" ist jedoch ein gute Voraussetzung, mehr vom anderen zu erfahren, nachzufragen, irritiert zu werden, den Blick zu verändern. In die „andersprachen" zu blicken, an den „w:andersprachen" teilzunehmen. Ich empfehle, die Schreibübung mit ein paar sie begleitenden Fragen und Anregungen zunächst als Hausaufgabe aufzugeben:

▶ Wie bist Du zu Deinem Namen gekommen?
▶ Wer hat ihn dir gegeben?
▶ Was bedeutet der Name?
▶ Gibt es eine „historische" Persönlichkeit auf die der Name zurückgeht?
▶ Wie wäre die Übersetzung deines Namens in die deutsche Sprache?
▶ Wie wäre die Übersetzung deines Namens in deine Sprache?

Dies ein paar Fragen, die ergänzt werden können. Ich denke gern an eine Erfahrung zurück, die ich mit diesen Schreibübungen gemacht habe. Ein Mädchen aus der Türkei erzählte, dass ihre Mutter ihr gesagt hätte, ihr Name hinge mit einer Puppe zusammen, die sie, die Mutter, als 11jährige von einer Tante geschenkt bekommen hatte, als diese die Familie besuchte. Damals taufte die Mutter die Puppe „Tuba" und hätte schon damals für sich entschieden, wenn sie selbst einmal eine Tochter haben würde, dann wollte sie ihr den Namen „Tuba" geben. Aus dieser Geschichte entwickelten sich wieder neue Fragen. Nach der Herkunft der Tante, dem Anlass des Besuches, der Kindheit der Mutter. Nach ein paar Unterrichtsstunden waren wir in den entlegensten Winkeln dieser Welt unterwegs... Die Geschichten wurden immer versponnener und inspirierten die Phantasie. Irgendwann waren Realität und Fiktion nicht mehr zu unterscheiden. Aber es gab Sprache und Sprachen. Deshalb schlage ich vor, diese Namensgeschichten immer wieder hervorzuholen und an ihnen weiterzuarbeiten. Es wird zum Schluss des Schuljahres Sätze und Verdichtungen geben, an die niemand gedacht hat. Aus einer Namensgeschichte entstanden bei Rukiye, 14 Jahre:

> **Rukiye, 14 Jahre**
> **20. August 2001**
> Ich sehe die trauernden Gesichter,
> die mich traurig machen.
> Es gibt keinen Ort ohne Trauer.

oder ein Vierzeiler von Dilan, 13 Jahre:

> **Dilan, 13 Jahre**
> **Zuhören, was heißt**
> Zuhören?
> Zuhören heißt Anfang
> Einer Freundschaft.

„Namensgeschichten", Beispiele von Erstentwürfen einiger Schülertexte:

> **Ayse, 13 Jahre**
> **Meine Geschichte**
> Es beginnt mit der Heirat von Ali und Fatime. Ali wurde in Trabzon, Akcaabat im Dorf namens Galara, jetzt Meseli Köy genannt, geboren. Er ist 35 Jahre alt. Fatime wurde in Trabzon, Akcaabat, auch im Dorf Meseli Köy geboren. Sie ist 31 Jahre alt. Sie heirateten am 10.11.1991, und nach fast einem Jahr am 7.11.1992 wurde ihr erstes Kind geboren. Es ist ein Mädchen, und nach langen Überlegungen kommt ihr Onkel Hasan auf den Namen Ayse, weil seine Oma, meine Großoma, Ayse hieß. Ayse war eine wunderschöne Frau, die immer zu jedem freundlich war. Sie heiratete früh und bekam 4 Kinder: 3 Jungs und 1 Mädchen. Sie starb jung, weil sie Krebs hatte. Danach heiratete ihr Mann eine 2. Frau, mit der er immer noch lebt. Hasan ist 31 Jahre alt. Er hat einen Hauptschulabschluss, ist glücklich verheiratet und hat 3 Kinder. Fatime und Ali haben jetzt 5 Kinder. Ich bin die Älteste. Danach kommt mein Bruder Abdullah,
> danach Aziz, danach Aleyna und dann Merve. Es ist schwer, bei 5 Kindern die Älteste zu sein. Du lernst früh, Verantwortung zu tragen. Wenn etwas passiert, kriegt immer die Älteste den Ärger. Aber es ist andererseits auch schön, weil man den Geschwistern immer sagen kann, was sie tun sollen. Oder wenn meine kleinen Schwestern mich als Vorbild nehmen und sagen: ich will so gut sein wie du. Ich muss auf meine Geschwister aufpassen. Ich muss schauen, dass sie immer pünktlich zu Hause sind.

Wenn meine Brüder sich mit jemandem schlägern, dann muss ich mich darum kümmern, dass so was nicht mehr passiert. Wenn meine Eltern nicht da sind, dann muss ich für meine Geschwister kochen und auf sie aufpassen. Die Zimmer meiner Brüder und auch meins muss ich immer sauber halten. Als Älteste der Kinder kommen alle zu mir, wenn sie Probleme haben. Ich rate ihnen dann, was sie machen könnten. So viel Verantwortung habe ich zu tragen.

Ich gehe zur Zeit in die Realschule. In die 8. Klasse. In der Freizeit spiele ich im Verein Handball. Handball ist für mich sehr wichtig, weil ich dort meine Wut und den Stress ablasse. Und weil es mir sehr viel Spaß macht, Handball zu spielen und mich mit meinen Trainern zu streiten.

Handball spiele ich seit einem Jahr. Das kam so: In der 6. Klasse hatten wir das Thema „Ostheim", und da waren wir in einem Handballtraining.

Und weil es mir sehr gefiel, spielte ich weiter. Dann wurde die Mädchenmannschaft gegründet. Leider ist es das letzte Jahr der Mädchenmannschaft, weil nicht mehr so viele Leute kommen. Im Training kommen nur noch 3 bis 5. Aber es macht immer noch Spaß. Einmal musste ich eine blöde Torwartübung machen. Aber weil ich das nicht wollte, fing ich an, mich mit meinem Trainer Alex zu streiten. Er sagte, ich müsse die Übung machen, aber ich wollte nicht. Als Strafe bekam ich 20 Liegestützen. Nach dem Training machte ich ihn pitsch nass und da er an diesem Tag einen Abschlussball an seiner Schule hatte, musste er so auf den Ball gehen. Er versprach, es mir heimzuzahlen, aber er hat es bis jetzt noch nicht getan.

In den Sommerferien fuhren meine Mutter, ich und meine 2 Schwestern in die Türkei. Dort gingen wir ins Dorf. Meine Mutter, Onkel, Tante und meine Cousine gingen früh am Morgen Haselnüsse sammeln. Meine Oma und ich blieben mit den Kindern zurück. Meine Cousine kam gegen 13.00 Uhr, um mich abzuholen. Wir brachten die Kinder ins Bett, und ich ging mit ihr Haselnüsse sammeln. Es war sehr schön. Mein Onkel sang und erzählte mir Geschichten aus seiner Kindheit, und am Abend gingen wir zurück. Am nächsten Morgen kam ein Mann mit einer Maschine. Die Maschine schälte die Haselnüsse, und wir saßen bis in die Nacht auf dem Dach. Ich fühlte mich sehr wohl, denn das ganze Dorf lag zu meinen Füßen. Meine Cousine und ich schwätzten über alles, was uns einfiel. In der Klasse fühle ich mich jetzt unwohl, weil sie sehr laut ist. Obwohl sie es schon immer war. Aber dieses Jahr ist ein wichtiges Jahr. Leider checken es nicht alle in der Klasse. Es gibt Personen in der Klasse, die ich nicht so mag. Aber es gibt auch Personen, die ich leiden kann.

Privat fühle ich mich schon gut, obwohl meine Gedanken ein bisschen crazy sind. Aber sonst fühle ich mich zurzeit gut.

Und Ayses Verdichtung, die sich nach und nach aus den „Schreibetappen" herausgeschält hat:

> **Ayse, 13 Jahre**
> **Freundschaft**
> Freundschaft ist eine wunderschöne Gabe
> Freundschaft hat nicht jeder
> Freundschaft ist kostbar
> Durch Nichts zu ersetzen
>
> Ohne Freundschaft gäbe es Hass und Krieg
> Es geht nicht ohne Freundschaft
> Es wäre wie Fußball ohne Ball
> Wie Schule ohne Lehrer
> Wie eine Familie ohne Vater
>
> Ohne Freundschaft geht es nicht
> Freundschaft gehört zum Leben

> **Sirak, 13 Jahre**
> Der Bibelname Sirak, den mir meine Mutter gab, ist zwar ohne Bedeutung, hat aber dennoch mit dem zu tun, dass ich keinen vergesse, es jedem Recht machen will und an jeden denke. Begrenzt stimmt das ja auch: z. B. denke ich an arme, hungernde, durstige, obdachlose und sterbende Menschen oder an von Naturphänomenen belästigte Leute. Woran ich auch oft denke, sind die Kriege.
> Krieg ist sinnlos, dumm, lebensverschwendend, schmerzhaft und todesnah. Das war auch der Grund warum ich beim zweiten Treffen mit José Oliver dieses Wort wählte. Das sind aber alles nur Gedanken. Ich erlebe nicht soviel, trage aber z. B. gerne meinem Nachbarn die Einkaufstüte die vielen Stufen hoch. Es tut's auch, den Obdachlosen am Ostendplatz eine Brezel zu schenken. Oder zum Behindertenheim zu gehen, um dort zu helfen. Genauso wie in Alten- und Pflegeheimen, Krankenhäusern, Kliniken oder Zoos. So was wie ein „Soziales Engagement". Das muss man nicht für Geld machen. Es geht ja auch ehrenamtlich. Man tut es ja für andere, als Hilfe, und nicht für sich selber, um Kohle zu kassieren.
> In meinen Gedanken tummeln sich Bilder (herum), welche kranke, blutende Kinder zeigen, oder hungrige, magersüchtige Wüstenmenschen, oder gossenbewohnende Penner, oder erschossene Ghettokids. Nicht überall herrscht Frieden. Ich sehe auch Tsunami-, Hurrikan-, Tornado- und Vulkanopfer. Sogar Erdbebenbetroffene. Ich würde ihnen helfen, aber es ist besser, allen ein bisschen zu helfen, anstatt intensiv einer Opfergruppe.

> Ich würde gerne reich sein. Nein, ich würde verdammt gerne stinkreich sein,
> um solche Leute zu unterstützen.
> Meine Mutter gab mir diesen Namen, da sie wollte, dass ich so denke.

Siraks Verdichtung zum Schluss des Schuljahres, ergab sich nach und nach über die Besprechung seiner Namensgeschichte, seines Blickes in diese Welt, die, so war er der Überzeugung, mit seinem Namen zu tun hatte:

Sirak, 13 Jahre
Verständnis
Du willst spielen, ich will es nicht
Frag mich bloß, verstehst du mich
Du willst heim, ich sag „hey"
Bleibst aber cool, für dich ist´s okay
Du gehst spazieren, ich bleib hier
Bin immer dagegen. Verständnis dafür?

Tobias, 15 Jahre
Ich bin aufgewachsen in Moosbeuren, ein kleiner Ort bei Biberach.

Ob das auch schon eine Geschichte ist? Ich denke an Peter Bichsel (siehe S. 43): „In Langenau im Emmental gab es ein Warenhaus. Das hieß *Zur Stadt Paris*. Ob das eine Geschichte ist?" Tobias kannte Bichsel nicht …

Anmerkungen

1. Näheres dazu nachzulesen unter: www.orte-paul-celans.de von Thomas-Friedrich Kirchhoff, 2010.
2. „Mehrkulturell" bezeichnet meines Erachtens sowohl die verschiedenen Kulturen und Ethnien, also die Vielfalt, aber auch ein Zusätzliches: ein „Mehr" an und Kultur und Kultur(en).
3. Pablo Neruda, chilenischer Dichter und Nobelpreisträger (1904–1973).
4. Neologismus Oliver.
5. Wortspiel Oliver.
6. Aras Ören, türkischstämmiger Schriftsteller, geboren 1939. Aras Ören war der erste Träger des Adalbert-von-Chamisso-Preises der Robert Bosch Stiftung.
7. Im Schwarzwald.
8. Der Text ist entnommen aus: viel stimmig. Doppel-CD der Robert Bosch Stiftung mit Texten der Chamisso-Preisträger. Gelesen von Gert Westphal. Robert Bosch Stiftung. Stuttgart 2002
9. Vicente Alexeindre, spanischer Dichter aus Andalusien (1898–1984).
10. Siehe Sartorius, S. 40.

6 Poetische Kritzel

Wer A sagt, der muss nicht B sagen.
Er kann auch erkennen. dass A falsch war.
Bertolt Brecht

6.1 Schreiben und (öffentliche) Präsentation

Das Zitat Bertolt Brechts, das ich als Kapitelgedanke ausgewählt habe, soll nicht nur ein weiterer Verweis auf die Gesamtkonzeption des Buches *Lyrisches Schreiben* im *Deutschunterricht* sein. Die Prozessorientierung beim Werdegang eines einzelnen Schülertextes, aber auch die Entwicklung der Fähigkeiten, an mehreren Texten gleichzeitig zu schreiben, ist ein Anliegen, der Gleichzeitigkeit, der wir alltäglich ausgesetzt sind, auch beim Schreiben eine Dimension ins Mehrfache zu geben. Ein strukturierendes Element der Verfahrensweisen bildet hierbei der Mut, dort innezuhalten und gegebenenfalls auch von „vorne" oder von „neuem" zu beginnen, wo das Schreiben in eine Einbahnstraße oder gar in eine Sackgasse zu münden droht. Deshalb muss nicht zwangsläufig „B" sagen, wer „A" gesagt hat. Auf ein „A" kann ein nochmaliges „A" folgen. Es wird dennoch ein anderes „A" sein. Auch das ist eine Stärke der *Prozesslichkeit* des Schreibens. Ein „A" das „A" ist und gleichzeitig doch ein „B", das wiederum ein „A" ist. Das wäre eine gleichzeitige Sichtweise. Aber ich will das Ziel, auf das ich mit diesen Zeilen hinaus will, nicht verkomplizieren. Was ich Ihnen anrate, ist auf jeden Fall eine Veröffentlichung der Texte, die von den Schülern im Laufe eines Schuljahres geschrieben worden sind. Sowohl die Konzentration, am Text noch einmal intensiv zu arbeiten und eine druckreife Fassung „freizugeben", als auch die Anerkennung in Form einer Publikation sind Teil eines Erfolgserlebnisses, die es zu unterstützen gilt. Ganz nebenbei werden die meisten Schüler sich auch mit den Fragen der Orthographie und der Grammatik beschäftigen. Wie diese Publikation aussehen könnte, hängt ganz von den Texten ab, die entstanden sind. Schließen Sie die Schüler bei der Suche und der Entscheidung für Ihre „Poetischen Kritzel" mit ein.

Natürlich bietet es sich an, dass Sie auch an eine Präsentation der Publikation denken. Eine Rezitationsabend, eine Aufführung, ein „Lyrisches Schreibstück zwischen Wort und Verdichtung". Lassen Sie Ihrer Phantasie und den Vorstellungen der Schüler Räume. Auch ins scheinbar Unmögliche. Die Spannung auf einer Bühne weiß um ihre eigenen Gesetze. Was ich Ihnen allerdings rate, ist eine frühzeitig angelegte Planung, damit das „Sprechen" der Texte, Verdichtungen und Gedichte eingeübt werden kann. Es scheint mir deshalb angebracht, zwischen den Schreibphasen Texte einfach nur vortragen zu lassen, damit ein selbstsicherer öffentlicher Auftritt allmählich wachsen und seine Reife erfahren kann. Vielleicht wäre eine öffentliche Lesung der Texte eine weitere gute Gelegenheit einer fächerübergreifenden Zusammenarbeit.

(⬇) Download 21: Präsentation Thomas Richhardt

6.2 Schulfächerübergreifende Zusammenarbeit

Womit wir bei einem Thema wären, das immer wieder gefordert wird, aber scheinbar nur schwer, d.h. mit Hindernissen, zu verwirklichen ist. Ich denke, dass eine Kooperation mit anderen musischen Fächern oder sonstigen „Arbeitsgruppen" (AGs) an Schulen wie das „Lyrische Schreiben" selber auch einer längerfristigen Planung bedarf. Sollten Sie deshalb diese Schreibprojekte ein ganzes Schuljahr über in Ihren regulären Deutschunterricht integrieren wollen, dann wäre es sinnvoll, bereits zu Beginn der Schreibübungen mit Ihren Kollegen der Fächer „Kunst" und „Musik" in ein Gespräch über Ihr Vorhaben zu kommen. Vielleicht könnte sowohl die Publikation als auch der „öffentliche" Auftritt ein willkommener Teil deren Arbeitsziele werden: „Vom Wort zum *gedruckten* Wort" und „Vom Wort zum *gesprochenen* Wort". Diese Zusammenarbeit könnte auch ein „Teilprojekt" einer weiteren mehrmonatigen Aufgabe und Herausforderung für Schüler sein. Von der Ideensammlung, über die Koordination der einzelnen Arbeitsphasen bis hin zur Vorbereitung der Präsentation.

6.3 Förderer oder Sponsoren

Natürlich kosten Publikation und Präsentation Geld. Die Finanzierung bedarf ganz eigener Konzepte. Ich würde von Anfang an eine Veröffentlichung der Schülertexte mit einplanen. Das hätte den Vorteil, dass auch für den Bereich „Förderer und Sponsoren" mit Ihrer Hilfe in der Klasse eine Ressortgruppe „gegründet" werden könnte, die es sich zur Aufgabe machte, einen Kostenvoranschlag zu erstellen und nach möglichen Finanzpartnern und Unterstützern Ausschau zu halten. Von schulinternen Mitteln, die für derartige Projekte vorgesehen sind, über die Kontaktaufnahme mit der örtlichen Geschäftswelt, der Industrie und den Banken gäbe es verschiedene Ansatzpunkte und Adressen, um auf „Sponsorensuche" zu gehen. Neben den bereits vielerorts erprobten Schüleraktivitäten, die sich für soziale Einrichtungen weltweit finanziell engagieren, wären auch Initiativen, die das *Eigene Schreiben* beträfen, zu begrüßen. Spracharbeit ist Sozialarbeit – ein wichtiges Argument, das bestimmt nicht auf taube Ohren trifft. Auch in diesem Bereich sind Ihrer Vorstellungskraft keine Grenzen gesetzt. Es gibt genügend gesellschaftliche Gruppen und Institutionen, die Spracharbeit fördern – weshalb nicht auch solche, wie das *Lyrische Schreiben im Deutschunterricht*.

7 Lyrisches, Poetisches

*Er macht sich Gedanken über sein Leben und den Tod.
Sein Herz fühlt sich an wie altes Brot.
Er träumt hin und her in verschiedenen Welten
Und manchmal auch von 100 Dalmatinerwelpen …
Mustafa, 14 Jahre*

7.1 Lyrische Mitbringsel, unpoetisch

Vor Kurzem stieß ich bei der Lektüre der jüngsten Veröffentlichung des Philosophen Peter Sloterdijk, *Zeilen und Tage. Notizen 2008 – 2011* auf wunderbar einleuchtende Passagen, die ich Ihnen, liebe Leserin, lieber Leser, nicht vorenthalten will, um meine „lyrischen Mitbringsel" anzustimmen. Drei davon will ich zitieren. Als Dank, dass Sie dieses Buch bis hierher gelesen haben:

> Urteilskraft: die Fähigkeit, eine Prioritätenliste aufzustellen. (Sloterdijk, 2012, S. 604)

> Im Fernsehen ein Feature über „junge Kunst" in Shanghai. Was auffällt, ist der sachliche Ton, in dem die Jungen über alles Mögliche reden, was bisher beschwiegen wurde. Sie haben gelernt, über den Orgasmus zu sprechen wie über den Smog von Peking. Der Ethnologe versteht: Die Chinesen, das sind eben Leute, die es in China aushalten. Noch gibt es dort Ältere, die Sätze sagen wie: „Wir haben die Führung Mao Tse Tungs genossen". Die Kunst, in China zufrieden zu sein, hängt landesweit an der auch andernorts geübten Praxis, alle Beobachtungen auszublenden, die die Bemühung um innere Balance zunichte machen könnten. Dissidenz – als Aufmerksamkeit für das Unannehmbare – würde die Verankerung in einer Gegenkultur voraussetzen. (Sloterdijk, 2012, S. 388)

> Mitterand hat gern das Diktum „il faut donner du temps au temps" im Munde geführt, indes nicht bekannt ist, ob er das spanische Original: „dar tiempo al tiempo" kannte, das auf Calderón und Cervantes zurückgeht. Hiergegen wäre eine wichtige Unterscheidung zu erinnern. Der Zeit Zeit geben ist eine richtige Maxime für die Sphäre der Hoffnung und des Handelns. In ihr stiften neue Tage neue Gelegenheiten. Daher muss man in der moralischen und politischen Welt warten können, bis die Chance, es besser zu machen, wiederkehrt. Der Satz gilt nicht für die Sphäre der Prozesse, in der die Uhren ablaufen und wo die Unumkehrbarkeit regiert. Das Prinzip Hoffnung ist das eine, das Prinzip Dringlichkeit das andre. Diesen Punkt hat Hans Jonas gegen Ernst Bloch klargestellt. Es ist der Einspruch der Ethik gegen die Schwärmerei. Wird das Dringliche nicht erledigt, ist auch die Hoffnung vergeblich. (Sloterdijk, 2012, S. 221)

Vielleicht haben Sie im Laufe dieses Buches zwei Aspekte vermisst, die Schüler vordringlich interessieren, wenn sie einem Dichter im Klassenzimmer Fragen stellen. Zumindest ist das meine Erfahrung vieler Gespräche, die ich nach Lesungen vor Schülern geführt habe. Zum einen wollten sie häufig wissen, wovon ein Dichter lebt. Von der Dichtung könne es ja wohl kaum sein. Diese Feststellung ist nicht von der Hand zu weisen. Deshalb schenke ich Ihnen ein unveröffentlichtes Gedicht mit dem Titel *Wie man ein Gedicht verkauft*. Die zweite Frage betrifft die *Richtigkeit* der Interpretationen. Die Frage lautet dann oft: „Ist das richtig, was unser Lehrer sagt? Haben Sie an das alles gedacht, was wir wissen und lernen müssen? Denken Sie beispielsweise an *Metaphern* oder an eine *rhetorische Figur*?

Sagen Sie: So, jetzt setze ich mich hin und füge in meinem Text noch ein paar *Metaphern* und ein paar *rhetorische Figuren* ein. Ich weiß dann, dass sie letzten Endes von den Noten sprechen, die sie für ihre Interpretation(en) erhalten haben. Deshalb will ich Ihnen ganz zum Schluss auch nicht vorenthalten, wie wir in den fünf Jahren, in denen Waldemar Staniczek und ich an der Realschule Ostheim im Tandem das Projekt „Lyrisches Schreiben im Deutschunterricht" durchgeführt haben, zu einer Note gekommen sind.

1. Das Gedicht

wie man ein gedicht verkauft
ein gedicht ist unverkäuflich, es sei denn
man würde
das papier & die druckerschwärze berechnen
sie können verkauft werden
und der strom, den ein computer frisst
das licht der glühbirne, ja sie
können verkauft werden
manchmal die fotokopien, wenn man ein gedicht vervielfältigt
oder der druck, sollten es mehrere seiten sein, sprich, also das buch.
hinzu kämen bei letzterem jedoch
die buchbinderischen arbeiten,
die auslieferung an den laden
(auch der postbote der kurier der ausfahrer, sie alle
wollen ihren lohn)
natürlich dürfen buchhändlerin und -händler
nicht vergessen werden
sie arbeiten schließlich auch
den ganzen tag, tja und dann
der dichter
da wären mama und papa
all die liebe, die sorgen und nöte, die arbeit
für den kleinen, der einst ein dichter – na, Sie wissen schon &
erst die mühen, das alphabet zu lernen,
all die vielen jahre in der schule
das schreiben
das lesen
das nachdenken
das fühlen
das hoffen & bangen
das lachen & weinen
die ersten sätze, die ersten verse,

die niedergeschrieben weitere w:orte, sätze, verse
nach sich ziehen
hinzu kämen all die fragen
die furcht und angst,
dass man doch nicht wirklich sagen kann, was man sagen will,
all die kaffees nicht mitgerechnet
die hosen hemden jacken mäntel
(ein dichter schreibt ja zu jeder jahreszeit)
& natürlich: mindestens 1 bleistift, was sage ich,
mehrere, viele, unzählige stifte
kulis, füller, tintenpatronen
etc. etc. etc.
vielleicht noch ganz zum schluss
eine portion hoffnung, dass das gedicht
wirklich ein gedicht
ja, so könnte man vielleicht in die bäckerei
zum fleischer oder obsthändler gehen
und sagen:
ich weiß nicht, was mein gedicht wirklich kostet,
aber ich würde es gerne
gegen zwei brötchen, einen apfel, 100 Gramm Schinken
und drei Scheiben Käse eintauschen, tja

wie verkauft man ein gedicht?

vielleicht nur so:

wie ein lächeln, eine zärtliche umarmung, ein
dach über dem Kopf
und einen freund im herzen... Aber

kann man das kaufen? Und kann man etwas verkaufen, was man gar nicht kaufen kann?

José F. A. Oliver, Fragment, unveröffentlicht

2. Vorschlag einer Benotungsmöglichkeit der Schreibprozesse „Lyrisches Schreiben im Unterricht"[1]:

Da die Arbeit in diesem Bereich aus schriftlichen und mündlichen Beiträgen besteht, könnte wie folgt vorgegangen werden:

Unterrichtsbeobachtung:
▶ Mitarbeit bei den Aussprachen

- Engagement beim Schreiben von Texten

Auswertung der schriftlichen Ergebnisse:
- Überarbeitung von Texten
- Verarbeitung von Kritik und Anregungen in den schriftlichen Abschlussarbeiten

Vorschlag zur Gewichtung eines möglichen Notenschlüssels:
- ein Fünftel des Schriftlichen, bei 4 Klassenarbeiten
- schriftlich zu mündlich: 2:1

7.2 Jüngste, heutige Gedichte, einige Empfehlungen

Eine Empfehlungsliste kann immer nur eine Auswahl sein. Um das „neue", das „zeitgenössische", das „heutige" oder das „Gedicht der Gegenwart"[2] kennen zu lernen, lege ich Ihnen in erster Linie die Lektüre von Literaturzeitschriften und verschiedene Anthologien nahe. In den letzten Jahren sind einige Sammelbände erschienen, die einen guten Überblick geben, wie vielfältig und unterschiedlich „im Augenblick" die Lyrik in deutscher Sprache brilliert. Des Weiteren möchte ich Ihnen einige sehr gute Internet-Auftritte empfehlen, die sich mit dem Gedicht beschäftigen, eine verlässlich aktuelle Fundgrube und gute Orientierungshilfe, da sie in aller Regel nicht nur Gedichte vorstellen, sondern auch Besprechungen und Kritiken zugänglich machen und zudem Plattformen und Foren der aktuellen poetologischen Diskussion anbieten. Hinweisen möchte ich auch auf das „Jahrbuch der Lyrik", das im Luchterhand Verlag erscheint. Einige jüngere Verlage haben sich mittlerweile einen Namen gemacht, wo es um die kontinuierliche Publikation von Gedichten geht. Denjenigen, die sich für das Gedicht im 20. Jahrhundert interessieren – auch im internationalen Kontext –, rate ich zu den relevanten Anthologien, die mittlerweile Standardwerke sind, wenn es um einen ersten, fundierten Überblick über das Werden der Gedichte der letzten 100 Jahre geht. All diese Empfehlungen ersetzen natürlich nicht Ihre eigene Entdeckerfreude. Ganz besonders lege ich Ihnen Joachim Sartorius *Atlas der neuen Poesie* ans Herz.

Literaturzeitungen und Literaturzeitschriften (Auswahl)
Allmende
Bella Triste
Das Gedicht
Der Poet
Die Horen
Gegenstrophe. Blätter zur Lyrik
Manuskripte
Ostragehege
Randlos

Sic!
Sinn und Form
Sprache im technischen Zeitalter
Volltext

Zeitgenössische Lyrik-Anthologien und poetologische Sammelbände, Einzelbetrachtungen (Auswahl)
Brôcan, Jürgen und Kuhlbrodt, Jan; (Hrsg.); Umkreisungen. 25 Auskünfte zum Gedicht. Poetenladen. Leipzig 2010
Bucheli, Roman; Hrsg. Wohin geht das Gedicht. Wallstein Verlag. Göttingen 2006
Braun, Michael und Buselmeier, Michael; (Hrsg.); Der gelbe Akrobat. 100 Gedichte der Gegenwart, kommentiert. Der Poetenladen. Leipzig 2011
Geiger, Thomas; (Hrsg.); Laute Verse. Gedichte der Gegenwart. dtv. München 2009
Greiner, Ulrich. Der Lyrikverführer. Eine Gebrauchsanweisung zum Lesen von Gedichten. C.H.Beck. München 2009
Höllerer, Walter; Theorie der Modernen Lyrik. Dokumente zur Poetik. Band I. Hrsg. von Norbert Miller in Verbindung mit Thomas Markwart. Hanser Verlag. München 2003
Höllerer, Walter; Theorie der Modernen Lyrik. Dokumente zur Poetik. Band II. Hrsg. von Harald Hartung in Verbindung mit Alexander Gumz. Hanser Verlag. München 2003
Jacobs Steffen; Der Lyrik TÜV. Ein Jahrhundert deutscher Dichtung wird geprüft. Eichborn Verlag, Frankfurt/Main 2007
Kuhligk, Björn und Wagner, Jan; (Hrsg.); Lyrik von Jetzt. DuMont Verlag. Köln 2003
Kuhligk, Björn und Wagner, Jan; (Hrsg.); Lyrik von Jetzt 2. Berlin Verlag. Berlin 2008
Lentz Michael und Michael Opitz; (Hrsg.); In diesem Land: Gedichte aus den Jahren 1990 – 2010. Fischer Verlag. Frankfurt/Main 2010
Matt, Peter von; Wörterleuchten. Kleine Deutungen deutscher Gedichte. dtv. München 2011
Sartorius, Joachim; (Hrsg.); Minima Poetica – Für eine Poetik des zeitgenössischen Gedichtes. Verlag Kiepenheuer & Witsch. Köln 1999
Schlaffer, Heinz; Geistersprache. Zweck und Mittel der Lyrik. Hanser Verlag. München 2012

Verlage, die das Gedicht in besonderem Maße fördern (Auswahl)
Verlag C.H. Beck
Edition Korrespondenzen
Edition Lyrikkabinett bei Hanser
Edition Rugerup
Fixpoetry
Verlagshaus Frank
Hanser Verlag

Klöpfer & Meyer
Kookbooks Verlag
Luchterhand Verlag
Luxbooks Verlag
Lyrikedition 2000
poetenladen
Schöffling
Suhrkamp Verlag

Internetauftritte (Auswahl)
www.dasgedicht.de
www.junge-magazine.de
www.lyrikkritik.de
www.lyrikline.org
www.lyrikzeitung.de
www.lyrik-kabinett.de
www.neuedichte.de
www.poetenladen.de
www.roughbooks.wordpress.com
www.satt.org/lyrik-log (2003 – 2005)
www.spokenwordberlin.net

Standardwerke zum Lyrikpanorama des 20. Jahrhunderts (Auswahl)
Enzensberger, Hans-Magnus; Museum der Modernen Poesie (Taschenbuch 2002)
Hartung, Harald; Jahrhundertgedächtnis (1998)
Hartung, Harald; Luftfracht (1991)
Sartorius, Joachim; Atlas der neuen Poesie Taschenbuch (1996)

Einige Empfehlungen für die Schule:
Boëtius, Henning und Hein, Christa; (Hrsg.); Die ganze Welt in einem Satz. Beltz & Gelberg, Weinheim / Basel 2010
Gelberg, Hans-Joachim; (Hrsg.); Neue Gedichte für Kinder und Erwachsene. Beltz & Gelberg in der Verlagsgruppe Beltz. Weinheim – Basel 2011
Thalmayr, Andreas; Lyrik nervt. Eine Hilfe für gestreßte Leser. Deutscher Taschenbuch Verlag. München 2008
Sichtermann Barbara und Joachim Scholl; (Hrsg.); 50 Klassiker Lyrik. Gerstenberg Verlag Hildesheim, 3. überarbeitete Auflage 2007

Anmerkungen

1   Entworfen von Waldemar Staniczek, nach eingehender, gemeinsamer Erörterung.
2   Titel der regelmäßig erscheinenden Lyrikseite des Literaturkritikers Michael Braun in der Zeitung für Literatur „Volltext". Genaue Bezeichnung: „Lyrik-Logbuch: Eintragungen zu Gedichten der Gegenwart".

Nachwort

Ulf Abraham

> wir müssen im deutschunterricht gedichte schreiben, ich kann sowas nicht. aber eigentlich macht mir das nichts. nun ist es aber so, dass mein lehrer auf die grandiose idee kam eine lesung zu halten. tja ... ich bin tot.[1]

Dieser verzweifelte Hilferuf (www.kurzefrage.de) ist im Internet keineswegs der einzige. Produktionsorientierte Aufgaben im Lyrikunterricht, erprobt und empfohlen im Rahmen der „Handlungs- und Produktionsorientierung", gehören seit den 1980er Jahren zum Standard eines „kreativen" Deutschunterrichts.[2] Sie galten – und gelten – einerseits als Königsweg zum Verständnis poetischer Ausdrucksmöglichkeiten und lyrischer Formen, andererseits aber als Methode „kreativen Interpretierens".[3] Da die meisten Lehr- und Bildungspläne diese Sicht-weise mittlerweile übernommen haben, ist von einer gewissen Verbreitung entsprechender Aufgabenstellungen im Literaturunterricht auszugehen, gleichzeitig aber (wie die „kurzefrage" zeigt) nicht unbedingt von ungeteilter Begeis-terung bei den Lernenden. *Hab a Talent, sei a Genie*, nannte Jutta Wermke ihre wegweisende Darstellung eines Konzepts der Kreativitätsförderung durch Literatur.[4] Der paradoxe Charakter, den Aufforderungen zum Kreativsein im Klassenzimmer nicht selten haben, kann zur Blockade oder Verweigerung führen. „Ich kann sowas nicht" ist eine verständliche, aber vorschnelle Antwort. Es geht ja darum, erst herauszufinden, was man kann. Wer es schon zu wissen glaubt, vertut eine Chance.

Allerdings machen Deutschlehrer/-innen die Erfahrung, dass sie die erwähnte Paradoxie irgendwie aushebeln müssen, immer wieder aufs Neue. Auf methodischer Ebene dominiert vermutlich deshalb seit Längerem ein Konzept der kleinteiligen Anleitung: Seit dem Eindringen des „Kreativen Schreibens" in die Schulen und Hochschulen in den 90er Jahren werden Lernende nicht selten mit „Schreibimpulsen", Textmustern (z. B. „Elfchen", Akrostichon) und anderen Vorgaben, z. B. verlückten Texten, konfrontiert. Schon in der Grundschule sollen Schüler/-innen auf diese Weise einfache lyrische Formen selbst gestalten lernen können.[5]

Spiel-Räume für literarische Erfahrung schaffen

Ein Lehrgang des lyrischen Schreibens, der über einen längeren Zeitraum Gestaltungswillen und -fähigkeiten in Bezug auf Gedichte aufbauen könnte, entsteht aus kleinteiligen Schreibanleitungen indessen gerade nicht. Versuche, den Lernenden durch eigenes Schreiben in längerfristiger Auseinandersetzung mit fremden Texten wirklich literarische Erfahrung (nicht nur Kenntnisse einer Schreibtechnik) zu ermöglichen, sind in der Praxis des Deutschunterrichts sicherlich die Ausnahme gewesen.[6] Die Entwicklung einer eigenen Sprache ist aber billiger nicht zu haben. Wer ein solches Ziel mit Ernst verfolgt, muss „lyrisches Schreiben" beharrlich (und über den gelegentlich wiederkehrenden Anlass der produktionsorientierten Interpretation einzelner Kanongedichte hinaus!) zum Thema eines Unterrichts machen, der sich auf Schreibprozesse konzentriert und Spiel-Räume (Spiel:Räume) für sprachliche und literarische Entwicklung schafft.

Kontinuität und Ernsthaftigkeit wagen
Hier setzt das vorliegende Buch an. Es beschreibt „die Möglichkeit, in durchgängigen, Schreibzeit schenkenden Tageseinheiten zu denken" (Prolog, S. 24) und bezeichnet ganze Tage, die ausschließlich der Sprache und dem Schreiben gewidmet werden, als „Luxus" (S. 25). Es ist allerdings ein notwendiger Luxus, wenn das „Gedichteschreiben" nicht folgenlose Nebenbeschäftigung bleiben soll. Obwohl die langjährige Lehrpraxis, aus der der Autor schöpfen und berichten kann, immer wieder sehr gelungene Gedichte hervorbringt, geht es weniger um die Qualität solcher (manchmal erstaunlicher) Produkte als um die Qualität des Prozesses, der sie ermöglicht. „Schreibkontinuität" und „Schreibernsthaftigkeit" sind für den Autor wichtige Bewertungskriterien in diesem Zusammenhang. Das ist hervorzuheben; es ist gleichsam das Alleinstellungsmerkmal des Buches. Statt didaktisch-methodische Anleitungen für verschiedene kreative Verfahren zu liefern, die mit Lyrik irgendwie zu tun haben[7], zeichnet es Sta-dien und Formen einer einzigen großen Begegnung nach – der Begegnung von Kindern und Jugendlichen mit Lyrik, und zwar nicht in Form von Lesebuchseiten oder Anthologiestücken, sondern in Gestalt eines Lyrikers, der mit ihnen schreibt und über Schreiben nachdenkt.

Die Darstellung dessen, was damit ausgelöst und ermöglicht ist, hat eine weniger stringente Form, als man das von literaturwissenschaftlichen oder fachdidaktischen Büchern erwarten würde; sie franst gleichsam an den Rändern immer wieder aus, geht über in Betrachtungen zur Bedeutung der Lyrik im Literaturbetrieb der Gegenwart oder in Würdigungen des Beitrags, den Dichter zur Weltliteratur geleistet haben. Aber sie ist stets authentisch, d.h. beglaubigt durch die Erfahrung der Arbeit im Klassenzimmer als einem „besonderen Raum", wie es im Prolog heißt.

Den Literaturunterricht entschleunigen
Die längerfristige Anwesenheit eines Experten für Lyrik (und natürlich für Schreiben) im Klassenzimmer erzeugt etwas, was ich Entschleunigung des Literaturunterrichts mit Rücksicht auf die Würde seiner Gegenstände nennen möchte. Gedichte haben Zeit, nannte der Literaturwissenschaftler und Schriftsteller Michael Zeller 1981 seine Habilitationsschrift über zeitgenössische Lyrik. Didaktisch gewendet, bedeutet das: Gedichte brauchen Zeit und Geduld. „Aus einer Notiz entsteht ein Notat. Aus einem Notat eine Verdichtung. Aus einer Verdichtung hoffentlich ein Gedicht." (Kap. 1, S. 33) Nicht ein ergebnisver-

sessener Umgang mit Produktionsaufgaben, deren Resultate eigentlich von der Verzweckung des Schreibens für die Interpretation im Unterricht künden, wird hier empfohlen, sondern Gelassenheit und Geduld: „das Nicht-Verstehen zulassen" (Kap. 4, S.145).

Was in Bezug auf fremde Texte das immer nur partielle Verstehen ist, das ist hinsichtlich des eigenen Textentwurfs die langsame Annäherung an eine (immer nur vorläufig) letzte Fassung: „Ich spreche nach wie vor lieber von Verdichtungen, auch um das ‚Gedicht' vor dem Gestus eines Augenblicksgeniestreichs – ein Gedicht ist Arbeit – zu schützen..." (Kap. 3, S. 100)

Den langen Atem beim Schreiben üben

Um kurzfristige Entlastung anstrengenden analytischen und hermeneutischen Literaturunterrichts durch ein wenig eigenes Tun geht es hier also überhaupt nicht. Stattdessen wird der lange Atem, den Schüler/-innen brauchen und mit der Zeit bekommen, bei der Arbeit gezeigt. Und auch dem Leser dieses Buches wird er abverlangt. Es wird sehr viel zitiert – neben Kanonautoren der deutschsprachigen Literatur (Hölderlin, Brecht, Benn, Celan, Ausländer, Fried) eine lange Reihe von (nicht nur oder vorrangig deutschen) Dichtern, Schriftstellern, Philosophen und Essayisten der Gegenwart. Es ist, als wollte der Autor eine Polyphonie der Stimmen an die Stelle dessen setzen, was so nicht gesagt werden kann: Lyrik ist ...

„Wie vielfältig und unterschiedlich ‚im Augenblick' die Lyrik in deutscher Sprache brilliert", wird dann, in Kap. 7 (S. 191), doch noch gesagt. Gerade darum verweigert dieses Buch aber eine im eigentlichen Sinn handwerkliche Didaktik lyrischen Schreibens, wie es sie im Rahmen der eingangs skizzierten Entwicklung schon gegeben hat[8]: „Es wäre mehr als vermessen, ein allgemein gültiges Regelwerk aufzutischen." (S. 94) Formen und Traditionen lyrischen Schreibens werden eher beiläufig erwähnt; stilistische und rhetorische Elemente finden sich verschiedentlich in Fußnoten. Die in der Germanistik geläufigen Metaphern der Architektur (*Aufbau, Bauform, Funktion*) liegen dieser Darstellung viel weniger nahe als Metaphern des Organischen (*wachsen, ausfransen, sich entwickeln, Quelle*). Die Sprache im Gedicht ist hier weniger ein Gebäude, das errichtet werden muss, als ein lebendes Wesen – etwa eine *Katze*, die ihren eigenen Willen hat (vgl. Prolog, S. 16).

Die Welt als Sprache sehen

Zwar sollen die Schüler/-innen erfahren, dass das Wort im Gedicht „nicht frei von Überlieferung" (S. 99) ist; aber während sie selbst schreiben, finden sie primär zu ihrer eigenen Sprache, und auf dem Weg dorthin sekundär zu fremden Texten. Unübersehbar sind die Wurzeln in der Romantik: „ich will behaupten, dass jeder Mensch Poetisches und dessen Gesten in sich birgt" (Prolog, S.12). Es geht, mit einem schönen Wort von Günter Eich, um nichts Geringeres als „die Entscheidung, die Welt als Sprache zu sehen" *Günter Eich, in: Völker 1986.* Es wäre schon ein großer Fortschritt (und nebenbei eine Antwort an die eingangs zitierte Schülerin, die kontrafaktisch glaubt, sie könne „sowas" nicht), Lernenden zu der Erkenntnis zu verhelfen, dass es beim lyrischen Schreiben nicht um Gefühle, um Meinungen oder geniale Einfälle geht, sondern um das richtige Wort am richtigen Ort. „Gefühle und Gedanken verlangen nach Sprache, wenn sie gesagt sein müssen" (Kap. 1, S. 32).

Auf eine solche Erkenntnis sollte der Deutschunterricht in der Tat hinarbeiten. Allerdings macht die Schule als Institution der Wissens- und Kompetenzvermittlung es uns nicht unbedingt leicht, die Welt als Sprache sehen zu lehren. Gerade seit der PISA-Debatte und dem Siegeszug der „Kompetenzorientierung" dominiert in allen Schulfächern eine instrumentalistische Sicht auf Sprache; ist im Bildungsdiskurs von Sprache (überhaupt) die Rede, so wimmelt es von Container-, Transport- und Jagdmetaphern: Es scheint der Sinn der Sprache zu sein, ihr etwas zu *entnehmen*, etwas zu *vermitteln*, und *Ziele zu verfolgen*. Vordringlich scheint damit der Auftrag der sprachlichen Ertüchtigung von Schüler/-innen durch die Vermittlung von „Lese- und Schreibstrategien". Es geht allenthalben darum, mit schwierigen Texten fertigzuwerden, die ohne Lesekompetenz nicht zu verstehen oder zu gebrauchen sind. Sich auf Sprache wirklich einzulassen, ist dabei nicht vorgesehen.

Lesen und Schreiben zusammenbringen
„Indem ich schreibe, lese ich. Indem ich lese, schreibe ich." (Prolog, S. 17): Wichtig ist der Umschlag vom Lesen ins Schreiben und wieder zurück. „Ein jeder, der mit Literatur in Berührung kommt, nimmt unweigerlich an ihr teil. Sprache bedeutet immer auch eine Reaktion auf Sprache" (Kap. 2, S. 51). Das eigene Schreiben ist damit nicht zuletzt auch wichtig „für ein aufmerksameres, sorgfältigeres Lesen in Texten Anderer." (Kap. 3, S. 94)

Die vielen Stimmen, die im Lauf dieser Darstellung (zitatweise) über das Lesen und Schreiben von Lyrik sprechen, werden kontrastiert mit den Äußerungen von Schüler/-innen zum selben Thema. Auch dabei konzentriert sich der Autor auf den Entstehungs- und Verdichtungsprozess, nicht auf Struktur und Form, und vermeidet auch sonst das Eindeutige, die Festlegung. Den beiden häufigsten Erklärungen von Lyrik, nämlich sie sei entweder aus einem *Erlebnis* zu verstehen oder sie allein als *Form* zu beschreiben, entzieht sich der Autor mit Hilfe einer langen Passage aus einem Text des Literaturwissenschaftlers Heinz Schlaffer (S. 38 als Zitat aus Schlaffer, 2012, S. 9)

Schreiber/-innen zur Selbstständigkeit erziehen
Kaum kommt in diesem Buch der Begriff der Kreativität vor; Oliver verwendet ihn gleichsam gar nicht selbst, sondern nur in Zitaten oder Literaturhinweisen, etwa auf Arbeiten von Kaspar H. Spinner. Eine Auseinandersetzung mit der einschlägigen Diskussion um ‚kreativitätsfördernde' Methoden im Literaturunter-

richt darf man sich folglich hier auch nicht erwarten.[9] Nicht in einer bestimmten Methode, sondern in der geduldigen Begleitung und „Schreibberatung" steckt das kreative Potenzial. In einem der wenigen programmatischen Sätze, die der Autor sich erlaubt, fordert er „eine Schreib-Erziehung in die Selbstständigkeit" (Kap. 3, S. 123). Er fordert damit aber nur das, was er selber einlöst. Brechtisch gesagt, ist dabei die Haltung das Wesentliche: „Eine grundlegende Wertschätzung wäre schon allein die Tatsache, die Sprache der Schüler nicht als ‚defizitär' und ‚fehler- oder mangelhaft' wahrzunehmen, sondern als Quelle ins Schöpferische." (Kap. 2, S. 52)

Die bildungspolitischen Implikationen sehen
Sich in laufende Debatten um bildungspolitisch Strittiges einzumischen, kann der Autor bei alledem nicht immer vermeiden. Er selber, als Lyriker im Klassenzimmer, ist ja sozusagen die personifizierte Einmischung. „Es ist mir bewusst, dass die Interpretationskultur im Klassenzimmer freilich keine willkürliche Einrichtung ist. Mit dem bis dato letzten Endes doch von den Lehrern abverlangten Blick auf das Ziel von Prüfungen, mangels anderer, zeiträumiger entworfener oder interaktiverer Examina, ergibt sich zumindest eine Erklärung hierfür. Aber was spricht gegen die Erprobung von Gegenmodellen? Wäre ein Regelbruch denkbar? Eine bildungspolitische Notwendigkeit? Prüfungen, die den Prozess-Charakter des Schreibens adaptieren würden?" (S. Kap. 3, 95)

Das mag gegenwärtig eine Außen:seiter:meinung sein, aber nirgends ist man so nah an der Utopie wie im Gedicht.

Anmerkungen

1. http://www.kurzefrage.de/musik-partyzone/184961/wir-muessen-im-deutschunterricht-gedichte-schreiben-ich-kann-sowas-nicht, Eintrag vom 8.11.2005, letzter Zugriff 7.11.12.
2. Vgl. v. a. Günter Waldmann: Produktiver Umgang mit Lyrik. Eine systematische Einführung in die Lyrik, ihre produktive Erfahrung und ihr Schreiben. 5. Aufl. Baltmannsweiler: Schneider 1998.
3. Vgl. z. B. Karl Stocker: Wege zum kreativen Interpretieren Lyrik. Sekundarbereich. Baltmannsweiler: Schneider 1991.
4. Jutta Wermke: Hab a Talent, sei a Genie. Entwicklung eines Konzepts der Kreativität und ihrer Förderung durch Literatur. Kreativität als paradoxe Aufgabe. 2 Bde. Weinheim: Deutscher Studienverlag 1989.
5. Vgl. z. B. Karen Werner: Gedichte schreiben – aber wie? Produktionsorientierter Unterricht leicht gemacht. Donauwörth: Auer 2010.
6. Vgl. noch immer lesenswert, Hans Gatti: Schüler machen Gedichte. Ein Praxisbericht mit vielen Anregungen und Beispielen. Freiburg i. Br.: Herder 1979.
7. Vgl. z. B. Ulrich Liebnau: EigenSinn. Kreatives Schreiben – Anregungen und Methoden. Frankfurt/M.: Diesterweg 1995.
8. Vgl. z. B. Heinz Birner: Kreative Gestaltungsübungen im Deutschunterricht der Mittelstufe. Lyrik-Hörspiel. München: Oldenbourg 1978; Manfred Herrmann: Schule der Poetik. Literarische Kreativität im Deutschunterricht. Paderborn: Schöningh 1980.
9. Vgl. Norbert Kellner: Literarische Kreativität. Warum schreiben? Wie schreibt man Literatur? Was ist (gute) Literatur? Stuttgart: Klett 1999; Ulf Abraham: Kreativ schreiben. In: Feilke, Helmuth/Pohl, Thorsten (Hrsg.): Schriftlicher Sprachgebrauch/Texte verfassen. (Deutschunterricht in Theorie und Praxis, Band 4), i.Dr. [2013].

Literaturverzeichnis der verwendeten Bücher, Arbeiten und Artikel

Gedichtbände und Anthologien
Alberti, Rafael; Five o'clock tea, in: „Yo era un tonto y lo que he visto me ha hecho dos tontos" © Rafael Alberti, 1929. El alba del alhelí, S.L //Abdruck der deutschen Übersetzung durch Fritz Vogelsang mit freundlicher Genehmigung des Verlages Klett-Cotta, Stuttgart 1987
Ausländer, Rose; Wort an Wort. In; dies.; Im Ascheregen die Spur deines Namens. Gedichte und Prosa 1976. © S.Fischer Verlag GmbH, Frankfurt/Main 1984
Bauer, Christoph W.; mein lieben mein hassen mein mittendrin du. Eine Liebesgeschichte in 37 Gedichten. Haymon Verlag. Innsbruck-Wien 2011
Benn, Gottfried; Sämtliche Gedichte. Klett-Cotta. Stuttgart 1998
Benn, Gottfried; Künstlerische Prosa. Klett-Cotta. Stuttgart 2006
Bichsel, Peter; Zur Stadt Paris. Geschichten. Suhrkamp Verlag. Frankfurt/Main 1995
Brecht, Bertolt; Die Gedichte. Hrsg. Knopf, Jan. Suhrkamp Verlag. Frankfurt/Main 2007 © Bertolt-Brecht-Erben / Suhrkamp Verlag 1988, 1993
Borges, Jorge Luís; Die Bibliothek von Babel. Philipp Reclam jun. GmbH. Stuttgart 1974
Borges, Jorge Luís; Eine Neue Widerlegung der Zeit und 66 andere Essays. Eichborn Verlag. Frankfurt/Main 2003
Buber, Martin; Ich und Du. Reclam. Stuttgart 2008
Bukowski, Charles; Letzte Meldungen. Gedichte. Zweitausendeins. Frankfurt/Main 2007
Bukowski, Charles; 439 Gedichte. (Hrsg.) nach Carl Weissner. Zweitausendeins. Frankfurt/Main 2009
Borchers, Elisabeth; Lichtwelten. Abgedunkelte Räume. Frankfurter Poetikvorlesungen. Suhrkamp Verlag. Frankfurt/Main 2003
Celan, Paul; Die Gedichte I. © Suhrkamp Verlag. Frankfurt/Main 1992. Alle Rechte bei und vorbehalten durch Suhrkamp Verlag Berlin.
Celan Paul; Die Gedichte II. © Suhrkamp Verlag. Frankfurt/Main 1992. Alle Rechte bei und vorbehalten durch Suhrkamp Verlag Berlin.
Celan, Paul; Die Gedichte. Kommentierte Gesamtausgabe in einem Band. Hg. u. kommentiert v. Barbara Wiedemann. © Suhrkamp Verlag. Frankfurt/Main 2003. Alle Rechte bei und vorbehalten durch Suhrkamp Verlag Berlin.
Danz, Daniela; Pontus. Gedichte. 4. Aufl. Wallstein Verlag. Göttingen 2009
Dutli Ralph; Nichts als Wunder. Essays über Poesie. Ammann Verlag. Zürich 2007
Eich, Günter; Gesammelte Werke, Band IV. Hrsg. Axel Vieregg. Suhrkamp. Frankfurt/Main 1991
Enzensberger, Hans Magnus; Kiosk. Gedichte. Suhrkamp Verlag. Frankfurt/Main 1995
Fried, Erich; Befreiung von der Flucht. Gedichte und Gegengedichte. Claasen Verlag, Hamburg 1968
Fried, Erich; Gesammelte Werke. Volker Kaukoreit und Klaus Wagenbach, Hrsg. © Verlag Klaus Wagenbach, Berlin 1981
Fried, Erich; Liebesgedichte. Wagenbach Verlag, Berlin 1979. © Verlag Klaus Wagenbach, Berlin 1993
García Lorca, Federico; Die Gedichte. Bd 1 und 2. Wallstein Verlag. Göttingen 2008
Gelberg, Hans-Joachim, (Hrsg.); Neue Gedichte für Kinder und Erwachsene. Beltz & Gelberg in der Verlagsgruppe Beltz. Weinheim – Basel 2011
Hölderlin, Friedrich; Die Gedichte. Insel Verlag. Frankfurt/Main 1991
Höllerer, Walter; Gedichte. Wie entsteht ein Gedicht. Suhrkamp Verlag. Frankfurt/Main 1983
Hughes, Ted; Wie Dichtung entsteht. Essays. Insel Verlag. Frankfurt/Main und Leipzig 2001
Jacobs, Steffen; Der Lyrik TÜV. Ein Jahrhundert deutscher Dichtung wird geprüft. Eichborn Verlag, Frankfurt/Main 2007
Jandl, Ernst; Gesammelte Werke. Hrsg. Klaus Siblewski. Luchterhand Verlag. Darmstadt und Neuwied 1985

Kling, Thomas; menschen gedenken eines menschen, in ders.; Das brennende Archiv. Unveröffentlichte Gedichte, Briefe, Handschriften und Photos aus dem Nachlaß sowie zu Lebzeiten entlegen publizierte Gedichte, Essays und Gespräche. Zusammengestellt von Norbert Wehr und Ute Langanky. Mit einem Nachwort von Marcel Beyer. © dieser Zusammenstellung Suhrkamp Verlag Berlin 2012.
Leitner, Anton G.; Schrei nicht. In: Ders. Hrsg.; „SMS-Lyrik". 160 Zeichen Poesie, Reihe Hanser, dtv, München 2002
Neruda, Pablo; Buch der Fragen. Auswahl in: Brito, Marty; Wohin gehen die geträumten Dinge. Atlantik Verlag. Bremen 1997
Oliver, José F.A.; Mein andalusisches Schwarzwalddorf. Essays. © Suhrkamp Verlag. Frankfurt/Main. 2007. Alle Rechte bei und vorbehalten durch Suhrkamp Verlag Berlin.
Oliver, José F.A.; fahrtenschreiber. Gedichte. © Suhrkamp Verlag. Berlin 2010. Alle Rechte bei und vorbehalten durch Suhrkamp Verlag Berlin.
Oliver, José F.A.; Nickel, Artur; Treeck van, Leo; Hrsg. Hallo, Moritz! Ja, anders in Essen, ja. Der verrückte Stadtführer. Geest-Verlag. Vechta 2011
Rakowski, Janna; Ilija Trojanows Weltensammler. Ein postkolonialer Roman? SchriftBilder. Studien zur Medien- und Kulturwissenschaft, Bd 2. IGEL Verlag Literatur & Wissenschaft. Hamburg 2012
Sloterdijk, Peter; Zeilen und Tage. Notizen 2008 – 2011. Suhrkamp Verlag. Berlin 2012
Tawada, Yoko; Fremde Wasser. Hrsg. Von Ortud Gutjahr; Hamburger Gastprofessur für Interkulturelle Poetik. Vorlesungen und wissenschaftliche Beiträge. Konkursbuch Verlag. Tübingen 2012
Tawada, Yoko. Talismane. Literarische Essays. Konkursbuch Verlag. Tübingen 1996
Thalmayr, Andreas; Das Wasserzeichen der Poesie. Greno Verlagsgesellschaft. Nördlingen 1985
Thalmayr, Andreas; Lyrik nervt. Eine Hilfe für gestresste Leser. Deutscher Taschenbuch Verlag. München 2008

Literaturliste über Dichter, Gedichte und Theorien der Poesie und Lyrik und Sprache und Schreibdidaktik

Barthes, Roland; Über mich selbst. Matthes & Seitz. Berlin 2010
Benn, Gottfried; Probleme der Lyrik. Limes Verlag. Wiesbaden 1951
Boëtius, Henning u. Hein, Christa, Hrsg. Die ganze Welt in einem Satz. Beltz & Gelberg. Weinheim Basel 2010
Braun, Michael/ Lyrik-Logbuch. In: Volltext 3/2012
Bucheli, Roman (Hrsg.); Wohin geht das Gedicht. Wallstein Verlag. Göttingen 2006
Burdorf, Dieter. Einführung in die Gedichtanalyse. J. B. Metzlersche Verlagsbuchhandlung und Carl Ernst Poeschel Verlag GmbH. Stuttgart 1997
Charms, Daniil; „Die Kunst ist ein Schrank" – Aus den Notizbüchern 1924–1940. Hrsg. Peter Urban. Friedenauer Presse. Berlin 1992
Emmerich, Wolfgang; Paul Celan. Rororo. Reinbek b. Hamburg 1999
Girgensohn, Katrin; Sennewald Nadja; Schreiben lehren, Schreiben lernen. Eine Einführung. WBG. Darmstadt 2012
Grünbein, Durs; Vom Stellenwert der Worte. Frankfurter Poetikvorlesung 2009. edition Suhrkamp. Suhrkamp Verlag. Berlin 2010
Höllerer, Walter; Theorie der Modernen Lyrik. Dokumente zur Poetik. Band I. Herausgegeben von Norbert Miller in Verbindung mit Thomas Markwart. Hanser Verlag. München 2003
Höllerer, Walter; Theorie der Modernen Lyrik. Dokumente zur Poetik. Band II. Hrsg. von Harald Hartung in Verbindung mit Alexander Gumz. Hanser Verlag. München 2003
Hummelt, Norbert; (Hrsg.); Thomas Kling. schädelmagie. Ausgewählte Gedichte. Philipp Reclam jun. GmbH & Co., Stuttgart 2008
Hummelt, Norbert; Siblewski, Klaus; Wie Gedichte entstehen. Luchterhand Literaturverlag GmbH. München 2009
Kayser, Wolfgang; Kleine deutsche Versschule. A. Francke AG Verlag. Bern 1946, 22. Aufl. 1984

Kinne, Nadine; Gottfried Benn – ein Nationalsozialist? Eine Analyse seiner Gesinnung 1933 unter Berücksichtigung der Korrespondenz mit Klaus Mann. Studienarbeit. Dokument Nr. V108781. http://www.grin.com/

Kopf, Bernhard; Wortinterne literarische Mehrsprachigkeit. Studienarbeit. Dokument Nr. V172359. http://www.grin.com

Küchler, Sabine; Scheck, Denis, Hrsg.; Vom schwierigen Vergnügen der Poesie. Gedichte und Essays nebst einem Gespräch über Poetik. Straelener Manuskripte, N.F. 14. Straelener Manuskripte Verlag. Straelen 1997

Sartorius, Joachim; (Hrsg.); Minima Poetica – Für eine Poetik des zeitgenössischen Gedichtes. Verlag Kiepenheuer & Witsch. Köln 1999

Schlaffer, Heinz; Geistersprache. Zweck und Mittel der Lyrik. Hanser Verlag. München 2012

Sichtermann Barbara, Joachim Scholl; Hrsg. 50 Klassiker Lyrik. Gerstenberg Verlag Hildesheim, 3. überarbeitete Auflage 2007

Trabant, Jürgen; Was ist Sprache? Verlag C.H. Beck oHG. München 2008

Trabant, Jürgen; Weltansichten. Wilhelm von Humboldts Sprachprojekt. Verlag C. H. Beck oHG. München 2012

Völker, Ludwig; (Hrsg.); Theorie der Lyrik. Philipp Reclam jun. Stuttgart 1986

Zeitungen und Zeitschriften

Oliver, José F. A.; Eine Inventur des Mangels schreibt mir die Nacht. In: Mittelbadische Presse, Februar 2012

Reich-Ranicki, Marcel; Das Wort war sein Los. In: Frankfurter Anthologie. Gedichte und Interpretationen. Hrsg.; Reich-Ranicki, Marcel. Band 24. Frankfurt/Main 2001, S. 167–170. Hier in: FAZ. 02.12.2000, Nr. 281, S.IV

Kämmerlings, Richard; Freie Bahn für gute Verse. In: FAZ. 30.04.2007, Nr.100, S. 37

Rühmkorf, Peter; Ich bin ein Glücksprophet. Gespräch mit Wolfram Runkel und Christof Siemens. In: DIE ZEIT, 27.03.2008, Nr. 14.

Lexika

Hegenbart, Rainer; Wörterbuch der Philosophie. Gondrom Verlag, Bindlach / Bayreuth 1994

Bilder

© Yves Noir: Kapitelauftaktfotos, Autorenfoto

Was noch zu sagen wäre

Octavio Paz sagt, den anderen verstehen zu wollen sei ein schwieriges Unterfangen. Man müsse der andere sein, ohne sich selbst aufzugeben. Ein Buch, so lehrt mich dieser Gedanke, entsteht immer im Gespräch und im zuhörenden Austausch mit anderen.
Ich danke deshalb dem Literaturhaus Stuttgart für das entschiedene Vertrauen in meine Arbeit. Namentlich Florian Höllerer und Erwin Krottenthaler, der die Idee zu diesem Buch hatte.
Wegbegleitend war und ist Waldemar Staniczek. Über Jahre hinweg ermöglichte er es mir, an der Realschule Ostheim meine Vorstellungen vom „lyrischen Schreiben im Unterricht" umzusetzen. Ich habe viel von ihm gelernt.
Dank gilt aber auch meinen Schriftstellerkollegen Walle Sayer, Thomas Richhardt und Ilija Trojanow, die mir bereitwillig poetologische Texte für dieses Buch zur Verfügung gestellt haben.
Wichtige Hinweise gab mir Dr. Artur Nickel. Unsere Zusammenarbeit in Essen blieb nicht ohne Einfluss.
Ein herzliches Vergelt's Gott sei an Prof. Ulf Abraham gerichtet. Seine offene Genauigkeit sollte sich zu jedem Zeitpunkt als eine ermutigende Herausforderung erweisen.

Einen innigen Dank möchte ich Sebastian Thede aussprechen. Ohne seine exakte, kritisch hinterfragende und inhaltlich inspirierende Lektoratsarbeit, wäre das Buch nicht das geworden, was es ist. Seine Aufmerksamkeit ist ein Geschenk.

José F. A. Oliver

Übersicht über das Downloadmaterial

Einleitung
   1: Essay Oliver: *wortaus, wortein*
   2: Das Gleichnis von den blinden Männern und dem Elefanten
   3: Gedicht von Charles Bukowski

Kapitel 1: Skizzen und an:sätze ins Gedicht
   4: Text von Walle Sayer
   5: Schreibübungen für Lehrer

Kapitel 2: Vom Wort. Vom Satz. Vom Text
   6: Besprechung des Gedichtes Logos in der Frankfurter Anthologie
   7: Ein Wort – Gedicht von Gottfried Benn
   8: Weitere Schreibaufgaben für Lehrer
   9: Äußerungen von Christoph W. Bauer und Daniela Danz
  10: Essay von Ilija Trojanow
  11: Fragen und Übung zu Ernst Jandls Gedicht *darstellung eines poetischen problems*
  12: Schreibaufgabe Ortsverdichtung

Kapitel 3: Verdichtungen
  13: Essay Oliver: *und wir im bittgebet und*
  14: *Der innere Schweinehund*, Schülertext Rafael, 13 Jahre

Kapitel 4: Gedichte als Dialog
  15: *Kleine Lieder für Steff* von Bertolt Brecht
  16: Biographisches und Poetologisches zu Bertolt Brecht
  17: Biographisches und Poetologisches zu Gottfried Benn
  18: Biographisches und Poetologisches zur Paul Celan-Übung

Kapitel 5: Vom über:stezen in Deutschland
  19: Gedichte von Aras Ören und Friedrich Hölderlin
  20: Gedicht *Hälfte des Lebens* von Friedrich Hölderlin

Kapitel 6: Poetische Kritzel
  21: Präsentation Thomas Richhardt

Die blinden Männer und der Elefant

„Veritas est id quod est" – sagte Thomas von Aquin in seinem einflussreichen theologisch-philosophischen Traktat *De veritate*. Begreiflich nachvollziehbar ist dieser mittlerweile geflügelte Satz des Kirchenlehrers allemal: „Das, was ist, ist wahr". Nur: Was ist das, was ist? Und wer hat die Hoheit darüber, dass das, was ist, als *wahr(-heit)* zu bezeichnen? Es könnte sogleich auch gefragt werden: Was ist, was *da* ist? Und was ist mit dem, was *da* nicht ist? *Ist* das auch? Und ist das, was nicht ist, wahr? Keine Bange! Ich will mich nicht ins Philosophische verrenken und doch mit diesen Quergedanken unterstreichen, dass das mit der Wahrheit durchaus eine äußerst veritable Sache zu sein scheint... Aber, wer weiß das nicht. Insofern wäre das alte Gleichnis von den blinden Männern und dem Elefanten, auch wenn es uns heute in mannigfachen Variationen hinsichtlich der Anzahl der beteiligten Männer und der von ihnen ertasteten „Dinge" dargelegt wird, nach wie vor ein wundersamer, weil einprägsamer Einstieg, um den abstrakt-realen Begriffsvorstellungen rund um den Wahrheitsbegriff auf die oft disparate Spur zu kommen. Die Ersterzählung der eigentlichen Parabel soll auf eine buddhistische Fabel aus dem 6. Jahrhundert zurückzuführen sein. Wobei sich die Herkunftsforschung uneins gibt, welche Religion oder welche theologische Geistesströmung letzten Endes die Urfassung entworfen hatte, die einst im Chinesischen in der Äußerung „Eine Menge Blinder will einen Elefanten beurteilen" gar sprichwörtlich wurde. Als sichere geografische Verortung der metaphorischen Weisheit wird lediglich der südasiatische Raum genannt. Dort diente die Geschichte in erster Linie zur Verdeutlichung religiöser und theologischer Zusammenhänge im Buddhismus, Jainismus, Hinduismus oder später im Islam. Als salomonischer Schlüssel in glaubensverhärteten Kontroversen, der das Denken wider alle blinde Gefolgschaft und deren Vorurteile in eine erweiterte Sicht der Dinge und Verhältnisse positionierte. Selbst in unserer heutigen Zeit kann die Parabel auf zusätzliche Perspektiven naturwissenschaftlicher Diskurse angewendet werden. Auch ich verstehe das Gleichnis in dieser gedankenöffnenden Hinsicht: Niemand ist im Besitze der Wahrheit und die Erkenntnis, die wir aus den (häufig nicht nur geistigen) Scharmützeln ziehen könnten, ähnelt einer Redensart, die wir im Deutschen nur all zu gut kennen: „Vor lauter Bäumen den Wald nicht sehen."

Im westlichen Kulturkreis berühmt wurde die allegorische Verwendung des Elefanten durch das Gedicht „The blind Men and the Elephant" von John Godfrey Saxe (1816 – 1887), dem us-amerikanischen Dichter aus Vermont, der sich den orientalischen Stoff für eine eigene, lyrische Interpretation zu eigen gemacht hatte.

„Die Wörter, die Dinge / die Dinge, die Wörter": der Poesie auf der Spur

Wir sind von Dingen umgeben und mit Wörtern versuchen wir, sie zu benennen – vielleicht ein weiterer Weg in eine Verdichtung dessen, was wir erleben, symbolisiert, manchmal manifestiert in den Gegenstände, die wir aufbewahren.
In seinem Buch „Die Unschuld der Dinge" schreibt der türkische Nobelpreisträger Orhan Pamuk von seiner außergewöhnlichen Schreibidee und seiner daran geknüpften Leidenschaft, Dinge zu sammeln, die er in einem Roman zu Wort kommen lassen wollte:
„Wenn ich gefragt wurde, was ich mit all den Sachen anfangen wolle, wusste ich zu Beginn keine rechte Antwort zu geben. Ich gründe ein Museum und schreibe einen Roman als Katalog dazu, das klang zu abgehoben. Verlegen, wie Sammler es in einem Land ohne Sammlertradition nun mal sind, murmelte ich nur, die Tasse gefalle mir eben. Ich tat aber so, als wisse ich selber nicht, was ich damit machen würde. Das galt dann als harmlose Spinnerei."

Quelle: Orhan Pamuk: „Die Unschuld der Dinge". Carl Hanser Verlag. München 2012, S. 21

Schreibaufgabe:

- Wählen Sie Dinge aus, die sie aufbewahrt haben und schreiben sie einen Text dazu. Achten Sie darauf, das Wesentliche zu reflektieren und tauchen Sie in eine Geschichte ein, die mit dem Gegenstand zusammenhängt, den Sie ausgesucht haben.
- Versuchen Sie danach einzelne Wörter, Sätze oder Bilder – es können auch ganze Passagen sein – herauszuschälen, die für Sie eine Dimension des Poetischen darstellen, so wie Sie sich die „Poesie der Dinge" vorstellen.
- Nehmen Sie diese Fragmente zum Anlass, um erneut ins Schreiben zu kommen. Damit sind Sie auf dem Weg in eine Verdichtung dessen, was diese Dinge für Sie „symbolisieren".
- Die Aufgabe kann in vielerlei Hinsicht variiert werden. Sie können beispielsweise auch Dinge beschreiben, die Sie versehentlich oder absichtlich weggeworfen haben oder aber Sie schreiben über „Dinge", auf die Sie niemals verzichten möchten. Ein möglicher Auftaktsatz in den Text könnte folgender sein: „Wir hatten miteinander gestritten, und mich überkam die leidige Lust, ungerechte Worte zu sagen. Zornig verließ ich das Haus…" (zit. nach Erwin Strittmatter: ¾ hundert Kleingeschichten. Aufbau-Verlag Berlin und Weimar 1985, S. 56). Dieser Schreibimpuls kann auch auf den Akt des Wegwerfens bezogen werden, indem die Formulierung leicht verändert wird: „Wir hatten miteinander gestritten, und mich überkam die leidige Lust, den… wegzuwerfen. Zornig suchte ich…"

Die Schreibübung, die dazu anregen soll, eine Beziehung zwischen den Dingen und den Worten herzustellen, bietet sich als Schreibaufgabe auch für die Schüler an.

Hier eine mögliche Strukturierung der Unterrichtseinheit: „Die Wörter, die Dinge / Die Dinge, die Wörter", angelegt auf vier Deutschstunden. Wo es möglich ist, zwei Doppelstunden.
Diese Schreibeinheit kann aber auch über mehrere Stunden verteilt werden. Das hängt ganz von Ihrer Zeit ab.

1. Erste Schreibaufgabe zum Thema: „Was ich einmal weggeworfen habe"
   (Schreibzeit 20 Minuten)
2. Schreibkonferenz, die jeweils von zwei Schülern vorbereitet werden, indem sie Ihre Texte gegenseitig befragen und anschließend im Plenum vorstellen.
   (Für diese Gruppenarbeit wären ebenfalls 20 – 25 Minuten angemessen).

Nach einer Pause:

3. Präsentation der Ergebnisse
4. Hausaufgabe: Text tippen und per Email an den Lehrer senden und zur nächsten Unterrichtsstunde Dinge mitbringen:
   a) die das Weggeworfene darstellen, symbolisieren
   b) die „man" niemals wegwerfen würde
5. Kurze Präsentation der Dinge in der darauffolgenden Deutschstunde.
6. Zweite Schreibaufgabe: Überarbeitung des Textes auf dem Weg in ein „verdichtetes Sagen"
   (Schreibzeit 20 Minuten)
7. Zweite Schreibkonferenz zum Thema. Wiederum jeweils von zwei Schülern vorbereitet, indem mit den Erfahrungen der vorangegangenen Schreibkonferenz kritische Fragen an den Text des jeweils anderen gestellt werden. (20–25 Minuten).

Nach einer Pause:

8. Präsentation der Ergebnisse

Eine weitere Unterrichtsstunde könne folgende Übung beinhalten:

9. Wörtersammlung: „Was ich zuhause in meiner Kiste aufbewahre" (Davon ausgehend, dass fast jeder eine Kiste oder box oder eine Schublade hat, in denen sich Dinge befinden, die bewusst aufgehoben werden.
10. Rhythmusübung mit den „Kistenwörtern" (Die Namen der Dinge werden aufgeschrieben und wie eine Litanei gelesen. Die Wörter sollten danach in unterschiedlicher Reihenfolge laut vorgetragen werden. Die Erfahrung verdeutlicht die unterschiedlichen Spannungsverhältnisse zwischen den Wörtern, obwohl es immer noch dieselben sind.)
11. Dritte Schreibkonferenz zum Thema „Inhalt und Form" der ersten „Verdichtungen!"
    (Im gemeinsamen Gespräch werden die bisher entstandenen Texte vorgestellt und auf die jeweilige Form überprüft, die von den einzelnen Schülern gewählt wurde.

Paul Celan – Ein möglicher Umgang mit seiner Biographie

Stellen Sie den Schülern die Hausaufgabe, sich im Internet über die Biographie Paul Celans kundig zu machen. Eine mögliche Fundgrube wäre der *wikipedia*-Eintrag zu Celans Leben und Werk. Beauftragen Sie die Schüler, sich diesen durchzulesen und fünf Sätze herauszuschreiben, die ihnen für Paul Celan wesentlich erscheinen oder aber fünf Sätze, die sie bei der Lektüre besonders berührt oder beschäftigt haben. Diese Sätze wiederum könnten dann die Grundlage bilden, Fragen an Paul Celan zu stellen. Werden diese Fragen in der darauffolgenden Unterrichtsstunde erörtert, ergibt sich nahezu die gesamte Biographie Celans und Annäherungen an sein poetisches Werk. Manche Fragen ähneln oder wiederholen sich gar. Aber auch das zeugt von der Perspektive, mit der die Biographie wahrgenommen wird …

Beispielfragen, formuliert von Schülern der Erich-Kästner-Gesamtschule in Essen-Steele:

Denise:
Warum macht er sich verantwortlich, seine Eltern im Stich gelassen zu haben?

Janina:
Welche Gedanken hatten Sie im Arbeitslager bei der Zwangsarbeit?
Was unternahmen Sie gegen die Plagiatsvorwürfe?
Aus welchen Dingen im Leben zogen Sie ihre Kraft zum Schreiben?
Wie kamen Sie zur Dichtung?
Fanden Sie Inspiration bei Ihrer Reise nach Jerusalem?
Warum traten Sie trotz der kritischen Einladung der Gruppe 47 bei ihr auf?

Jasmen:
Wie kamen Sie dazu das Medizinstudium abzubrechen?
Wie fühlten Sie sich nach Ihrem ersten Misserfolg.
Wie lernten Sie und Bachmann sich kennen?
Haben Sie am Anfang als Unbekannter schon daran gedacht, dass Ihr Werk einmal groß rauskommt?

Jan:
Wie fühlten Sie sich als Sie ständig in andere Lager deportiert wurden und wie haben Sie das erlebt?
Warum haben Sie sich vorher nicht umgebracht, warum wollten Sie das erleben?
Warum nahmen Sie nach der Befreiung Ihr Studium wieder auf?
Wie fühlten Sie sich, als Sie in die Klinik kamen, als Sie versucht haben unter Wahnvorstellungen Ihre Frau zu töten?
Warum wollten Sie das Ghetto überleben, wo doch die Wahrscheinlichkeit groß war ins Vernichtungslager zu kommen?

Tugba:
Wie haben Sie sich in der Klinik gefühlt?

Aylin:
Wie fühlten Sie sich als Ihre Eltern deportiert wurden?

Vanessa:
Warum haben Sie das Medizinstudium nicht zu Ende gebracht?
Was war es für ein Gefühl, als Ihre Eltern nicht mehr da waren?
Wieso hatten Sie das Gefühl, Ihre Eltern im Stich gelassen zu haben?

Downloadcode

Unter **www.friedrich-verlag.de** finden Sie Materialien zum Buch als Download.
Bitte geben Sie den achtstelligen Download-Code in das Suchfeld ein.

DOWNLOAD-CODE: d14963su

Hinweis:

Das Download-Material enthält Arbeitsblätter, und Materialien, die Sie bei der Vorbereitung Ihres Unterrichts unterstützen und/oder Ihnen vertiefende Hintergrundinformationen liefern.

Durch den Kauf dieses Buches (ISBN 978-3-7800-4963-6) haben Sie das Recht erworben, das ergänzende Download-Material in Ihren derzeitigen und zukünftigen Lerngruppen und Klassen einzusetzen und zu vervielfältigen. So können Sie etwa einzelne Seiten ausdrucken und verteilen oder mit Beamer oder Whiteboard verwenden.

Was Sie **nicht** dürfen:
- Das Download-Material oder Teile davon an Kolleginnen und Kollegen weitergeben.
- Das Download-Material oder Teile davon in Netzwerke einstellen, wie etwa Schulserver oder Cloud-Systeme, sodass Kolleginnen und Kollegen darauf Zugriff erhalten.
- Die Lizenzinformation und Quellenhinweise auf dem Downloadmaterial entfernen.
- Bei einer Bibliotheksausleihe des Buches das Download-Material herunterladen.

Bitte tragen Sie im Sinne dieser Lizenz dazu bei, dass wir weiterhin digitales Ergänzungsmaterial für Lehrerinnen und Lehrer bereitstellen können. Der Verlag behält sich dabei vor, auch gegen urheberrechtliche Verstöße vorzugehen.

Unsere Autorinnen und Autoren sowie der Verlag wünschen Ihnen viel Erfolg bei der Nutzung der Materialien!

Haben Sie Fragen zum Download? Dann wenden Sie sich bitte an den Leserservice der Friedrich Verlags GmbH. Schreiben Sie uns oder rufen Sie uns an!

Sie erreichen unseren Leserservice
Montag bis Donnerstag von 8 – 18 Uhr
Freitag von 8 – 14 Uhr
Tel.: 0511/40004-150
Fax: 0511/40004-170
E-Mail: leserservice@friedrich-verlag.de

Wir freuen uns über Ihre Rückmeldung und helfen Ihnen gerne weiter!